書家揮毫必備

熊鳳鳴　編纂

上海書畫出版社

目　　録

一、名句佳言編

（一）人生哲理

  1. 二字 ……………………………… 1

  2. 三字 ……………………………… 7

  3. 四字 ……………………………… 9

  4. 五字 ……………………………… 13

  5. 六字 ……………………………… 15

  6. 七字 ……………………………… 17

  7. 八字 ……………………………… 19

  8. 九字 ……………………………… 25

  9. 十字 ……………………………… 26

  10. 十一字 ………………………… 31

  11. 十二字 ………………………… 33

  12. 十三字 ………………………… 35

  13. 十四字 ………………………… 37

  14. 十五字以上 …………………… 40

（二）自然景觀

  1. 二字 ……………………………… 44

  2. 三字 ……………………………… 46

3. 四字 …………………………… 47

4. 五字 …………………………… 54

5. 六字 …………………………… 57

6. 七字 …………………………… 58

7. 八字 …………………………… 60

8. 九字 …………………………… 62

9. 十字 …………………………… 63

10. 十一字 ………………………… 67

11. 十二字 ………………………… 69

12. 十三字 ………………………… 71

13. 十四字 ………………………… 73

14. 十五字以上 …………………… 77

(三) 文化藝術

1. 二字 …………………………… 80

2. 三字 …………………………… 82

3. 四字 …………………………… 83

4. 五字 …………………………… 86

5. 六字 …………………………… 88

6. 七字 …………………………… 89

7. 八字 …………………………… 92

8. 九字 …………………………… 94

9. 十字 …………………………… 96

10. 十一字 ………………………… 99

11. 十二字 ………………………… 100

12. 十三字 ……………………… 102

13. 十四字 ……………………… 103

14. 十五字以上 ………………… 107

（四）祝詞賀語

1. 二字 ………………………… 113

2. 三字 ………………………… 115

3. 四字 ………………………… 116

4. 五字 ………………………… 131

5. 六字 ………………………… 133

6. 七字 ………………………… 134

7. 八字 ………………………… 137

8. 九字 ………………………… 139

9. 十字 ………………………… 140

10. 十一字 ……………………… 143

11. 十二字 ……………………… 143

12. 十三字 ……………………… 145

13. 十四字 ……………………… 146

14. 十五字以上 ………………… 148

二、詩詞編

（一）五絕 ……………………… 149

（二）五律 ……………………… 162

（三）七絕 ……………………… 173

（四）七律 ……………………… 209

（五）其他 ……………………………………… 220

（六）詞 ……………………………………… 231

三、楹聯編

（一）古今名人聯 …………………………… 259

（二）歷代詩句聯 …………………………… 280

（三）集句聯 ………………………………… 336

（四）集碑帖字聯 …………………………… 356

（五）文化藝術聯 …………………………… 375

（六）常用喜慶吉祥聯 ……………………… 406

一、名言佳句編

（一）人生哲理

二　字

尚志
　　——《孟子》

樂道
　　——《孟子》

廉潔
　　——《孟子》

養性
　　——《孟子》

濟世
　　——《莊子》

至美
　　——《莊子》

至樂
　　——《莊子》

抱柱
　　——《莊子》

鵬圖
　　——《莊子》

養志
　　——《莊子》

至達
　　——《莊子》

逍遥
　　——《莊子》

精誠
　　——《莊子》

靜心
　　——《莊子》

乘雲
　　——《莊子》

超然
　　——《老子》

虛靜
　　——《老子》

懷玉
　　——《老子》

恬淡
　　——《老子》

玄同
　　——《老子》

廣德
　　——《老子》

寶儉

——《老子》

思索
　　——《荀子》

致和
　　——《禮記》

剛毅
　　——《禮記》

篤恭
　　——《禮記》

康樂
　　——《禮記》

慎思
　　——《禮記》

義道
　　——《禮記》

達志
　　——《禮記》

從心
　　——《論語》

時習
　　——《論語》

三省
　　——《論語》

居德
　　——《易經》

無逸
　　——《易經》

無思
　　——《易經》

儉德
　　——《易經》

致遠
　　——《易經》

得眾
　　——《大學》

慎獨
　　——《大學》

清心

——《呂氏春秋》

端直
　　——《呂氏春秋》

修己
　　——《春秋左氏傳》

篤誠
　　——《春秋左氏傳》

濟美
　　——《春秋左氏傳》

博愛
　　——《孝經》

耀德
　　——《國語》

惠和
　　——《國語》

安寧
　　——《詩經》

尊賢
　　——《中庸》

有恒
——《書經》

凌雲
——《史記》

篤謹
——《史記》

幽思
——《史記》

磨礪
——《論衡》

遠翔
——《説苑》

清廉
——《説苑》

至情
——《六韜》

玄達
——《淮南子》

博雅

——《書序》

謙慎
——《漢書》

清虛
——《漢書》

温雅
——《漢書》

豁如
——《漢書》

神德
——《漢書》

粹美
——《漢書》

質惇
——《漢書》

豪俊
——《漢書》

清貞
——《漢書》

豪雄
　　——《後漢書》

純篤
　　——《後漢書》

歸真
　　——《戰國策》

玄遠
　　——《世說新語》

養銳
　　——《晉書》

曠達
　　——《晉書》

百忍
　　——《舊唐書》

蘊奧
　　——《宋史》

雲遊
　　——《正法眼藏》

安樂

——《正法眼藏》

玄風
　　——《正法眼藏》

頓悟
　　——《禪林》

無我
　　——《禪林》

勵志
　　——《白虎通》

獨醒
　　——楚·屈原

鑄人
　　——漢·揚雄

樂和
　　——漢·班固

淵博
　　——漢·王崇

醇和
　　——三國·嵇康

希靜

　　——三國·嵇康

逸倫

　　——晉·葛洪

守樸

　　——晉·葛洪

守拙

　　——晉·陶淵明

養真

　　——晉·陶淵明

養拙

　　——晉·潘安仁

舒懷

　　——六朝·劉勰

坦懷

　　——六朝·王儉

奇秀

　　——唐·白居易

樂天

　　——唐·白居易

清真

　　——唐·李白

閑雅

　　——唐·孫過庭

怡心

　　——唐·上官昭容

淡虛

　　——唐·張九齡

勇銳

　　——宋·歐陽修

持重

　　——宋·歐陽修

精思

　　——宋·朱熹

淡泊

　　——宋·曾鞏

靜觀

　　——宋·程顥

真淳
　　——金·元好問

清怡
　　——明·文徵明

自怡
　　——明·沈周

雅靜
　　——清·金筠林

澄觀
　　——清·金曉

澄懷
　　——清·金曉

制怒
　　——清·申涵光

三　字

天之道
　　——《老子》

常無慾

——《老子》

曲則全
　　——《老子》

柔勝剛
　　——《老子》

心如水
　　——《孟子》

坦蕩蕩
　　——《論語》

德不孤
　　——《論語》

志于道
　　——《論語》

明則誠
　　——《論語》

誠則明
　　——《禮記》

和為貴
　　——《禮記》

知不足
　　——《禮記》

天行健
　　——《易經》

變則通
　　——《易經》

思無邪
　　——《詩經》

德潤身
　　——《大學》

滿則覆
　　——《家語》

實如虛
　　——《淮南子》

清慎勤
　　——《世說新語》

惜寸陰
　　——《晉書》

達心志

——唐·顏真卿

清且儉
　　——唐·鄭谷

能藏拙
　　——唐·羅隱

靜者安
　　——唐·沈佺期

虛室靜
　　——唐·劉禹錫

物外遊
　　——宋·晁補之

賜無畏
　　——宋·陸游

養其拙
　　——元·吳鎮

心如水
　　——明·文徵明

靜且適
　　——清·倪祖喜

· 8 ·

意自如
　　——清·張廷琢

四　字

微妙玄通
　　——《老子》

大智若愚
　　——《老子》

櫛風沐雨
　　——《莊子》

從容無為
　　——《莊子》

溫恭自虛
　　——《管子》

自勝為強
　　——《韓非子》

自昭明德
　　——《易經》

德修立義

　　——《易經》

革故鼎新
　　——《易經》

自強不息
　　——《易經》

居安思危
　　——《易經》

含弘光大
　　——《易經》

盛德大業
　　——《易經》

彰往察來
　　——《易經》

剛健中正
　　——《易經》

敏事慎言
　　——《論語》

泰而不驕
　　——《論語》

温故知新
——《論語》

任重道遠
——《論語》

質直好義
——《論語》

萬福攸同
——《詩經》

鴻朗高暢
——《論衡》

允德圖義
——《孔子家語》

謹言慎行
——《禮記》

恭儉莊敬
——《禮記》

天地和同
——《禮記》

慎靜尚寬

——《禮記》

温柔敦厚
——《禮記》

慎始敬終
——《禮記》

敬業樂群
——《禮記》

養生順治
——《潛夫論》

飾身正事
——《漢書》

捨短取長
——《漢書》

忠信仁篤
——《漢書》

敦厚周慎
——《後漢書》

聞雞起舞
——《晉書》

修身勵行

——《梁書》

高義薄雲

——《宋書》

義貫金石

——《宋書》

禮賢下士

——《宋書》

乘風破浪

——《宋書》

心平氣和

——《宋史》

胸懷灑落

——《宋史》

迥然獨脫

——《臨濟錄》

百忍成金

——《佛和人生》

三業清淨

——《禪家偈語》

澄心清神

——《清淨經》

耕雲種月

——《大智禪師偈頌》

百折不撓

——漢·蔡邕

華茂春松

——三國·曹植

施暢春風

——三國·曹植

氣若幽蘭

——三國·曹植

澤如時雨

——三國·曹植

榮曜秋菊

——三國·曹植

志慮忠純

——三國·諸葛亮

怡然自樂
——晉·陶淵明

祗修自勤
——晉·陶淵明

抱樸含真
——晉·陶淵明

豁達大度
——晉·潘岳

春華秋實
——晉·陳壽

弘道養正
——晉·葛洪

處泰滋恭
——晉·葛洪

氣逸質倫
——晉·葛洪

從善如流
——六朝·劉晝

逸翩獨翔

——六朝·王僧達

求賢如渴
——六朝·范曄

凝思靜聽
——六朝·鮑照

心泰身寧
——唐·白居易

精強博敏
——唐·白居易

心任天造
——唐·白居易

嘉言懿行
——宋·曾鞏

惇德秉義
——宋·蘇軾

龍騰虎躍
——宋·馬存

清風峻節
——明·沈德符

篤實輝光
　　——明·李贄

樂善存心
　　——明·文徵明

五　字

充實之謂美
　　——《孟子》

惟善以為寶
　　——《禮記》

知耻近乎勇
　　——《禮記》

聞一以知十
　　——《論語》

溫良恭儉讓
　　——《論語》

溫故而知新
　　——《論語》

心遠地自偏

　　——晉·陶淵明

怡然有餘樂
　　——晉·陶淵明

散豁情志暢
　　——晉·王蘊之

懷抱觀古今
　　——六朝·謝靈運

知足以自誡
　　——唐·魏徵

一視而同仁
　　——唐·韓愈

自知者為明
　　——唐·韓愈

虛己而能容
　　——唐·白敏中

義重利固輕
　　——唐·柳宗元

守貴常思儉
　　——唐·錢起

人生貴相知
——唐·李白

立身守忠直
——宋·惠洪

靜中觀物化
——宋·陳必復

陶然方外樂
——宋·穆修

語淡向思逸
——元·戴良

怡然契玄理
——元·劉永之

良時會佳朋
——元·柯九思

吾志在烟霞
——元·陳天錫

君子以自強
——元·姚樞

丘壑寄懷抱

——元·趙孟頫

體暢心逾靜
——元·何中

君子重言行
——明·唐寅

澄懷味道長
——清·王繼祖

淡雅安吾素
——清·葉溶

良悟心神舒
——清·王機申

心清意亦閑
——清·周銘

心與月俱靜
——清·李調元

爽氣淡心神
——清·凌樹屏

水至則能照
——清·李西漚

主雅客來勤
——清·曹雪芹

用心萬事成
——日蓮·偈語

六　字

致虛極守靜篤
——《老子》

大事必作于細
——《老子》

萬事莫貴于義
——《墨子》

聽貴聰,智貴明
——《鬼谷子》

直言盛,禮言恭
——《易經》

君子以懿文德
——《易經》

富潤屋,德潤身

——《禮記》

言忠信,行篤敬
——《論語》

言必信,行必果
——《論語》

禮之用,和為貴
——《論語》

克己復禮為仁
——《論語》

聞為審,則為福
——《呂氏春秋》

江海不可斗斛
——《淮南子》

信者誠,誠者直
——《漢書》

前車覆,後車誡
——《大戴禮記》

高蹈以全其志
——《元史》

· 15 ·

精神萬古如新

——《菜根譚》

伏久者飛必高

——《菜根譚》

篤行足以厲俗

——漢·桓範

剛者折,柔者捲

——漢·桓寬

百行以德為首

——六朝·劉義慶

濯濯如春月柳

——六朝·劉義慶

聊習靜而為娛

——唐·王績

鑒往可以昭來

——唐·張九齡

風浩蕩,欲飛舉

——宋·張元幹

忍小忿,就大謀

——宋·蘇軾

臨大事而不亂

——宋·蘇軾

正其心,養其性

——宋·程伊川

誠者聖人之本

——宋·周敦頤

處萬變,主一敬

——明·李迪

不求榮,不招辱

——明·文徵明

中則正,滿則覆

——明·沈周

儉者,君之子德

——明·方孝孺

遠親不如近鄰

——明·施耐庵

身教親于言教

——清·魏源

七 字

修之身其德乃真
——《老子》

功遂身退，天之道
——《老子》

知道者必達于理
——《莊子》

公道達而私門塞
——《荀子》

多行不義必自斃
——《左傳》

思其艱以圖其易
——《尚書》

忠自中而信自身
——《國語》

行百里者半九十
——《戰國策》

君子以厚德載物

——《易經》

君子以成德為行
——《易經》

忠信所以進德也
——《易經》

順乎天而應乎人
——《易經》

君子不重則不威
——《論語》

見義不為，無勇也
——《論語》

小不忍，則亂大謀
——《論語》

乘長風破萬里浪
——《宋書》

人皆可以為堯舜
——《清史稿》

人生只在一瞬間
——《禪家偈語》

力拔山兮氣蓋世
　　——秦·項籍《垓下歌》

君子履信無不居
　　——漢·班彪

不私而天下自公
　　——漢·馬融《忠經》

君子必慎交遊焉
　　——六朝·顏之推《顏氏家
　　訓》

寒松肌骨鶴心情
　　——唐·李中

與人交，外淡中堅
　　——唐·白居易

語堪銘座默含春
　　——唐·趙嘏

玉經琢磨多成器
　　——唐·王定保

白頭雖老赤心存
　　——唐·杜甫《承聞河北諸
　　道節度入朝》

陶陶然樂在其中
　　——唐·楊炯《登秘書省閣
　　詩序》

無事怡然知靜勝
　　——五代·貫休

格淡于雲語似鶴
　　——五代·貫休

處士風流水石間
　　——宋·蘇軾

一蓑烟雨任平生
　　——宋·蘇軾《定風波》

人間何處不巉岩
　　——宋·蘇軾《慈湖峽阻風》

世間安樂為清福
　　——宋·周南峰

長作閑人樂太平
　　——宋·陸游

存心養性以事天
　　——宋·陸游

景好身閑真是樂
　　——宋·陸游

進德工夫在日新
　　——宋·陸游

位卑未敢忘憂國
　　——宋·陸游《病起書懷》

明其舊而知其新
　　——宋·趙師民

浮身適意即為樂
　　——宋·司馬光

百尺竿頭須進步
　　——宋·道原《景德傳燈錄》

急流中能勇退耳
　　——宋·張耒《書錢宣靖遺
　　　事後》

九萬里風鵬正舉
　　——宋·李清照《漁家傲》

麒麟墜地思千里
　　——宋·黃庭堅《再次韻寄
　　　子由》

一段清幽興有餘
　　——元·鄧文原

流水能清物外心
　　——元·裴公衍

船到江心補漏遲
　　——元·關漢卿《救風塵》

清玩古今聊自娛
　　——清·趙潛

男兒志兮天下事
　　——清·梁啟超《志未酬》

八　字

我善養吾浩然之氣
　　——《孟子》

樂以天下,憂以天下
　　——《孟子》

大器晚成,大音希聲
　　——《老子》

聖人去甚,去奢,去泰

——《老子》

知人者智,自知者明
——《老子》

合抱之木,生于毫末
——《老子》

九層之臺,起于叠土
——《老子》

大方無隅,大器晚成
——《老子》

大巧若拙,大辯若訥
——《老子》

大盈若冲,其用不窮
——《老子》

千里之行,始于足下
——《老子》

慎終如始,則無敗事
——《老子》

事者,生于慮成于務
——《管子》

不精不誠,不能動人
——《莊子》

水則載舟,水則覆舟
——《荀子》

不誘于譽,不恐于誹
——《荀子》

君子養心莫善于誠
——《荀子》

欲智則問,欲能則學
——《尸子》

天地交而萬物通也
——《易經》

二人同心,其利斷金
——《易經》

同聲相應,同氣相求
——《易經》

天地絪縕,萬物化醇
——《易經》

損益盈虛,與時偕行

——《易經》

敏而好學，不恥下問
——《論語》

學而不厭，誨人不倦
——《論語》

與朋友交，言而有信
——《論語》

四海之內，皆兄弟也
——《論語》

他山之石，可以攻玉
——《詩經》

不侮矜寡，不畏強禦
——《詩經》

投我以桃，報之以李
——《詩經》

高山仰止，景行行之
——《詩經》

不矜細行，終累大德
——《書經》

觀其容而知其心矣
——《國語》

衆心成城，衆口鑠金
——《國語》

唯天下至誠為能化
——《禮記》

言不過辭，動不過則
——《禮記》

舉大事必慎其終始
——《禮記》

百川異源，皆歸于海
——《淮南子》

吹嘔呼吸，吐故納新
——《淮南子》

行合趨同，千里相從
——《淮南子》

功崇惟志，業廣惟勤
——《尚書》

篳路藍縷，以啓山林

——《左傳》

忠言逆耳而利于行
　　——《孔子家語》

桃李不言,下自成蹊
　　——《史記》

同明相照,同類相求
　　——《史記》

人棄我取,人取我與
　　——《史記》

處巔者危,勢斗者虧
　　——《論衡》

行必履正,無懷僥倖
　　——《古詩源》

清虛淡泊,歸之自然
　　——《漢書》

修學好古,實事求是
　　——《漢書》

聖人不以獨見為明
　　——《後漢書》

盛名之下,其實難副
　　——《後漢書》

輔人無苟,扶人無咎
　　——《後漢書》

願乘長風,破萬里浪
　　——《宋書》

靜以養身,儉以養性
　　——《南史》

志尚夷簡,淡于榮利
　　——《北史》

形居塵俗,心棲天外
　　——《晉書》

激濁揚清,嫉惡好善
　　——《貞觀政要》

當局稱迷,傍觀見審
　　——《舊唐書》

兼聽則明,偏信則暗
　　——《資治通鑒》

光透十方,萬法一如

——《臨濟錄》

百尺竿頭，更進一步
　　——《從容錄》

容止端嚴，學問通覽
　　——《風俗通》

精誠所至，金石為開
　　——《後漢書》

志密行密，功深悟深
　　——《禪僧言行錄》

慈悲為本，利他為先
　　——《佛和人生》

逆水行舟，不進則退
　　——《民諺》

多見者博，多聞者智
　　——漢·桓寬《鹽鐵論》

見善若驚，疾惡若仇
　　——漢·孔融《薦彌衡表》

源清流潔，本盛木榮
　　——漢·班固《高祖沛泗水

亭碑銘》

周公吐哺，天下歸心
　　——三國·曹操《短歌行》

山不厭高，海不厭深
　　——三國·曹操《短歌行》

道遠知驥，世偽知賢
　　——三國·曹植《矯志》

物無妄然，必由其理
　　——三國·王弼《周易略例》

鞠躬盡瘁，死而後已
　　——三國·諸葛亮《後出師
表》

靜以修身，儉以養德
　　——三國·諸葛亮《誡子書》

表拙示納，知止常足
　　——晉·葛洪《抱樸子》

川廣是源，成人在始
　　——晉·張華《勵志》

近朱者赤，近墨者黑

——晉·傅玄《傅鶉觚集》

進德修業,將以及時
　　——晉·陶潛《屈賈》

壯思風飛,逸情雲上
　　——六朝·謝朓《七名賦》

氣蘊風雲,身負日月
　　——六朝·沈約

飄若遊龍,矯若驚鴻
　　——六朝·劉義慶《世說新
　　語》

動為道樞,靜為心符
　　——唐·白居易《求玄珠賦》

動必三省,言必三思
　　——唐·白居易《策林》

近賢則聰,近愚則聵
　　——唐·皮日休《耳箴》

廉恥,士君子之大節
　　——宋·歐陽修《廉恥說》

仁者之勇,雷霆不移

——宋·蘇軾《祭堂兄子正
文》

大勇若怯,大智若愚
　　——宋·蘇軾《賀歐陽少師
致仕啓》

火必有光,心必有思
　　——宋·蘇轍《論語拾遺》

志大則才大,事業大
　　——宋·張載《正蒙·至當
篇》

人海闊,無日不風波
　　——元·姚燧《陽春曲·失
題》

志比精金,心如堅石
　　——明·馮夢龍《警世通言》

樹高千尺,葉落歸根
　　——明·羅貫中《平妖傳》

事無全善,物不兩興
　　——明·徐貞稷《恥言》

多聞而擇,多見而識

——清·王夫之《張子正蒙注》

九 字

愛民者強,不愛民者弱
——《荀子》

中純實而反乎情,樂也
——《莊子》

行小變而不失其大常
——《莊子》

君子莫大乎與人為善
——《孟子》

一張一弛,文武之道也
——《禮記》

凡事豫則立,不豫則廢
——《禮記》

太上貴德,其次務施報
——《禮記》

大道之行也,天下為公
——《禮記》

知者慮,義者行,仁者守
——《春秋穀梁傳》

窮則變,變則通,通則久
——《易經》

道聽而途説,德之棄也
——《論語》

逝者如斯夫,不捨晝夜
——《論語》

兩虎相斗,其勢不俱生
——《史記》

矯枉者過直,古今同之
——《漢書》

樂而有節,則和平壽考
——《漢書》

知古不知今,謂之陸沉
——《論衡》

出世之道既在涉世中
——《菜根潭》

幣厚言甘,古人所畏也

——《資治通鑑》

物不因不生，不革不成
　　——漢·揚雄《太玄》

大丈夫必有四方之志
　　——唐·李白《上安州裴長
　史書》

其行己不敢有愧于道
　　——唐·韓愈《感二鳥賦序》

妙論精言，不以多為貴
　　——宋·歐陽修《六經簡要
　說》

丈夫志，當景盛，恥疏閑
　　——宋·蘇舜欽《水調歌頭》

泰山崩于前而色不變
　　——宋·蘇洵《心術》

丈夫墮地自有萬里氣
　　——金·元好問《解劍行》

心者，天地萬物之主也
　　——明·王守仁《答李明德》

人生大病，只是一傲字
　　——明·王守仁《傳習錄》

成功非難，處成功尤難
　　——明·張居正《答中丞孫
　槐溪》

臨大事然後見才之難
　　——清·魏源《默觚下·治
　篇》

十　字

吾生也有涯，而知也無
涯
　　——《莊子》

君子淡以親，小人甘以
絕
　　——《莊子》

强者不劫弱，貴者不傲
賤
　　——《墨子》

處無為之事，行不言之
教

——《老子》

——《論語》

見微以知萌,見端以知末
　　——《韓非子》

樹德莫如滋,去疾莫如盡
　　——《左傳》

天下理無常是,事無常非
　　——《列子》

水積而魚聚,木茂而鳥集
　　——《淮南子》

朝夕勤修者,事業無不成
　　——《雜阿含經》

天地之道,極則反,滿則損
　　——《說苑》

君子以言有物而行有恒
　　——《易經》

將飛者翼伏,將奮者足跼
　　——《古詩源》

君子坦蕩蕩,小人長戚戚
　　——《論語》

皚如山上雪,皎如雲間月
　　——《古樂府》

君子以文會友,以友輔仁
　　——《論語》

投我以木瓜,報之以瓊琚
　　——《詩經》

有朋自遠方來,不亦樂乎

蛟龍得雲雨,終非池中物

——《三國志》

開方便之門，表真實之像

——《佛與人生》

人有義者，雖貧，能自樂也

——漢·董仲舒《春秋繁露》

見博則不迷，聽聰則不惑

——漢·牟融《牟子》

功略蓋天地，義勇冠三軍

——漢·李陵《答蘇武書》

一飛冲青天，曠世不再鳴

——三國·阮籍《咏懷》

君子防未然，不處嫌疑間

——三國·曹植《君子行》

細微苟不慎，堤潰自蟻穴

——三國·應璩《雜詩》

猛志逸四海，騫翮思遠翥

——晉·陶淵明《雜詩》

縱浪大化中，不喜亦不懼

——晉·陶淵明《神釋》

貞剛自有質，玉石乃非堅

——晉·陶淵明《戊申歲六月中遇火》

多聞而體要，博學而善擇

——晉·葛洪《抱樸子》

養直尚無為，道勝貴陸沉

——晉·張協《雜詩》

天道有遷異，人理無常全

——晉·陸機《塘上行》

寧知霜雪後,獨見松竹心

——六朝·江淹《效阮公》

少壯輕年月,遲暮惜光輝

——六朝·何遜《贈諸舊遊》

直如朱絲繩,清如玉壺冰

——六朝·鮑照《代白頭吟》

君子用人如器,各取所長

——唐·李世民

求友須在良,得良終相善

——唐·孟郊《求友》

盡美固可揚,片善亦不遏

——唐·孟郊《投所知》

莫道桑榆晚,為霞尚滿天

——唐·劉禹錫《酬樂天咏老見示》

慎滿盈則思江海下百川

——唐·魏徵《諫太宗十思疏》

古來忠烈士,多出貧賤門

——唐·崔膺《感興》

人生處萬類,知識最為賢

——唐·韓愈《謝自然詩》

世有伯樂,然後有千里馬

——唐·韓愈《雜說四》

相知無遠近,萬里尚為鄰

——唐·張九齡《送韋城李少府》

功略蓋天地,名飛青雲上

——唐·李白《贈張相鎬》

在山泉水清,出山泉水濁

——唐·杜甫《佳人》

君子忌苟合,擇交如求
師

——唐·賈島《送沈秀才下
第東歸》

白日莫閑過,青春不再
來

——唐·林寬《少年行》

立志言為本,修身行乃
先

——唐·吳叔達《言行相顧》

千里始足下,高山起微
塵

——唐·白居易《續座右銘》

老驥春風裏,奔騰獨異
群

——唐·唐彥謙《留別》

古交如真金,百煉色不
回

——五代·貫休《古意九首》

有志誠可嘉,及時宜自
強

——宋·歐陽修《送惠勤歸
餘杭》

老驥思千里,飛鴻閱九
州

——宋·戴復古《月夜懷董
叔宏聞其入京未報》

金戈鐵馬,氣吞萬里如
虎

——宋·辛棄疾《永遇樂》

人生如朝霞,白髮日夜
催

——宋·蘇軾《登常山絕頂
廣麗亭》

月缺不改光,劍折不改
剛

——宋·梅堯臣《古意》

物輕人意重,千里送鴻
毛

——宋·邢俊臣《臨江仙》

忍把浮名,換了淺斟低唱

——宋·柳永《鶴冲天》

待物莫如誠,誠真天下行

——宋·邵雍《待物吟》

先下手為強,後下手為殃

——元·紀君祥《趙氏孤兒》

眼見方為是,傳言未必真

——明·馮夢龍《醒世恒言》

有理言自壯,負屈聲必高

——明·馮夢龍《警世通言》

志不立,天下無可成之事

——明·王守仁《教條示龍場諸生》

天下無難事,只怕有心人

——明·王驥德《題紅記》

將相本無種,男兒當自強

——宋·江洙《神童詩》

動靜互涵,以為萬變之宗

——清·王夫之《周易外傳》

從來天下士,只在布衣中

——清·屈大均《魯連臺》

得之在俄頃,積之在平日

——清·袁守定《占畢叢談》

十一字

聖人為而不恃,功成而不處

——《老子》

天下萬物生于有,有生于無

——《老子》

凡論者,貴其有辨合,有

符驗
　　——《荀子》

入無窮之門以遊無極之
野
　　——《莊子》

樸素而天下莫能與之爭
美
　　——《莊子》

神者，智之淵也，神清則
智明
　　——《文子》

不明晦，初登于天，後入
于地
　　——《易經》

君子所居而安者，易之
序也
　　——《易經》

歲寒然後知松柏之後凋
也
　　——《論語》

人之老也，形益衰，而智
益盛
　　——《呂氏春秋》

莫大之禍，起于斯須之
不忍
　　——《王文公文集》

當自求解脫，且勿求助
他人
　　——《佛倫遺言》

大舟難乘而可以致重濟
深
　　——晉·葛洪《抱樸子》

乘德而處，萬物不能容
其貞
　　——六朝·王儉《褚淵碑文》

虛己以遊，當世不能擾
其度
　　——六朝·王儉《褚淵碑文》

莫等閑，白了少年頭，空
悲切
　　——宋·岳飛《滿江紅》

隨時觀理，而天下之理
得矣
——宋·楊時《論學篇》

不貴于無過，而貴于能
改過
——明·王守仁《教條示龍
場諸生》

若登泰巔而瞭遠，尺寸
千里
——明·袁宗道《白蘇齋類
集》

甘瓜苦蒂，天下物無全
美也
——清·翟灝《通俗篇》

不以流之濁，而誣其源
之清
——清·顏元《存學編》

十二字

萬物必有盛衰，萬事必
有弛張
——《韓非子》

天時不如地利，地利不
如人和
——《孟子》

道之在天者，日也；在人
者，心也
——《管子》

萬物負陰而抱陽，冲氣
以為和
——《老子》

君子不以言舉人，不以
人廢言
——《論語》

白玉不雕，美珠不文，質
有餘也
——《淮南子》

救寒無若重裘，止謗莫
若自修
——《三國志》

樂太勝則陽溢，哀太甚
則陰損
——《漢書》

水至清則無魚,人至察則無徒
——《漢書》

君子慎始,差若毫厘,繆之千里
——《大戴禮記》

天地與我同根,萬物與我一體
——《碧岩録》

懿神龍之潛淵,俟慶雲之將舉
——漢·揚雄《反離騷》

先憂事者後樂,先傲事者後憂
——漢·劉向《説苑》

仰衆妙而絶思,終優遊以養拙
——晉·潘岳《閑居賦》

心凛凛而霜懷,志眇眇而臨雲
——晉·陸機《文賦》

自滿者,人損之;自謙者,人益之
——唐·魏徵《群書治要》

順其情則業成,違其衷則功棄
——唐·張懷瓘《六體書論》

酒盈杯,書滿架,名利不將心掛
——五代·李珣《漁歌子》

至微之理,至著之事,一以貫之
——宋·朱熹《朱子語類》

求之而不窮者,天下之奇才也
——宋·蘇洵《孫武》

除患于未萌,然後能轉而為福
——宋·蘇洵《審敵》

回狂瀾于既倒,支大厦于將傾
——宋·蘇軾《告文宣王文》

精于一则盡善,偏用智
則無成

——元·鄭杓《衍極》

寧有瑕而為玉,毋似玉
而為石

——明·張居正《辛未會試
錄序》

天下之事,慮之貴詳,行
之貴力

——明·張居正《陳六事疏》

包藏宇宙之機,吞吐天
地之志

——明·羅貫中《三國演義》

律己宜帶秋風,處事宜
帶春風

——清·張潮《幽夢影》

十三字

乘雲氣,騎日月,而遊乎
四海之外

——《莊子》

明足以察秋毫之末,而
不見輿薪

——《孟子》

人無弘量,但有小謹,不
能大立也

——《管子》

順天意者,兼相愛,交相
利,必得賞

——《墨子》

凡人之患,蔽于一曲,而
闇于大理

——《荀子》

芷蘭生于深林,非以無
人而不芳

——《荀子》

偏在于多私,不詳在于
惡聞己過

——《尉繚子》

知之為知之,不知為不
知,是知也

——《論語》

懷必貪,貪必謀人;謀人,人亦謀己

——《左傳》

惟天地,萬物父母;惟人,萬物之靈

——《尚書》

言必有主,行必有法,親人必有方

——《大戴禮記》

良賈深藏若虛,君子有盛德若無

——《大戴禮記》

處濁世而顯榮兮,非余心之所樂

——楚·屈原《楚辭》

勉仰高而蹈景兮,盡忠恕而與人

——漢·班昭《東征賦》

觀物以微,觸類而長,不以己為度

——三國·嵇康《答釋難它無吉凶攝生論》

鸞鳳食粒于庭,則受辱于雞鶩也

——晉·葛洪《抱樸子》

所謂道德云者,合仁與義言之也

——唐·韓愈《原道》

鼓青琴,傾綠蟻,扁舟自得逍遙志

——五代·李珣《漁歌子》

志于道德者,功名不足以累其心

——宋·朱熹《與黃誠甫書》

道為天地之本,天地為萬物之本

——宋·邵雍《觀物》

萬物皆有理,順之則易,逆之則難

——宋·程顥《語錄》

奇偉瑰怪非常之觀,常在于險遠

——宋·王安石《遊褒禪山記》

君子用世,隨大隨小,皆
全力赴之
　　——清·魏源《默觚》

天下事當于大處着眼,
小處下手
　　——清·曾國藩《致吳竹如》

天地之氣化流行不已,
生生不息
　　——清·戴震《孟子字義疏
　　證》

十四字

天地合而萬物生,陰陽
接而變化起
　　——《荀子》

道雖邇,不行不至;事雖
小,不為不成
　　——《荀子》

志不強者智不達,言不
信者行不果
　　——《墨子》

虛靜怡淡寂漠無為者,
萬物之本也
　　——《莊子》

善出奇者,無窮如天地,
不竭如江河
　　——《孫子兵法》

察己則可以知人,察今
則可以知古
　　——《呂氏春秋》

時不至,不可強生;事不
究,不可強成
　　——《國語》

運籌策帷幄之中,決勝
于千里之外
　　——《史記》

進退盈縮,與時變化,聖
人之常道也
　　——《史記》

路漫漫其修遠兮,吾將
上下而求索
　　——楚·屈原《離騷》

智可砥礪，行可以為輔
弼者，人友也
——漢·韓嬰《韓詩外傳》

明者見危于無形，智者
視禍于未萌
——三國·鍾會《檄蜀文》

一年之計在于春，一日
之計在于晨
——六朝·蕭繹《纂要》

天生我材必有用，千金
散盡還復來
——唐·李白《將進酒》

仰天大笑出門去，我輩
豈是蓬蒿人
——唐·李白《南陵別兒童
入京》

黃金雖多有盡時，結交
一成無竭期
——唐·高適《贈任華》

時人莫小池中水，淺處
無妨有臥龍

——唐·竇庠《醉中贈符載》

不以雄名疏野賤，唯將
直氣折王侯
——唐·王建《寄上韓愈侍
郎》

讀書不覺已春深，一寸
光陰一寸金
——唐·王貞白《白鹿洞》

醉翁之意不在酒，在乎
山水之間也
——宋·歐陽修《醉翁亭記》

古來多被虛名誤，寧負
虛名身莫負
——宋·晏幾道《玉樓春》

盡吾志也，而不能至者，
可以無悔矣
——宋·王安石《遊褒禪山
記》

風流不在談鋒勝，袖手
無言味最長
——宋·黃昇《鷓鴣天》

富貴不淫貧賤樂，男兒
到此是英雄
  ——宋·程顥《偶成》

一忍可以支百勇，一靜
可以制百動
  ——宋·蘇洵《心術》

人生自古誰無死，留取
丹心照汗青
  ——宋·文天祥《過零丁洋》

滄海可填山可移，男兒
志氣當如斯
  ——宋·劉過《盱眙行》

鬢底青春留不住，功名
薄似風前絮
  ——宋·毛滂《漁家傲》

心不清無以見道，志不
確無以立功
  ——宋·林逋《省心錄》

平生自有澄清志，要使
齊民無穢掩
  ——元·王冕《雪中次韻答

劉提岸》

光陰似箭催人老，日月
如梭趲少年
  ——元·高明《琵琶記》

有緣千里能相合，無緣
對面不相逢
  ——元·無名氏《鴛鴦被》

強中更有強中手，莫向
人前滿自誇
  ——明·馮夢龍《警世通言》

男兒不展風雲志，空負
天生八尺軀
  ——明·馮夢龍《警世通言》

作事必須踏實地，為人
切莫務虛名
  ——明·馮夢龍《警世通言》

着意種花花不活，無心
栽柳柳成陰
  ——明·馮夢龍《古今小說》

遙知百國微茫外，未敢

忘危負歲華
　　——明·戚繼光《過文登營》

粉身碎骨渾不怕，要留
青白在人間
　　——明·于謙《石灰吟》

友如作畫須求淡，山似
論文不喜平
　　——清·翁照《與友人尋山》

聰明得福人間少，僥倖
成名史上多
　　——清·袁枚《遣懷》

識時務者為俊傑，昧先
機者非明哲
　　——清·程允升《幼學瓊林》

質本潔來還潔去，不教
污淖陷渠溝
　　——清·曹雪芹《紅樓夢》

萬兩黃金容易得，知心
一個也難求
　　——清·曹雪芹《紅樓夢》

盛喜中不評人物，盛怒
中不答人問
　　——清·錢大昕《恒言錄》

戲場也有真歌泣，骨肉
非無假應酬
　　——清·俞樾《齊物詩》

十五字以上

其者，精誠之至也。不
精不誠，不能動人
　　——《莊子》

鵬之徙于南溟也，水擊
三千里，搏扶搖而上者
九萬里
　　——《莊子》

心之官則思，思則得之，
不思則不得之
　　——《孟子》

富貴不能淫，貧賤不能
移，威武不能屈
　　——《孟子》

天將降大任于斯人也，必先苦其心志，勞其筋骨，餓其體膚，空乏其身，行拂亂其行為

——《孟子》

青，取之于藍而青于藍，冰，水為之而寒于冰

——《荀子》

不登高山，不知天之高也；不臨深溪，不知地之厚也

——《荀子》

起居時，飲食節，寒暑適，則身利而壽命益

——《管子》

有天地然後萬物生焉，盈天地之間者唯萬物

——《易經》

千丈之堤，以螻蟻之穴潰；百尺之室，以突隙之烟焚

——《韓非子》

以富貴而下人，何人不尊；以富貴而愛人，何人不親

——《孝經》

質勝文則野，文勝質則史。文質彬彬，然後君子

——《論語》

天道盈而不溢，盛而不驕，勞而不矜其功

——《國語》

芝蘭生于深林，不以無人而不芳；君子修道立德，不為困而改節

——《孔子家語》

明明上天，爛然星陳。日月光華，弘于一人

——《古詩源》

風蕭蕭兮易水寒，壯士一去兮不復還

——古詩《渡易水歌》

智者千慮,必有一失;愚
者千慮,必有一得
——《史記》

不飛則已,一飛冲天;不
鳴則已,一鳴驚人
——《史記》

陽春之曲,和者必寡;盛
名之下,其實難副
——《後漢書》

源不深而豈望流之遠,
根不固而何求木之長
——《舊唐書》

三年不飛,一飛冲天;三
年不鳴,一鳴驚人
——戰國·楚莊王

尺有所短,寸有所長,物
有所不足,智有所不明
——楚·屈原《卜居》

鴻鵠高飛,一舉千里,羽

翼已就,橫絕四海
——漢·劉邦《鴻鵠歌》

大風起兮雲飛揚,威加
海內兮歸故鄉,安得猛
士兮守四方
——漢·劉邦《大風歌》

垂大名于萬世者,必先
行之于纖微之事
——漢·陸賈《新語》

耳聞之不如目見之,目
見之不如足踐之
——漢·劉向《說苑》

以善人居,如入蘭芷之
室,久而不聞其香,則與
之化矣
——漢·劉向《說苑》

心如規矩,志如尺衡,平
靜如水,正直如繩
——漢·嚴遵《道德指歸論》

盈縮之期,不但在天,養
怡之福,可得永年

——三國·曹操《步出夏門行》

銳鋒產乎鈍石，明火燧乎暗木，貴珠出乎賤蚌，美玉出乎醜璞

——晉·葛洪《抱樸子》

山不讓塵，川不辭盈，勉致含弘，以隆德聲

——晉·張華《勵志詩》

安得長翮大翼如雲生我身，乘風振奮出六合

——唐·韓愈《忽忽》

菩提本無樹，明鏡亦非臺。本來無一物，何處若塵埃

——唐·慧能《壇經》

萬事以心為本，未有心至而力不能者

——宋·歐陽修《蘇子美論書》

同心而共濟，終始如一，此君子之朋也

——宋·歐陽修《朋黨論》

功之成，非成于成之日，蓋必有所由起

——宋·蘇洵《管仲論》

心不清則無以見道，志不確則無以立功

——宋·林逋《省心錄》

人之為善，百善而不足；人之為不善，一不善而足

——宋·楊萬里《庸言》

善有善報，惡有惡報，不是不報，時辰未到

——元·無名氏《來生債》

語言切勿刺人骨髓，戲謔切勿中人心病

——清·陸隴其《三魚堂集》

（二）　自然景觀

二　字

鹿鳴
　　——《詩經》

青陽
　　——《爾雅》

景風
　　——《爾雅》

雲龍
　　——《易經》

祥鳳
　　——《淮南子》

清肅
　　——《後漢書》

雲翔
　　——漢·蘇武

掇英
　　——晉·陶淵明

勁秋
　　——晉·陸機

舒陽
　　——晉·謝萬

翔鸞
　　——晉·孫綽

春秀
　　——六朝·謝朓

清夏
　　——六朝·謝朓

春芳
　　——六朝·蕭繹

暄風
　　——六朝·蕭繹

傳芳

——唐·昭德皇后

春曉

——唐·孟浩然

涵碧

——唐·皮日休

月華

——唐·李白

鴻飛

——唐·李白

聽雨

——唐·李商隱

碧海

——唐·李商隱

素秋

——唐·杜甫

慘淡

——唐·陸龜蒙

泉韻

——唐·孟郊

嘯月

——唐·杜荀鶴

探春

——唐·李世民

滴翠

——唐·白居易

蕭颯

——宋·歐陽修

賞雪

——宋·歐陽修

步月

——宋·蘇軾

祥雲

——宋·米芾

神爽

——明·李空同

瑤春

——明·董其昌

流輝

——清·吳錫麟

三　字

凌風飛
　　——《古詩十九首》

春德風
　　——《呂氏春秋》

天下春
　　——《鶡冠子》

凌雲竹
　　——《梁書》

花見羞
　　——《五代史》

濯清水
　　——漢·仲長統

春可樂
　　——三國·夏侯湛

荷心香
　　——六朝·蕭綱

雪先花
　　——六朝·江總

爽且明
　　——六朝·謝莊

干青雲
　　——六朝·蕭統

淡入雲
　　——唐·杜牧

秋月輝
　　——唐·李白

四海春
　　——唐·李白

中宵舞
　　——唐·杜甫

千秋雪
　　——唐·杜甫

萬里春
　　——唐·杜甫

雪告豐

——唐·張説

蘭飛馨
　　——唐·李頻

松篁健
　　——唐·韓偓

天如水
　　——唐·許渾

桐吟雨
　　——唐·秦韜玉

瑞色鮮
　　——唐·王士良

山色健
　　——五代·韋莊

花竹秀
　　——宋·蘇軾

舒朗景
　　——宋·張鎰

陽和近
　　——宋·張宛丘

梅迎臘
　　——宋·歐陽修

光陸離
　　——宋·歐陽修

春如海
　　——元·慶雨林

山秀朗
　　——元·袁桷

弄清泉
　　——明·吳子和

風景麗
　　——明·吳非

四　字

輝光日新
　　——《易經》

日月麗天
　　——《易經》

日升月恒

——《詩經》

赫赫炎炎
　　——《詩經》

鳳鳴朝陽
　　——《詩經》

鶴鳴九皋
　　——《詩經》

天地交泰
　　——《周易》

草木萌動
　　——《禮記》

鞠有黃華
　　——《禮記》

明照四海
　　——《禮記》

冬日可愛
　　——《左傳》

高振六翮
　　——《古詩》

勢與天通
　　——《古詩源》

葉落歸根
　　——《荀子》

沃野千里
　　——《戰國策》

雷霆萬鈞
　　——《漢書》

雲興霞蔚
　　——《世說新語》

百川歸海
　　——《淮南子》

燕雁代飛
　　——《淮南子》

鳳鳴高岡
　　——《樂府》

春和駘蕩
　　——《古樂府》

四海承風

——《孔子家語》

百卉含英
——《後漢書》

龍驤虎步
——《後漢書》

琨玉秋霜
——《後漢書》

雲中白鶴
——《魏書》

枕流漱石
——《晉書》

春日暄和
——《隋書》

風調雨順
——《舊唐書》

光風霽月
——《宋史》

冰壺秋月
——《宋史》

乘風破浪
——《宋史》

花芳柳暗
——《拾遺記》

春風煦育
——《菜根譚》

山濃谷艷
——《菜根譚》

鳶飛魚躍
——《菜根譚》

麗天普照
——《臨濟錄》

和風慶雲
——《近思錄》

春蘭秋菊
——戰國·屈原

飛雪千里
——楚·屈原

天高氣清

——楚·宋玉

蘭秀菊芳
——漢·劉徹

龍藏深泉
——三國·曹操

翔鳥薄天
——三國·曹植

靈珠荊玉
——三國·曹植

道遠知驥
——三國·曹植

雲高氣靜
——三國·曹植

曄若春榮
——三國·曹植

龍蟠虎踞
——晉·張勃

驚浪奔雷
——晉·木華

惠風和暢
——晉·王羲之

天朗氣清
——晉·王羲之

快雪時晴
——晉·王羲之

飛泉鳴玉
——晉·陸機

風遼氣爽
——晉·陸機

鸞翔鳳集
——晉·傅咸

世外桃源
——晉·陶淵明

停雲落月
——晉·陶淵明

赫日流輝
——晉·陶淵明

欣欣向榮

——晉·陶淵明

和風靜穆
　　——晉·陶淵明

獨秀中皋
　　——晉·陶淵明

鴻鵠凌虛
　　——晉·葛洪

明月入懷
　　——六朝·鮑照

風篁成韵
　　——六朝·謝莊

思逐風雲
　　——六朝·沈約

新月迴明
　　——六朝·陰鏗

嫩竹初荷
　　——六朝·徐陵

麗景流精
　　——六朝·鄭道昭

青楓白露
　　——唐·王昌齡

山河錦繡
　　——唐·杜甫

秋高氣爽
　　——唐·杜甫

水遠山長
　　——唐·李群玉

眠雲臥石
　　——唐·劉禹錫

松竹含韵
　　——唐·劉禹錫

清風朗月
　　——唐·李白

長風萬里
　　——唐·李白

孤雲野鶴
　　——唐·劉長卿

萬里寒光

——唐·祖詠

鏤月裁雲
——唐·李義府

秋月春風
——唐·白居易

春風桃李
——唐·白居易

秋雨梧桐
——唐·白居易

海角天涯
——唐·白居易

風花雪月
——唐·鄭谷

綠靜春深
——唐·杜牧

曲徑通幽
——唐·常建

蘭蕙桂馥
——唐·駱賓王

春風得意
——唐·孟郊

疊雲長風
——唐·韋應物

火樹銀花
——唐·蘇味道

妙造自然
——唐·司空圖

綠水青山
——唐·薛用弱

秋月寒江
——宋·黃庭堅

山明水秀
——宋·黃庭堅

源遠流長
——宋·蘇軾

月白風清
——宋·蘇軾

龍飛鳳舞

——宋·蘇軾

鳥歌花舞
　　——宋·歐陽修

萬紫千紅
　　——宋·朱熹

清風明月
　　——宋·歐陽修

一川風月
　　——宋·朱熹

滿園春色
　　——宋·葉紹翁

皓月千里
　　——宋·范仲淹

春山如笑
　　——宋·郭熙

春和景明
　　——宋·范仲淹

雪中松柏
　　——宋·謝得枋

氣象萬千
　　——宋·范仲淹

桃李爭妍
　　——宋·貝守一

山高水長
　　——宋·范仲淹

啼鶯舞燕
　　——元·白樸

浮翠流丹
　　——宋·陸游

山光水色
　　——元·范子安

山重水復
　　——宋·陸游

風和日暖
　　——明·施耐庵

高柳垂陰
　　——宋·姜夔

花意竹情

——明·文徵明

風和日麗
　　——清·吳趼人

海闊天空
　　——清·顧炎武

別有洞天
　　——清·李汝珍

五　字

萬物生光輝
　　——《古樂府》

日月麗乎天
　　——《易經》

皎若雲間月
　　——漢·卓文君

明月輝清暉
　　——三國·阮籍

夏雲多奇峰
　　——晉·陶淵明

清氣澄餘滓
　　——晉·陶淵明

山水有清音
　　——晉·左思

靈景耀神州
　　——晉·左思

白雲抱幽石
　　——六朝·謝靈運

山水含清暉
　　——六朝·謝靈運

明月流素光
　　——六朝·劉鑠

東風轉綠蘋
　　——六朝·江淹

峻節貫秋霜
　　——六朝·顏延之

天正開景祚
　　——六朝·曹毗

淑氣動芳年

——唐·李世民

東風一段春
——唐·楊融

春逐鳥聲開
——唐·李世民

風恬草色新
——唐·林滋

春融瑞氣浮
——唐·沈亞之

清風萬里春
——唐·李瑞

千帆美滿風
——唐·杜牧

新月始澄秋
——唐·孟郊

風隨惠化春
——唐·李白

新月如佳人
——宋·蘇軾

巨海納百川
——唐·李白

三春群卉盛
——宋·蘇軾

揚帆海月升
——唐·李白

陽輝爍四野
——宋·歐陽修

鳴鳳棲清梧
——唐·李白

細雨菊花天
——宋·歐陽修

造化鍾神秀
——唐·杜甫

游魚動綠荷
——宋·陸游

風景一時新
——唐·劉禹錫

清秋最可人

——宋·陸游

秋高佳風月
　　——宋·陸游

茂木俯清泉
　　——宋·葉適

月到千家靜
　　——宋·陳後山

山晴花更繁
　　——宋·王安石

天風發清籟
　　——宋·朱熹

春輝上早霞
　　——宋·宋祁

淑氣春風和
　　——宋·賀方回

花柳春全盛
　　——宋·楊萬里

春風弄新陽
　　——宋·戴石屏

新篁動清節
　　——元·吳鎮

春來喜氣迎
　　——元·趙孟頫

春色濃于酒
　　——元·黃庚

春回旭日鮮
　　——元·袁桷

春風榮眾芳
　　——元·許謙

陽生天地春
　　——明·沈周

三陽開景運
　　——明·文徵明

天光發融朗
　　——明·文徵明

淑景麗清嘉
　　——明·文徵明

雲開萬壑春

——明·廖道南

桃花千歲春
——明·顧璘

松花伴鶴飛
——明·唐寅

春風秀芳草
——明·徐渭

雲中見祥鳳
——清·黃景仁

雲騁峰巒奇
——清·蔣士銓

花氣暖晴雲
——清·周準

春風遍宇宙
——清·吳尊臯

春回雲物秀
——清·唐澧

春鳥暢歡情
——清·陳祖範

六 字

藉芳草鑒清流
——晉·孫綽

草木榮天下春
——唐·樂章

和風穆以佈暢
——唐·張協

百卉華而敷芬
——唐·張協

仰觀山俯聽泉
——唐·白居易

和風喜氣相隨
——唐·謝良輔

一池雲錦清閑
——宋·王梅溪

紅荷一點清風
——宋·宋伯仁

皓月隨人近遠

——宋·李持正

片雲開月飛來
——宋·洪皓

晴日暖淡烟浮
——宋·伯殊

長月好定天晴
——宋·無名氏

林間鶴帶雲還
——元·倪瓚

對青山依綠水
——明·沈周

梅開上苑先春
——明·曾梅軒

人衆花裏遊春
——明·曾梅軒

月團丹桂香時
——明·李仲訓

曉霜楓葉秋酣
——明·葉子奇

雨以暘順乃祥
——清·張潮

新月滿如人面
——清·徐來

七　字

登泰山而小天下
——《孟子·盡心上》

大風起兮雲飛揚
——漢·劉邦《大風歌》

何可一日無此君
——六朝·劉義慶《世說新
語》

帶葉梨花獨送春
——唐·杜牧《殘春獨來南
亭因寄張祜》

雄鷄一聲天下白
——唐·李賀《致酒行》

桃花亂落如紅雨
——唐·李賀《將進酒》

飛香走紅滿天春
——唐·李賀《上雲樂》

濤似連山噴雪來
——唐·李白《橫江詞》

燕山雪花大如席
——唐·李白《北風行》

梨花一枝春帶雨
——唐·白居易《長恨歌》

露似珍珠月如弓
——唐·白居易《暮江吟》

淡蕩春光滿曉空
——唐·崔湜《奉和春日幸望長宮》

碧天如水夜雲輕
——唐·溫庭筠《瑤瑟怨》

百葉蓮花萬里香
——唐·李洞《題晰上人賈島詩卷》

月光如水水如天
——唐·趙嘏《江樓感舊》

惟有牡丹真國色
——唐·劉禹錫《賞牡丹》

菱葉荷花淨如拭
——唐·杜甫《渼陂行》

水綠沙平一帶春
——唐·于鵠《泛舟入後溪》

滿池荷葉動秋風
——唐·竇常《秋夕》

新晴日照山頭雪
——唐·竇鞏《南陽道中作》

一樹櫻桃帶雨紅
——五代·馮延巳《羅敷艷歌》

休將白髮唱黃鷄
——宋·蘇軾《浣溪沙》

清風弄水月銜山
——宋·蘇軾

過橋人似鑒中行
——宋·張先《題西溪無相院》

雲破月來花弄影
　　——宋·張先《天仙子·送
　　春》

燕兒亂點春江碧
　　——宋·程垓《漁家傲·彭門
　　道中》

紅杏枝頭春意鬧
　　——宋·宋祁《玉樓春》

東風夜放花千樹
　　——宋·辛棄疾《青玉案·元
　　夕》

澗水無聲繞竹流
　　——宋·王安石《鍾山即事》

月暗長堤柳暗船
　　——宋·呂本中《減字木蘭
　　花》

八千里路雲和月
　　——宋·岳飛《滿江紅》

晴絲千尺留韶光
　　——宋·范成大《初夏》

萬紫千紅總是春
　　——宋·朱熹《春日》

春風花草滿園香
　　——元·貫雲石《正宮·春》

月到中秋分外明
　　——明·馮夢龍《醒世恒言》

春來鴻雁書千里
　　——明·李攀龍《懷子相》

一路鶯聲送到家
　　——明·楊基《天平山中》

月明林下美人來
　　——明·高啓《梅花》

春雲似黛千山疊
　　——明·居節《春晴書見》

乳燕銜泥半帶花
　　——清·周起渭《山陰舟中》

八　字

鴻鵠高飛,不集污池

——《列子》

季秋之月,鞠有黄華
　　——《禮記·月令》

如月之恒,如日之升
　　——《詩經·小雅》

瞻彼淇奥,綠竹猗猗
　　——《詩經·衛風·淇奥》

鳶飛戾天,魚躍于淵
　　——《詩經》

桃之夭夭,灼灼其華
　　——《詩經》

鶴鳴九皋,聲聞于天
　　——《詩經》

何彼穠矣,華如桃李
　　——《詩經·召南》

涓涓不塞,將為江河
　　——《古詩源》

玉輝冰潔,川渟岳峙
　　——《晉書》

日月有常,星辰有行
　　——《卿雲歌》

上有天堂,下有蘇杭
　　——《元人小令集》

雲白風清,蘭芳桂馥
　　——《菜根譚》

鴻鵠高飛,一舉千里
　　——漢·劉邦《鴻鵠歌》

龍吟方澤,虎嘯山丘
　　——漢·張衡《歸田賦》

月明星稀,烏鵲南飛
　　——三國·曹操《短歌行》

秋風蕭瑟,洪波湧起
　　——三國·曹操《觀滄海》

丹霞蔽日,彩虹垂天
　　——三國·曹丕《丹霞蔽日
　　行》

月盈則冲,華不再繁
　　——三國·曹丕《丹霞蔽日
　　行》

· 61 ·

微風清扇,雲氣四除
——三國·嵇康《四言詩》

芳草鮮美,落英繽紛
——晉·陶淵明《桃花源記》

景雲蔚岳,秀星駢羅
——六朝·鮑照《河清頌》

日以陽德,月以陰靈
——六朝·謝莊《月賦》

千岩競秀,萬壑爭流
——六朝·劉義慶《世說新語》

鳳鳴千仞,鵬搏萬里
——唐·王勃《常州刺史平原郡公行狀》

天高而明,地厚而平
——唐·韓愈《祭董相公文》

山積而高,澤積而長
——唐·劉禹錫《神道碑銘》

清風徐來,水波不興
——宋·蘇軾《前赤壁賦》

山鳴谷應,風起水湧
——宋·蘇軾《後赤壁賦》

微雨過,無處不催耕
——宋·蘇軾《望江南·暮春》

落日熔金,暮雲合璧
——宋·李清照《永遇樂》

翠葉藏鶯,珠簾隔燕
——宋·晏殊《踏莎行》

星月皎潔,明河在天
——宋·歐陽修《秋聲賦》

萬里層雲,千山暮雪
——金·元好問《邁陂塘》

雨歇空山,月籠古柳
——元·仇遠《齊天樂·賦蟬》

青山不老,綠水長存
——明·羅貫中《三國演義》

九 字

百川異源,而皆歸于海

——《淮南子·氾論訓》

開歲發春兮,百卉含英
——漢·馮衍《顯志賦》

雲漢含星而光耀洪流
——晉·左思《蜀都賦》

春雨足,染就一溪新綠
——五代·韋莊《謁金門》

殘霞淡月,偏向柳梢明
——宋·晁端禮《滿庭芳》

又是一鈎新月,照黃昏
——宋·秦觀《南歌子》

微雲吹散,涼月墮平波
——宋·葉夢得《臨江仙》

為人間,洗盡三庚煩暑
——宋·黃昇《醉江月·夜涼》

春雨細,開盡一番桃李
——宋·周紫芝《謁金門》

月色輝,夜將闌,銀漢低

——元·杜仁杰《集賢賓》

晚山青,一川雲樹冥冥
——元·張翥《多麗》

小雨初收,最喜春沙軟
——清·朱彝尊《蝶戀花》

十 字

風生于地,起于青萍之末
——楚·宋玉《風賦》

豈不罹凝寒,松柏有本性
——漢·劉楨《贈從弟》

八方各異氣,千里殊風雨
——三國·曹植《泰山梁甫行》

良田無晚歲,膏澤多豐年
——三國·曹植《贈徐幹》

驚風飄白日,光景馳西
流

　　——三國·曹植《箜篌行》

衆鳥欣有託,吾亦愛吾
廬

　　——晉·陶淵明《讀山海經》

清氣澄餘滓,杳然天界
高

　　——晉·陶淵明《己酉歲九
月九日》

青陽暢和氣,谷風穆以
溫

　　——晉·郭璞《失題》

非必絲與竹,山水有清
音

　　——晉·左思《招隱》

江南二月春,東風轉綠
蘋

　　——六朝·江淹《咏美人春
游》

處處春心動,常惜光陰移

　　——六朝·蕭綱《春日想上
林詩》

猛虎潛深山,長嘯自生
風

　　——六朝·謝惠連《猛虎行》

蓮花泛水,艷如越女之
腮

　　——六朝·蕭統《錦帶書十二
月啓》

鶯鳴一兩囀,花樹數重
開

　　——六朝·宋懍《早春詩》

春風復蕩漾,春女亦多
情

　　——六朝·王德《春詞》

亭皋木葉下,隴首秋雲
飛

　　——六朝·柳惲《擣衣》

東風變梅柳,萬匯生春
光

　　——唐·李適《中和節日賜

群臣宴賦七韵》

　　——唐·韋鎮《讀春令賦》

桂子月中落,天香雲外飄

　　——唐·宋之問《靈隱寺》

東風隨春歸,發我枝上花

　　——唐·李白《落日憶山中》

寒沙蒙薄霧,落月去清波

　　——唐·杜甫《將曉》

松柏本孤直,難為桃李顏

　　——唐·李白《古風》

夜深知雪重,時聞折竹聲

　　——唐·白居易《夜雪》

春風不相識,何事入羅幃

　　——唐·李白《春思》

誰謂月無情,千里遠相逐

　　——唐·白居易《客中月》

春色遍芳菲,閑檐雙燕歸

　　——唐·武元衡《歸燕》

條風始至,散灼灼之紅桃

　　——唐·陸贄《登高臺賦》

因風離海上,伴月到人間

　　——唐·于鄴《孤雲》

谷雨初收,潤萋萋之綠野

　　——唐·陸贄《登高臺賦》

遙知不是雪,為有暗香來

　　——宋·王安石《梅花》

遲遲麗景,照八極之文明

萬國睡未覺,一聲雞已知

——宋·梅堯臣《曉》

三更月，中庭恰照梨花雪

——宋·賀鑄《憶秦娥》

人初靜，明日落紅應滿徑

——宋·張先《天仙子》

鳴琴坐朗月，輕露點秋衣

——宋·張耒《和西齋》

月朧朧，一樹梨花細雨中

——宋·陳克《豆葉黄》

春風如醇酒，著物物不知

——宋·程致道《過紅梅閣》

楊柳杏花交影處，有人家

——宋·程垓《愁倚闌》

馬嘶人起，殘月尚穿林薄

——宋·劉一止《喜遷鶯》

暮色千山入，春風百草香

——宋·蘇軾《雨晴》

縱燕約鶯盟，無計留春住

——宋·陳允平《摸魚兒》

燕子呢喃，景色乍長春晝

——宋·無名氏《錦纏道》

夜色明河靜，好風來千里

——金·王予可《生查子》

啼鶯舞燕，小橋流水飛紅

——元·白樸《天淨沙》

志欲小天下，特來登泰山

——明·楊繼盛《登泰山》

木落寒山裏，千林共一聲

——明·張倩倩《咏風》

春光自來,堪戀一刻千金

——明·文徵明《慶清朝慢》

何須凌絕頂,胸已溢塵寰

——清·沈德潛《望岳》

隔江雪浪,隱隱天風檣馬

——清·陳維崧《感皇恩》

留將根蒂在,歲歲有東風

——清·翁格《暮春》

千紅萬紫,終讓梅花為魁

——清·曹雪芹《紅樓夢》

拔地氣不撓,參天節何勁

——清·丘逢甲《題畫竹》

十 一 字

剛柔分,動而明,雷電合而章

——《周易》

春蘭兮秋菊,長無絕兮終古

——楚·屈原《九歌》

風清月白偏宜夜,一片瓊田

——宋·歐陽修《采桑子》

垂下簾櫳,雙燕歸來細雨中

——宋·歐陽修《采桑子》

水遠烟微,一點滄洲白鷺飛

——宋·歐陽修《采桑子》

春庭月午,搖蕩香醪光欲舞

——宋·蘇軾《減字木蘭花》

可使食無肉,不可使居

· 67 ·

無竹
——宋·蘇軾《於潛僧綠筠軒》

東廂月,一天風霜,杏花如雪
——宋·范成大《秦樓月》

微雨灑芳塵,醞造可人春色
——宋·石孝友《好事近》

春雨細如塵,樓外柳絲黃濕
——宋·朱敦儒《好事近》

江南三月,猶有枝頭萬點雪
——宋·釋仲殊《減字木蘭花》

初送雁,欲聞鶯,綠池波浪生
——宋·晏殊《更漏子》

春路雨添花,花動一山春色

——宋·秦觀《好事近》

天面碧琉璃上,印彎彎新月
——宋·李之儀《好事近》

長天淨,絳河清淺,皓月嬋娟
——宋·柳永《戚氏》

雨打江南樹,一夜花開無數
——宋·王安石《生查子》

新月娟娟,夜寒江靜山銜斗
——宋·蘇過《點絳唇》

春似酒杯濃,醉得海棠無力
——宋·周紫芝《好事近》

幾個輕鷗來點破,一泓澄綠
——宋·辛棄疾《滿江紅》

江外月,飛來千丈,水天

· 68 ·

同色
——宋·侯寘《滿江紅》

十二字

虎嘯而谷風至,龍舉而
景雲屬
——《淮南子》

疾雷不及掩耳,疾霆不
暇掩目
——《淮南子》

只有一枝梧葉,不知多
少秋聲
——《山中白雲詞》

雲無心以出岫,鳥知倦
而飛還
——晉·陶淵明《歸去來辭》

木欣欣以向榮,泉涓涓
而始流
——晉·陶淵明《歸去來辭》

山不高則不靈,淵不深
則不清
——六朝·劉義慶《世説新
語》

桃花復含宿雨,柳緑更
帶朝烟
——唐·王維《田園樂》

鳥向平蕪遠近,人隨流
水東西
——唐·劉長卿《謫仙怨》

春每歸兮花開,花已闌
兮春改
——唐·李白《惜餘春賦》

鶯嘴啄花紅溜,燕尾點
波緑皺
——宋·秦觀《如夢令》

池上春歸何處?滿目落
花飛絮
——宋·秦觀《如夢令》

一輪秋影轉金波,飛鏡
又重磨
——宋·辛棄疾《太常引》

着意尋春不肯香,香在
無尋處
——宋·辛棄疾《卜算子》

禀天質之至美,凌歲寒
而獨開
——宋·王鈺《梅花賦》

排風月而迥出,傲霜雪
而獨麗
——宋·王鈺《梅花賦》

弱柳絲千縷,嫩黃勻遍
鴉啼處
——宋·袁去華《安公子》

着意聞時不肯香,香在
無心處
——宋·曹組《卜算子》

半壕春水一城花,烟雨
暗千家
——宋·蘇軾《望江南》

風清夜,橫塘月滿,水淨
見移星
——宋·黃庭堅《滿庭芳》

出淤泥而不染,濯清漣
而不妖
——宋·周敦頤《愛蓮說》

烟雨正林塘,翠不礙,錦
鱗來去
——宋·陳允平《驀山溪》

花落鶯啼春暮,陌上綠
柳飛絮
——宋·謝逸《如夢令》

冰輪斜展鏡天長,江練
隱寒光
——宋·陳亮《一叢花》

野芳發而幽香,佳木秀
而繁陰
——宋·歐陽修《醉翁亭記》

柳葉鳴蜩綠暗,荷花落
日紅酣
——宋·王安石《題西太一
宮壁》

白鷗飛處極浦,黃犢歸
時夕陽

——宋·楊萬里《農家六言》

小桃初破兩三花,深淺散餘霞

——宋·李彌遜《訴衷情》

綠水滿池塘,點水蜻蜓避燕忙

——宋·李之儀《南鄉子》

落花風裏,遊絲天外,遠翠千叠

——元·吳弘道《大石調》

月下檐西,日出籬東,曉枕睡餘

——元·許衡《沁園春》

一雙舞燕,萬點飛花,滿地斜陽

——明·陳子龍《訴衷情》

夭桃紅杏春將半,總被東風換

——明·陳子龍《虞美人》

柳浪青如麥浪,梨花白似梅花

——明·康海《春》

惜光陰兮易度,愛良夜兮無眠

——明·章懋《中秋賞月賦》

月暗雲霄,星沉烟水,角聲清曼

——明·劉基《水龍吟》

晴露灼其可攬,暖氣晶而若浮

——明·袁尊尼《夢遊春賦》

一池新水碧荷圓,榴花紅欲然

——明·夏言《喜遷鶯》

白馬千群浪湧,銀山萬叠天高

——清·宋琬《西江月》

十 三 字

登東山而小魯,登泰山而小天下

——《孟子》

天蒼蒼,野茫茫,風吹草
低見牛羊
——六朝·無名氏《敕勒歌》

乘彩舫,過蓮塘,棹歌驚
起睡鴛鴦
——五代·李珣《南鄉子》

杏花笑吐香猶淺,又還
是春將半
——宋·趙佶《探春令》

長記曾携手處,千樹壓,
西湖寒碧
——宋·姜夔《暗香》

斷虹霽雨,淨秋空,山染
修眉新綠
——宋·黄庭堅《念奴嬌》

素月分輝,明河共影,表
裏俱澄澈
——宋·張孝祥《念奴嬌》

星點點,月團團,倒流河

漢入杯盤
——金·劉著《鷓鴣天》

澤國清霜,澄江爽氣,染
出千林赤
——金·蔡松年《念奴嬌》

感萬物之暢達兮,乘淑
氣以陶熔
——明·倪謙《早春賦》

想春光之九十分,塞宇
宙之冲融
——明·倪謙《早春賦》

庭下石榴花吐紅,滿地
綠陰停午
——明·文徵明《青玉案》

平原麥瀰,翠波搖剪剪,
綠疇如畫
——明·湯顯祖《牡丹亭》

牡丹花兒雖好,還要綠
葉兒扶持
——明·蘭陵笑笑生《金瓶
梅詞話》

素魄籠烟,豐膚膩雪,亭
亭立春風
　　——清·葉申薌《白芍藥》

十四字

蘭有秀兮菊有芳,懷佳
人兮不能忘
　　——漢·劉徹《秋風辭》

奔電無以追其踪,逸羽
不能企其足
　　——晉·曹毗《馬射賦》

敕勒川,陰山下,天似穹
廬,籠蓋四野
　　——六朝·無名氏《敕勒歌》

騰身轉覺三天近,舉足
回首萬嶺低
　　——唐·李白《別山僧》

大鵬一日同風起,扶搖
直上九萬里
　　——唐·李白《上李邕》

天階夜色涼如水,臥看

牽牛織女星
　　——唐·杜牧《秋夕》

山明水淨夜來霜,數樹
深紅出淺黃
　　——唐·劉禹錫《秋詞二首》

不知細葉誰裁出,二月
春風似剪刀
　　——唐·賀知章《咏柳》

閑雲潭影日悠悠,物換
星移幾度秋
　　——唐·王勃《滕王閣序》

多情只有春庭月,猶為
離人照落花
　　——唐·張泌《寄人》

燕知社日辭巢去,菊為
重陽冒雨開
　　——唐·皇甫冉《秋日東郊》

忽如一夜春風來,千樹
萬樹梨花開
　　——唐·岑參《白雪歌送武
　　　　判官歸京》

冲天香陣透長安，滿城
盡帶黃金甲
　　——唐·黃巢《不第後賦菊》

春風賀喜無言語，排比
花枝滿杏園
　　——唐·趙嘏《喜張濆及第》

雲峰苔壁繞溪斜，江路
春風夾岸花
　　——唐·沈佺期《古歌》

牡丹花謝鶯聲歇，綠楊
滿院中庭月
　　——唐·溫庭筠《菩薩蠻》

竹外桃花三兩枝，春江
水暖鴨先知
　　——宋·蘇軾《惠崇春江晚
景》

枝上柳綿吹又少，天涯
何處無芳草
　　——宋·蘇軾《蝶戀花》

東風有信無人見，露微
意，柳標花邊

　　——宋·蘇軾《一叢花》

不畏浮雲遮望眼，只緣
身在最高層
　　——宋·王安石《登飛來峰》

濃綠萬枝紅一點，動人
春色不須多
　　——宋·王安石《咏石榴花》

含風鴨綠鄰鄰起，弄日
鵝黃裊裊垂
　　——宋·王安石《南浦》

石邊偶看清泉滴，風過
微聞松葉香
　　——宋·徐璣《夏日閒坐》

小溪清水平如鏡，一葉
飛來細浪生
　　——宋·徐璣《行秋》

烟柳畫橋，風簾翠幕，參
差十萬人家
　　——宋·柳永《望海潮》

高臺不見鳳凰遊，浩浩

長江入海流
——宋·郭祥正《鳳凰臺次李太白韻》

春色滿園關不住，一枝紅杏出牆來
——宋·葉紹翁《遊園不值》

林疏放得遙山出，又被雲遮一半無
——宋·趙師秀《數日》

數點雨聲風約住，朦朧淡月雲來去
——宋·賀鑄《蝶戀花》

楊柳不遮春色斷，一枝紅杏出牆頭
——宋·陸游《馬上作》

春雨斷橋人不度，小舟撐出柳陰來
——宋·徐俯《春遊湖》

林外晨鷄第一聲，隴頭殘月伴人行
——金·段成己《蒲州八咏》

遙天千里淡如水，明月一輪光滿樓
——金·段克己《中秋應教》

一曲彩虹橫界斷，南山雷雨北山晴
——元·黃庚《暮虹》

江山不夜月千里，天地無私玉萬家
——元·黃庚《雪》

半池暖綠鴛鴦睡，滿徑殘紅燕子飛
——元·周德清《中呂·陽春曲》

梅擎殘雪芳心耐，柳倚東風望眼開
——元·盧摯《中呂·喜春來》

雨餘梨雪開香玉，風和柳綫搖新綠
——元·鄭光祖《正宮》

花藏徑畔春泉碧，雲散

林梢晚照明
　　——元·耶律楚材《壬午西
　　　城湖中遊春》

花裏小樓雙燕入，柳邊
深巷一鶯啼
　　——明·楊基《浦口途後憶
　　　禁苑舊遊》

蜂欲分衙燕補巢，清和
天氣綠陰嬌
　　——明·陳繼儒《攤破浣溪
　　　沙》

春江泥暖燕來時，紅白
花深桃李枝
　　——明·居節《春畫》

雲間瀑布三千尺，天外
迴峰十二重
　　——明·陳沂《瀑布泉》

噴雪乍疑銀漢潰，橫空
驚見玉龍飛
　　——明·王瞻《石梁行》

柳花如雪滿春城，始聽

東風第一聲
　　——明·李東陽《黃鶯》

柳邊紅雨雁歸遲，花外
小樓簾影靜
　　——清·吳翌鳳《玉樓春》

巨川細流兩無拒，信知
大海真難量
　　——清·趙執信《雪晴過海
　　　上》

明月有情還約我，夜來
相見杏花俏
　　——清·袁枚《春日雜詩》

四時有不謝之花，八節
有長青之草
　　——清·李汝珍《鏡花緣》

最是秋風管閑事，紅他
楓葉白人頭
　　——清·趙翼《野步》

落紅不是無情物，化作
春泥更護花
　　——清·龔自珍《己亥雜詩》

雲疏月淡,烏慵鵲倦,望
裏雙星縹緲
————清·許纘曾《鵲橋仙》

十五字以上

積土成山,風雨興焉;積
水成淵,蛟龍生焉
————《荀子·勸學》

江河所以能長百谷者,
能下之也。夫惟能下之
也,是以能上之也
————《淮南子》

卿雲爛兮,糾縵縵兮;日
月光華,旦復旦兮
————《古詩源》

鳳凰鳴矣,于彼高岡。
梧桐生矣,于彼朝陽
————《詩經·大雅》

朝飲木蘭之墜露兮,夕
餐秋菊之落英
————楚·屈原《離騷》

登于泰山,萬壽無疆。
四海寧謐,神鼎傳芳
————漢·劉徹《鼎銘》

日月之行,若出其中。
星漢燦爛,若出其裏
————三國·曹操《觀滄海》

山海爭水,水必歸海。
非海求之,其勢順也
————六朝·劉晝《劉子》

自山陰道上行,山川自
相映發,使人應接不暇
————六朝·劉義慶《世說新
語》

君不見拂雲百丈青松
柯,縱使秋風無奈何
————唐·岑參《感遇》

貫四時而不改柯易葉,
挺千尺而恒冒雪凌雲
————唐·上官遜《松柏有心
賦》

條風始至,散灼灼之紅

· 77 ·

桃;谷雨初收,潤萋萋之
綠野
——唐·陸贄《登高臺賦》

習習和風,搧萬物而條
暢;遲遲麗景,照八極之
文明
——唐·韋縝《讀春令賦》

不及流鶯日日啼花間,
能使萬家春意鬧
——唐·韋應物《聽鶯曲》

斷霞散彩,殘陽倒影,天
外雲峰,數朵相倚
——宋·柳永《玉山枕》

暮景蕭蕭雨霽,雲淡天
高風細,正月華如水
——宋·柳永《佳人醉》

水邊臺樹燕新歸,一口
香泥,濕帶落花飛
——宋·陳亮《虞美人》

九萬里風鵬正舉,風休
住,蓬舟吹取三山去
——宋·李清照《漁家傲》

多情簾燕獨徘徊,依舊
滿身花雨,又歸來
——宋·田為《南柯子·春
景》

為露萬物悅,為霜萬物
傷,二物本一氣,恩威何
昭彰
——宋·邵雍《霜露吟》

桃花香,李花香,淺白深
紅,一一鬥新妝
——宋·秦觀《江城子》

野草發而幽香,佳木秀
而繁陰,風霜高潔,水落
而石出者,山間之四時
也
——宋·歐陽修《醉翁亭記》

春山淡冶而如笑,夏山
蒼翠而欲滴,秋山明淨
而如妝,冬山慘淡而如睡
——宋·郭熙《山川訓》

雨痕着物潤如酥,草色
和烟近似無。嵐光罩日
濃如霧,正春風啼鷓鴣
　　——元·趙善慶《雙調·水仙
　　子》

晚山青,一川雲樹冥冥,
正參差,烟凝紫翠,斜陽
畫出南屏
　　——元·張翥《多麗·西湖泛
　　舟席上》

芳草才芽,梨花未雨,春
魂已作天涯絮
　　——清·徐燦《踏莎行》

疏雨過輕塵,圓莎結翠
茵,惹紅襟乳燕來頻
　　——清·朱彝尊《南樓令》

微雲一抹遙峰,冷溶溶。
恰與個人清曉畫眉同
　　——清·納蘭性德《相見歡》

江逆飛,海立起,天風刮

海見海底,湧作銀濤劈
天駛
　　——清·魏源《錢塘觀潮行》

晚來人靜禽魚聚,月上
江邊,纜繫岩邊,山影松
聲共一船
　　——清·陶元藻《采桑子》

林淨藏烟,峰危限月,帆
影搖空綠。隨風飄蕩,
白雲還臥深谷
　　——清·厲鶚《百字令》

江流千里,是山痕,寸寸
染成濃碧。兩岸畫眉聲
不斷,催送蒲帆風急
　　——清·陳澧《百字令》

茫茫雪濤雪浪,天水有
無中。每到篁紋平處,
不覺水香肥極,一色玉
玲瓏
　　——清·陳維崧《水調歌頭》

（三）文化藝術

二　字

育英
——《孟子》

智慧
——《孟子》

方家
——《莊子》

博聞
——《禮記》

博學
——《論語》

庭訓
——《論語》

篤學
——《史記》

名家
——《漢書》

正言
——《後漢書》

精勵
——《後漢書》

研道
——《三國志》

風鑒
——《晉書》

淳風
——《北史》

求索
——楚·屈原

心畫
——漢·揚雄

風骨

　　——漢·劉勰

絕響
　　——三國·嵇康

傳神
　　——晉·顧愷之

掇英
　　——晉·陶淵明

臨池
　　——晉·衛恒

清徽
　　——晉·潘尼

法書
　　——六朝·虞龢

造極
　　——六朝·劉義慶

書品
　　——六朝·庾肩吾

神品
　　——唐·張懷瓘

習靜
　　——唐·王紞

修謹
　　——宋·晁冲之

大家
　　——宋·蘇軾

醉墨
　　——宋·歐陽修

墨戲
　　——宋·米友仁

墨寶
　　——宋·朱長文

天趣
　　——元·湯垕

書祥
　　——明·董其昌

正源
　　——明·項穆

真趣

——清·弘曆

古雅
——清·康有為

奇逸
——清·康有為

婉麗
——清·康有為

渾穆
——清·康有為

清雅
——清·康有為

三　字

知無涯
——《莊子》

學遜志
——《書經》

疑思問
——《論語》

遊于藝
——《禮記》

修文德
——《易經》

金石樂
——《呂氏春秋》

敦詩書
——漢·陸績

樂琴書
——晉·陶淵明

師造化
——六朝·姚最

金石交
——唐·阮籍

晝陰靜
——唐·韋應物

極娛遊
——唐·王勃

讀書樂

——宋·歐陽修

學且勤
——宋·王應麟

爐炙硯
——宋·司馬光

四 字

法貴天真
——《莊子》

知白守黑
——《老子》

教學相長
——《禮記》

博聞強識
——《禮記》

師嚴道尊
——《禮記》

繪事後素
——《論語》

有教無類
——《論語》

敏而好學
——《論語》

學而不厭
——《論語》

誨人不倦
——《論語》

好問則裕
——《書經》

博學文雅
——《漢書》

登峰造極
——《世說新語》

大筆如椽
——《晉書》

夢筆生花
——《南史》

行雲流水

——《宋史》

桃李滿門
　　——《資治通鑒》

學原于思
　　——《近思錄》

書肇自然
　　——漢·蔡邕

良玉不雕
　　——漢·揚雄

書心畫也
　　——漢·揚雄

言為心聲
　　——漢·揚雄

遷想妙得
　　——晉·顧愷之

以形寫神
　　——晉·顧愷之

心師造化
　　——六朝·姚最

琳琅滿目
　　——六朝·劉義慶

筆精墨妙
　　——唐·魯收

著手成春
　　——唐·司空圖

妙造自然
　　——唐·司空圖

強學力行
　　——唐·韓愈

翰逸神飛
　　——唐·孫過庭

意涉瑰奇
　　——唐·孫過庭

人書俱老
　　——唐·孫過庭

會古通今
　　——唐·孫過庭

心手雙暢

——唐·孫過庭

思逸神超
　　——唐·孫過庭

神融筆暢
　　——唐·孫過庭

心境雙忘
　　——唐·圓悟

無價之寶
　　——唐·魚玄機

氣質俱盛
　　——五代·荊浩

精金良玉
　　——宋·李幼武

開卷有益
　　——宋·王闢之

錦上添花
　　——宋·黃庭堅

迴得天意
　　——宋·沈括

沉著痛快
　　——宋·周越

獨具隻眼
　　——宋·楊萬里

厚積薄發
　　——宋·蘇軾

美玉無瑕
　　——元·喬吉

奇珍異寶
　　——元·秦簡夫

超妙入神
　　——明·沈周

得意忘象
　　——明·項穆

美不勝收
　　——清·袁枚

獨闢蹊徑
　　——清·葉燮

不落窠臼

——清·曹雪芹

魄力雄强
——清·康有為

骨法洞達
——清·康有為

精神飛動
——清·康有為

蘊蓄古雅
——清·康有為

獨闢新界
——清·梁啓超

五 字

充實之謂美
——《孟子》

教育必以正
——《孟子》

學不可以已
——《荀子》

仕而優則學
——《論語》

溫故而知新
——《論語》

學古不泥古
——《舊唐書》

逸氣干青雲
——漢·王褒

委懷在琴書
——晉·陶淵明

懷抱觀古今
——六朝·謝靈運

妙墨揮岩泉
——唐·張九齡

為學心難滿
——唐·項斯

心清聞妙香
——唐·杜甫

心正則筆正

——唐·柳公權

聖人無常師
——唐·韓愈

書無百日工
——唐·徐浩

博學而約取
——宋·蘇軾

書添君子智
——宋·王安石

讀書有真樂
——宋·晁冲之

讀書怡我心
——宋·洪景盧

讀書增意氣
——宋·戴石屏

翰墨伴清閑
——宋·王鉒

學自勤中得
——宋·汪洙

几硯琢磨心
——宋·薛季宣

存養讀書心
——宋·俞桂

圖書時自娛
——元·趙孟頫

讀書志彌高
——元·岑安卿

隨意讀吾書
——元·陳德永

展册樂道言
——明·文徵明

翰墨足歡娛
——明·周憲王

讀書有至味
——清·錢肇修

筆硯得佳友
——清·王琮

琴書常自樂

——清·朱鳴盛

咏歌際升平
——清·董邦達

六 字

詩言志,歌咏言
——《書經》

學然後知不足
——《禮記》

學則正,否則邪
——漢·揚雄

師者,人之模範
——漢·揚雄

披良書,探至頤
——三國·蕭大圜

樂琴書以消憂
——晉·陶淵明

咏高梧,賦修竹
——唐·王僧孺

調素琴,閱金經
——唐·劉禹錫

凡書畫當觀韵
——宋·黃庭堅

文者,氣之所形
——宋·蘇轍

古者,以學為政
——宋·蘇轍

幼而學,壯而行
——宋·王應麟

文所以載道也
——宋·周敦頤

寄興只消毫楮
——元·倪瓚

書是君子之藝
——清·馮班

詩品,出于人品
——清·劉熙載

身教親于言教

——清·魏源

點筆翻書夕暉
　　——清·汪文桂

七　字

溫柔敦厚,詩教也
　　——《禮記》

學,殖也;不學,將落
　　——《左傳》

清歌流響繞鳳梁
　　——《白紵舞歌》

擲地,當作金石聲
　　——《晉書》

十月看書雪替螢
　　——六朝·溫達

揮毫落紙如雲烟
　　——唐·杜甫《飲中八仙歌》

書貴瘦硬方通神
　　——唐·杜甫《李潮八分小篆歌》

凌雲健筆意縱橫
　　——唐·杜甫《戲為六絕句》

此時無聲勝有聲
　　——唐·白居易《琵琶行》

神清骨竦意真率
　　——唐·戴叔倫《懷素上人草書歌》

清歌一曲月如霜
　　——唐·高適《聽張立本女吟》

興酣落筆搖五岳
　　——唐·李白《江上吟》

松下看雲讀道書
　　——唐·羅鄴

琴心詩趣情相會
　　——唐·徐鉉

讀書萬卷始通神
　　——宋·蘇軾《柳氏二甥求筆迹》

腹有詩書氣自華

——宋·蘇軾《和董傳留別》

非人磨墨墨磨人

　　——宋·蘇軾《次韻答舒教
　　授觀余所藏墨》

詩成錦繡開胸臆

　　——宋·蘇軾

一日不書覺思澀

　　——宋·米芾《海岳名言》

開編靜得古人情

　　——宋·孔平中

讀書得趣是神仙

　　——宋·陳藻

弄筆翻書亦稱情

　　——宋·李昭玘

花艷酒光詩興濃

　　——宋·岳珂

縱橫一筆掃千軍

　　——宋·姜堯章

醜怪驚人能嫵媚

——宋·蕭德藻《古梅》

學而不化,非學也

　　——宋·楊萬里《庸言》

樂者,天下之中和

　　——宋·王安石《禮樂論》

松風一曲來清音

　　——元·吳震壽

雲窗霧冷文書靜

　　——元·袁桷

窗近花陰筆硯香

　　——元·黃庚

筆墨生涯獨善身

　　——元·劉祁

風靜書窗月滿樓

　　——明·袁華

飛花吹滿硯池頭

　　——明·徐溥

為學大病在好名

　　——明·王守仁《傳習錄》

書卷茶爐百慮融
——明·文徵明

茶烟一榻擁書眠
——明·文徵明

曉窗和墨寫新篇
——明·文徵明

忙是揮毫靜奕棋
——明·祝枝山

萬卷圖書一草堂
——明·唐寅

洗硯閑寫蘭亭篇
——明·盧襄

竹窗深處課兒詩
——清·李調元

長夜如年筆硯橫
——清·李調元

香浮古鼎閑臨帖
——清·潘奕

一樓書卷萬花熏
——清·袁枚

裁詩經琢硯池冰
——清·周天度

無邊樂事歸吟筆
——清·陳鴻寶

書畫一船烟外月
——清·趙潛

詩情茶味清而腴
——清·梁同書

一觴一咏日自娛
——清·李溥光

詩箋茗椀供清味
——清·薛芝

書畫琴棋詩酒花
——清·張璨

閑中適意開書卷
——清·李光基

筆花開處墨花濃
——清·戚朝桂

人在讀書深處樂
　　——清·王思

韵勝原從骨勝來
　　——清·翁方綱

詞鋒落月互縱橫
　　——清·龔自珍《己亥雜詩》

清雄超妙氣凌雲
　　——清·高士奇《題米芾〈蜀
　　　素帖〉》

為學莫重于尊師
　　——清·譚嗣同《瀏陽算學
　　　館增訂章程》

八　字

鍥而不捨,金石可鏤
　　——《荀子》

少而不學,長無能也
　　——《荀子》

大音希聲,大象無形
　　——《老子》

建國君民,教學為先
　　——《禮記》

不覽古今,論事不實
　　——《論衡》

人生在勤,不索何獲
　　——《後漢書》

勤于學問,謂之懿德
　　——《貞觀政要》

當局稱迷,旁觀必審
　　——《新唐書》

字裏金生,行間玉潤
　　——《唐人書評》

鴻文無範,恣意往也
　　——漢·揚雄《太玄》

歲月不居,時節如流
　　——漢·孔融《與曹公論盛
　　　孝章書》

文若春華,思若湧泉
　　——三國·曹植《王仲宣誄》

意在筆前，然後作字
——晉·王羲之《題衛夫人
筆陣圖後》

臨池學書，池水盡黑
——晉·王羲之《與人書》

精騖八極，心遊萬仞
——晉·陸機《文賦》

積財千萬，無過讀書
——六朝·顏之推《顏氏家
訓》

情以物遷，辭以情發
——六朝·劉勰《文心雕龍》

望今制奇，參古定法
——六朝·劉勰《文心雕龍》

兵無常陣，字無常體
——唐·虞世南《筆髓論》

超以像外，得其環中
——唐·司空圖《詩品·雄渾》

人不讀書，其猶夜行
——唐·段成式《酉陽雜俎》

育才造士，為國之本
——唐·權德輿《進士策問
五道》

法本無法，貴乎會通
——唐·張懷瓘《六體書論》

外師造化，中得心源
——唐·張彥遠《歷代名畫
記》

意存筆先，畫盡意在
——唐·張彥遠《歷代名畫
記》

學以為耕，文以為獲
——唐·韓愈《祭故陝府李
司馬文》

思慮通審，志氣和平
——唐·孫過庭《書譜》

偏工易就，盡善難求
——唐·孫過庭《書譜》

通會之際，人書俱老
——唐·孫過庭《書譜》

强學博覽,足通古今
——宋·歐陽修《賜翰林學
士吴奎乞知青州不允
詔》

琴調和暢,詩韵清絶
——宋·王禹偁《黄州竹樓
記》

學貴心悟,守舊無功
——宋·張載《經學理窟》

兼收并覽,廣議博考
——宋·郭恕《林泉高致》

濯去舊見,以來新意
——宋·朱熹《學規類編》

詩中有畫,畫中有詩
——宋·蘇軾《書摩詰藍田
烟雨圖》

讀萬卷書,行萬里路
——明·董其昌《畫旨》

奇宕瀟灑,時出新致
——明·董其昌《畫禪室隨
筆》

真詩者,精神所為也
——明·鍾惺《詩歸序》

學不進,率由于因循
——明·薛瑄《薛子道論》

無法之法,乃為至法
——清·石濤《畫語録》

搜盡奇峰打草稿也
——清·石濤《畫語録》

心悟腕從,言忘意得
——清·宋曹《書法約言》

百煉鋼化為繞指柔
——清·姚孟起《字學臆參》

人品不高,落墨無法
——清·方薰《山静居畫論》

氣格要奇,筆法要正
——清·方薰《山静居畫論》

九　字

不積跬步,無以致千里

——《荀子》

知之而不行,雖敦必困
——《荀子》

生有涯也,而知也無涯
——《莊子》

不專心致志,則不得也
——《孟子》

學而時習之,不亦説乎
——《論語》

不知而不能問,非智也
——《國語》

知無務,不若愚而好學
——《淮南子》

用筆在心,心正則筆正
——《舊唐書》

神明降之,此畫之情也
——六朝·王微《叙畫》

意不在于畫,故得于畫
——唐·張彥遠《歷代名畫記》

心正則筆正,乃可為法
——唐·柳公權《書小史》

形見曰像,書者法像也
——唐·張懷瓘《六體書論》

學莫大于知本末終始
——宋·楊時《河南程氏粹言》

不深思則不能造其學
——宋·楊時《河南程氏粹言》

為學患無疑,疑則有進
——宋·陸九淵《語錄》

學貴專,不以泛濫為賢
——宋·程頤《為太中作試漢州學生策問》

人之不幸莫過于自足
——明·方孝孺《侯城雜誡》

學非言之難,用之為難
——明·張居正《贈畢石庵先生宰朝邑叙》

文章以沉著痛快為最

——清·鄭燮《家書》

氣得陽剛,而情合陰柔

——清·章學誠《文史通義》

十 字

積土而為山,積水而為海

——《荀子》

博學而不窮,篤行而不倦

——《禮記》

彈箏奮逸響,新聲妙入神

——《古詩十九首》

少壯不努力,老大徒傷悲

——《古樂府》

與君一夕話,勝讀十年書

——《二程全書》

學者如登山焉,勤而益高

——漢·徐幹《中論》

奇文共欣賞,疑義相與析

——晉·陶淵明《移居》

積學以儲寶,酌理以富才

——六朝·劉勰《文心雕龍》

李杜文章在,光焰萬丈長

——唐·韓愈《調張籍》

讀書破萬卷,下筆如有神

——唐·杜甫《奉贈韋左丞丈二十二韻》

始知丹青筆,能奪造化功

——唐·岑參《劉相公中書江山畫障》

畫性所貴天然,何必師範

——唐·張彥遠《歷代名畫記》

讀書貧裏樂,搜句靜中忙

——唐·裴說《句》

曲終人不見,江上數峰青

——唐·錢起《省試湘靈鼓瑟》

為問青雲上,何人識卷舒

——唐·高蟾《即事》

風前綠綺弄,月下白雲來

——唐·李嶠《琴》

霜輝簡上發,錦字夢中開

——唐·李嶠《筆》

枝幹扶疏,凌霜雪而彌勁

——唐·孫過庭《書譜》

花枝鮮茂,與雲日而相輝

——唐·孫過庭《書譜》

賴有墨成池,淋灕豁胸臆

——宋·陸游《書悲》

相以勉講學,事業在積累

——宋·陸游《送子龍赴吉州掾》

文章本天成,妙手偶得之

——宋·陸游《文章》

誦明月之詩,歌窈窕之章

——宋·蘇軾《前赤壁賦》

博觀而約取,厚積而薄發

——宋·蘇軾《雜說》

詩畫本一律,天工與清新

——宋·蘇軾《書鄢陵王主
簿所畫折枝》

學問勤中得,螢窗萬卷
書
——宋·汪洙《神童詩》

藝之至,未始不與精神
通
——宋·姜夔《續書譜》

與其師人,不若師諸造
化
——宋·劉道醇《聖朝名畫
評》

書不厭頻讀,詩須放淡
吟
——宋·方岳《次韻別元可》

著述須待老,積勤宜少
時
——宋·歐陽修《獲麟贈姚
闢先輩》

善之本在教,教之本在
師

——宋·李覯《廣潛書》

詩是無形畫,畫是有形
詩
——宋·張舜民《跋百之詩
畫》

循序而漸進,熟讀而精
思
——宋·朱熹《讀書之要》

若要功夫深,鐵杵磨成
針
——明·曹學佺《蜀中廣記》

授書不在徒多,但貴精
熟
——明·王守仁《傳習錄》

字須熟後生,畫須生外
熟
——明·董其昌《畫禪室隨
筆》

書家妙在能合,神在能
離
——明·董其昌《畫禪室隨
筆》

書道妙在性情，能在形
質
　　——清·包世臣《藝舟雙楫》

讀書貴神解，無事守章
句
　　——明·徐洪鈞《書懷》

詩之基，其人之胸襟是
也
　　——清·葉燮《原詩》

畫荷須畫香，畫竹須畫
節
　　——清·陸飛《寫意荷花墨
竹》

十一字

集大成者，金聲而玉振
之也
　　——《孟子》

資之深，則取之左右逢
其源
　　——《孟子》

樸素，而天下莫能與之
爭美
　　——《莊子》

教也者，長善而救其失
者也
　　——《禮記》

獨學而無友，則孤陋而
寡聞
　　——《禮記》

善學者，假人之長以補
其短
　　——《呂氏春秋》

凡樂，天地之和，陰陽之
調也
　　——《呂氏春秋》

愛子，教之以義方，弗納
于邪
　　——《左傳》

虛心順理，學者當守此
四字
　　——《朱子語錄》

時過然後學,則勤苦而
難成
　　——漢·劉向《説苑》

書猶藥也,善讀之,可以
醫愚
　　——漢·劉向《説苑》

畫者,畫也,度物象而取
其真
　　——五代·荆浩《筆法記》

孔子聖人,其學必始于
觀書
　　——宋·蘇軾《李氏山房藏
　　　書記》

教人治人,宜皆以正直
為先
　　——宋·王安石《洪範傳》

力學而得之,必充廣而
行之
　　——宋·楊時《河南程氏粹
　　　言》

字書者,全以風神超邁

為主
　　——宋·姜夔《續書譜》

臨大難,當大事,不可無
學術
　　——清·馮班《鈍吟雜録》

情景入妙,為畫家最上
關捩
　　——清·布顏圖《畫學心法
　　　問答》

虛實相生,無畫處皆成
妙境
　　——清·笪重光《畫筌》

才智英敏者,宜加渾厚
學問
　　——清·申居鄖《西岩贅語》

十二字

得天下英才而教育之,
三樂也
　　——《孟子》

玉不琢,不成器;人不

學,不知道

——《禮記》

學而不思則罔,思而不
學則殆

——《論語》

學所以益才也,礪所以
致刃也

——漢·劉向《説苑》

人才雖高,不務學問,不
能致聖

——漢·劉向《説苑》

非學無以廣才,非志無
以成學

——三國·諸葛亮《誡子書》

籠天地于形内,挫萬物
于筆端

——晉·陸機《文賦》

意後筆前者敗,意前筆
後者勝

——晉·衛鑠《筆陣圖》

立萬象于胸懷,傳千祀
于毫翰

——六朝·姚最《續畫品》

聖人含道映物,賢者澄
懷味象

——六朝·宗炳《畫山水序》

窮變態于毫端,合情調
于紙上

——唐·孫過庭《書譜》

猛獸鷙鳥,神彩各異,書
道法此

——唐·張懷瓘《書議》

文以達吾心,畫以達吾
意而已

——宋·蘇軾《書朱象先畫
後》

發纖濃于簡古,寄至味
于淡泊

——宋·蘇軾《題黄子思詩
集後》

讀書有三到,謂:心到、

眼到、口到

——宋·朱熹《訓學齋觀》

讀書之法,莫貴于循序
而致精

——宋·朱熹《性理精義》

學不貴博,貴于正而已,
正則博

——宋·楊時《河南程氏粹
言》

所謂大巧若拙,書家之
上乘也

——明·王世貞《題三吳楷
法》

至博而約于精,深思而
敏于行

——明·方孝孺《書簽》

大志非才不就,大才非
學不成

——明·鄭心材《鄭敬中摘
語》

書千卷,文百家,坐蒼

苔,度長夏

——清·王景文《南雙調》

非讀書,不明理。要知
事,須讀史

——清·李光庭《鄉言解頤》

疏處可以走馬,密處不
使透風

——清·周星蓮《臨池管見》

十三字

學者如禾和稻,不學者
如草和蒿

——《增廣賢文》

人雖禀定性,必須博學
以成其才

——《貞觀政要》

善筆力者多骨,不善筆
力者多肉

——晉·衛鑠《筆陣圖》

年難留,時易隕,厲志莫
賞徒勞疲

——六朝·謝惠連《鞠歌行》

其為書,處則充棟宇,出
則汗牛馬

——唐·柳宗元《陸文通先
生墓表》

君子之學貴一,一則明,
明則有功

——宋·楊時《河南程氏粹
言》

樂,所以達天地之和而
飭化萬物

——宋·歐陽修《樂類》

汲汲以教人者,在其不
可得而知

——宋·蘇轍《新論》

教人至難,必盡人之材,
乃不誤人

——宋·張載《語錄抄》

專于其所及而及之,則
其及必精

——宋·蘇洵《明論》

君子之學必日新,日新
者,日進也

——宋·晁說之《晁氏客語》

君子之學,博于外而尤
貴精于內

——明·王廷相《慎言》

人之為學,不可自小,又
不可自大

——清·顧炎武《日知錄》

晉尚韵,唐尚法,宋尚
意,元、明尚態

——清·梁巘《評書帖》

旦旦而學之,久而不怠
焉,迄乎成

——清·彭端淑《為學一首
示子侄》

人一日無米則饑,一日
無字則瞽

——清·王有光《吳下諺聯》

十四字

發憤忘食,樂以忘憂,不

知老之將至
——《論語》

作畫貴有古意，若無古
意，雖工無益
——《清河書畫舫》

凡欲顯勛績揚先烈者，
莫良于學矣
——漢·王符《潛夫論》

智如泉源，行可以為表
儀者，人師也
——漢·韓嬰《韓詩外傳》

酌奇而不失其真，玩華
而不墜其實
——六朝·劉勰《文心雕龍》

根之茂者其實遂，膏之
沃者其光曄
——唐·韓愈《答李翊書》

業精于勤荒于嬉，行成
于思毀于隨
——唐·韓愈《進學解》

險峭雖從筆下成，精能
皆自意中生
——唐·方干《觀項信水墨》

風神骨氣者居上，妍美
功用者居下
——唐·張懷瓘《書議》

黑髮不知勤學早，白首
方悔讀書遲
——唐·顏真卿《勸學》

黃河落天走東海，萬里
寫入胸懷間
——唐·李白《贈裴十四》

詞源倒流三峽水，筆陣
獨掃千人軍
——唐·杜甫《醉歌行》

丹青不知老將至，高貴
于我如浮雲
——唐·杜甫《丹青引》

手邊雲起何時雨，筆下
波生不待風
——唐·神穎《山水屏》

退筆如山未足珍，讀書
萬卷始通神
　　——宋·蘇軾《柳氏二外甥
　　　求筆迹》

我書意造本無法，點畫
信手煩推求
　　——宋·蘇軾《石蒼舒醉墨
　　　堂》

但疑技巧有天得，不必
勉强方通神
　　——宋·王安石《臨川集》

糟粕所傳非粹美，丹青
難寫是精神
　　——宋·王安石《讀史》

千古風流有詩在，詩在
千山烟雨中
　　——宋·嚴羽《滄浪詩話》

大抵禪道惟在妙悟，詩
道亦在妙悟
　　——宋·嚴羽《滄浪詩話》

峙山融川取世界，咳雲

吐雨呼雷風
　　——宋·朱熹《觀祝生畫》

少年易學老難成，一寸
光陰不可輕
　　——宋·朱熹《偶成詩》

隨人作計終後人，自成
一家始逼真
　　——宋·黃庭堅《以右軍書
　　　數種贈丘十四》

蹉跎莫遣韶光老，人生
惟有讀書好
　　——宋·翁森《四時讀書樂》

魏晉書法之高，良由各
盡學之真態
　　——宋·姜夔《續書譜》

書中自有黃金屋，書中
自有顏如玉
　　——宋·趙恒《勸學文》

善書不擇紙筆，妙在心
手，不在物也
　　——宋·陳師道《後山談叢》

巧分天趣出畫外，韵遠
不與丹青俱
　　——金·黨懷英《題春雲出
　　谷圖》

彌川急雨暗秋空，無限
琅玕淡墨中
　　——金·龐鑄《秋風驟雨圖》

十年窗下無人問，一舉
成名天下知
　　——金·劉祁《歸潛志》

石如飛白木如籀，寫竹
還應八法通
　　——元·趙孟頫《枯木竹石
　　圖》

不向驪黃求駔駿，書家
自有九方皋
　　——元·鮮于樞《王大令保
　　母帖》

一點成一字之規，一字
乃通篇之主
　　——明·豐坊《書訣》

醉墨淋灕興未闌，滿堂
烟靄坐來寒
　　——明·沈周《竹岩新霽圖》

莫把丹青等閑看，無聲
詩裏誦千秋
　　——明·徐渭《題墨花卷》

都將滿抱林泉興，付與
閑窗墨半池
　　——明·王行《自題畫》

晉人盡理，唐人盡法，宋
人多用新意
　　——明·董其昌《畫禪室隨
　　筆》

不隨天市為消長，文字
光芒聚德星
　　——清·龔自珍《己亥雜詩》

胸中原有雲烟氣，揮灑
全無八法工
　　——清·汪士慎《絕句》

百分桃花千分柳，冶紅
妖翠畫江南

——清·張問陶《陽湖道中》

熟讀唐詩三百首,不會
吟詩也會吟
——清·孫洙《唐詩三百首
序》

書不求工字不奇,天真
爛漫是吾師
——清·周星蓮《臨池管見》

江山代有才人出,各領
風騷數百年
——清·趙翼《論詩五絕》

不可貌古人而襲之,畏
古人而拘之
——清·袁枚《論詩書》

書到用時方恨少,事非
經過不知難
——清·杜文瀾《古謠諺》

整齊變化寓參差,章法
天然落筆時
——清·翁方綱《題既移屋
帖後》

墨點無多淚點多,山河
仍是舊山河
——清·朱耷《山水冊頁》

十五字以上

鍥而捨之,朽木不折;鍥
而不捨,金石可鏤
——《荀子》

騏驥一躍,不能十步;駑
馬十駕,功在不捨
——《荀子》

一年之計,莫如樹穀;十
年之計,莫如樹木;終身
之計,莫如樹人
——《管子》

書者,散也,欲先散懷
抱,任意恣情,然後書之
——漢·蔡邕《筆論》

夫書肇于自然,自然既
立,陰陽生焉,陰陽既
生,形勢出矣

——漢·蔡邕《九勢》

勢來不可止,勢去不可遏,惟筆軟則奇怪生焉

——漢·蔡邕《九勢》

究天下之際,通古今之變,成一家之言

——漢·司馬遷《報任安書》

少而好學,如日出之陽;壯而好學,如日中之光;老而好學,如炳燭之明

——漢·劉向《説苑》

四體妍蚩本無關于妙處,傳神寫照正在阿堵中

——六朝·劉義慶《世説新語》

書之妙道,神彩為上,形質次之,兼之者方可紹于古人

——六朝·王僧虔《筆意贊》

吟咏之間,吐納珠玉之

聲;眉睫之前,舒捲風雲之色

——六朝·劉勰《文心雕龍》

心神不正,字則欹斜;志氣不和,書必顛覆

——唐·李世民《筆法訣》

夫字以神為精魄,神若不和,則字無態度也

——唐·李世民《指意》

澄神靜慮,端己正容,秉筆思生,臨池志逸

——唐·歐陽詢《八訣》

有氣韵而無形似,則質勝于文;有形似而無氣韵,則華而不實

——唐·歐陽炯《壁畫奇異記》

書道之妙,必資神遇,不可以力求也;機巧必須心悟,不可以目取也

——唐·虞世南《筆髓論》

假筆轉心,妙非毫端之
妙。必在澄心運思,至
微妙之間,神應思徹
　　——唐·虞世南《筆髓論》

惟書有色,艷于西子;惟
文有華,秀于百卉
　　——唐·皮日休《目箴》

纖纖乎似初月之出天
崖,落落乎猶眾星之列
河漢
　　——唐·孫過庭《書譜》

寫樂毅則情多怫鬱,書
畫贊則意涉瑰奇,黃庭
經則怡懌虛無,太師箴
又縱橫爭折
　　——唐·孫過庭《書譜》

篆尚婉而通,隸欲精而
密,草貴流而暢,章務檢
而便
　　——唐·孫過庭《書譜》

初學分佈,但求平正;既

知平正,務追險絕;既能
險絕,復歸平正
　　——唐·孫過庭《書譜》

如人面不同,性分各異,
書道雖一,各有所便
　　——唐·張懷瓘《六體書論》

文則數言及成其意,書
則一字已見其心
　　——唐·張懷瓘《文字論》

學在骨髓者自心術得,
工侔造化者由天和來
　　——唐·白居易《畫記》

筆成冢,墨成池,不及羲
之即獻之;筆禿千管,墨
磨萬鋌,不做張芝做索
靖
　　——宋·蘇軾《題二王書》

味摩詰之詩,詩中有畫;
觀摩詰之畫,畫中有詩
　　——宋·蘇軾《書摩詰藍田
　　　　烟雨圖》

出新意于法度之中，寄
妙理于豪放之外
　　——宋·蘇軾《書吳道子畫
　　後》

若使胸中有書數千卷，
不隨世碌碌，則書不病
而韵似勝
　　——宋·黄庭堅《山谷文集》

學書在法，而其妙在人。
法可以人人而傳，而妙
必其胸中之所獨得
　　——宋·晁補之《勸肋集》

心既貯之，隨意落筆，皆
得自然，備其古雅
　　——宋·米芾《海岳名言》

夫善國者，莫先育才；育
才之方，莫先勸學
　　——宋·范仲淹《上時相議
　　制舉書》

根本固者，華實必茂；源
流深者，光瀾必章
　　——明·張居正《翰林院讀
書説》

古大家之書，必通篆籀，
然後結構淳古，使轉勁
逸
　　——明·豐坊《書訣》

書有筋骨血肉。筋生于
腕，腕能懸則筋脉相連
而有勢，指能實則骨體
堅定而不弱。
　　——明·豐坊《書訣》

胸中具上下千古之思，
腕下具縱橫萬里之勢
　　——明·唐志契《繪事微言》

凡書，筆畫要堅而渾，體
勢要奇而穩，章法要變
而貫
　　——清·劉熙載《藝概》

書，如也。如其學，如其
才，如其志，總之曰如其
人而已
　　——清·劉熙載《藝概》

高韵深情,堅質浩氣,缺
一不可以為書
　　　——清·劉熙載《藝概》

筆性墨情,皆以其人之
性情為本。是則理性情
者,書之首務也
　　　——清·劉熙載《藝概》

學書者有二觀,曰觀物,
曰觀我。觀物以類情,
觀我以通德
　　　——清·劉熙載《藝概》

一畫者,衆有之本,萬象
之根。此一畫收盡鴻濛
之外,即億萬筆墨,未有
不始于此而終于此
　　　——清·石濤《畫語錄》

非盡百家之美,不能成
一人之奇;非取法至高
之境,不能開獨造之域
　　　——清·劉開《與阮蕓臺宮
　　　　保論書文》

多才之士才儲八斗,博
學之儒學富五車
　　　——清·程允升《幼學瓊林》

學畫者先貴立品,立品
之人,筆墨外自有一種
正大光明之概
　　　——清·王昱《東莊論畫》

仰觀泰山,知群山之卑;
臨視北海,知衆流之小
　　　——清·戴震《與方希原書》

情事不同,書法亦隨以
異,應感之理也
　　　——清·王澍《虛舟題跋》

從有筆墨處求法度,從
無筆墨處求神理
　　　——清·王級《書畫傳習錄》

碑貴熟看,不宜生臨,心
得其妙,筆始入神
　　　——清·姚孟起《字學臆參》

短箋長卷,意志揮灑,則
帖擅其長;界格方嚴,法

書深刻,則碑據其勝

——清·阮元《北碑南帖論》

才情者,人心之山水;山
水者,天地之才情

——清·李漁《笠翁文集》

夫欲書先須凝神靜思,
懷抱蕭散,陶性寫情,預
想字形偃仰平直,然後
書之

——清·宋曹《書法約言》

（四）祝詞賀語

二　字

景福
　——《詩經》

介福
　——《詩經》

遐福
　——《詩經》

孝慈
　——《禮記》

禎祥
　——《禮記》

椿壽
　——《莊子》

百樂
　——《荀子》

懷德
　——《論語》

百祥
　——《書經》

賢哲
　——《韓非子》

壽修
　——《漢鑒銘》

盛福
　——《史記》

篤睦
　——《後漢書》

春祺
　——《鄒子樂》

安禄
　——《晉書》

吉福

——《晉書》

雄風
　　——楚·宋玉

樂壽
　　——三國·曹植

迎福
　　——三國·曹植

祥氣
　　——六朝·傅玄

熙怡
　　——晉·王凝之

暢神
　　——晉·王徽之

享壽
　　——晉·裴秀

肇祉
　　——晉·陸機

鴻瑞
　　——六朝·劉勰

舒榮
　　——唐·韋應物

彭壽
　　——唐·羅鄴

嘉壽
　　——唐·顏延之

共壽
　　——宋·米芾

德壽
　　——宋·楊萬里

春暉
　　——宋·楊萬里

歲美
　　——宋·蘇軾

豐樂
　　——宋·蘇軾

樂春
　　——宋·蘇軾

清樂

——元·王惲

壽雲

——元·丁鶴年

壽慶

——元·吳全節

齊壽

——元·程鉅夫

榮壽

——明·傅瑾

持福

——明·董其昌

三　字

仁者壽

——《論語》

享壽星

——《左傳》

恭則壽

——《古詩源》

人中龍

——《晉書》

龜龍壽

——漢·揚子

養恬福

——三國·曹操

景雲飛

——晉·傅玄

慶雲興

——晉·潘岳

福如雲

——唐·昭德皇后

柏葉壽

——唐·武平一

無量壽

——唐·武平一

壽無涯

——唐·武平一

百事諧

——宋·張鎡

壽且昌
　　——元·郝經

表壽徵
　　——明·丘濬

人盡樂
　　——明·王珪

松喬福
　　——明·馮衍

四　字

萬壽無疆
　　——《詩經》

壽比南山
　　——《詩經》

琴瑟相調
　　——《詩經》

百年好合
　　——《詩經》

天作之合
　　——《詩經》

穆如清風
　　——《詩經》

受福無疆
　　——《詩經》

喬遷之喜
　　——《詩經》

夢熊之喜
　　——《詩經》

春酒介壽
　　——《詩經》

時和歲豐
　　——《詩經》

天下一家
　　——《禮記》

沒齒不忘
　　——《禮記》

氣貫長虹

——《禮記》

見義勇為
　　——《論語》

近悅遠來
　　——《論語》

福壽康寧
　　——《書經》

琴瑟和鳴
　　——《書經》

自強不息
　　——《周易》

契合金蘭
　　——《周易》

日新月異
　　——《周易》

道濟天下
　　——《周易》

積善餘慶
　　——《周易》

順天應人
　　——《周易》

民和年豐
　　——《左傳》

鸞鳳和鳴
　　——《左傳》

五世其昌
　　——《左傳》

賓至如歸
　　——《左傳》

大義滅親
　　——《左傳》

比翼齊飛
　　——《爾雅》

名滿天下
　　——《管子》

明德惟馨
　　——《尚書》

同心同德

——《尚書》

美意延年
　　——《荀子》

鍥而不捨
　　——《荀子》

青出于藍
　　——《荀子》

積善成德
　　——《荀子》

公正無私
　　——《荀子》

明察秋毫
　　——《孟子》

浩然之氣
　　——《孟子》

樂以天下
　　——《孟子》

金玉滿堂
　　——《老子》

虛懷若谷
　　——《老子》

知足常樂
　　——《老子》

大器晚成
　　——《老子》

長生久視
　　——《老子》

天長地久
　　——《老子》

風雨同舟
　　——《孫子》

同舟共濟
　　——《孫子》

運籌帷幄
　　——《史記》

樂善好施
　　——《史記》

衆口鑠金

——《史記》

高山仰止
——《史記》

高屋建瓴
——《史記》

積愛成福
——《淮南子》

以沫相濡
——《莊子》

流金鑠石
——《楚辭》

衆志成城
——《國語》

砥柱中流
——《晏子春秋》

佈德行惠
——《月令》

壽比金石
——《漢鑒銘》

長樂萬年
——《漢鑒銘》

富貴安樂
——《漢鑒銘》

福禄正明
——《漢鑒銘》

長樂無極
——《漢瓦當文》

延壽萬歲
——《漢瓦當文》

永受嘉福
——《漢瓦當文》

天禄永昌
——《漢玉銘》

延年益壽
——《文選》

赫赫有名
——《漢書》

功德無量

——《漢書》

珠聯璧合
——《漢書》

和氣致祥
——《漢書》

長治久安
——《漢書》

安居樂業
——《漢書》

安如泰山
——《漢書》

日月合璧
——《漢書》

卓爾不群
——《漢書》

仗義執言
——《漢書》

勵精圖治
——《漢書》

春秋鼎盛
——《漢書》

不世之功
——《後漢書》

名士風流
——《後漢書》

克己奉公
——《後漢書》

老當益壯
——《後漢書》

相敬如賓
——《後漢書》

名高天下
——《戰國策》

超群絶倫
《三國志》

流芳百世
——《三國志》

用兵如神

——《三國志》

志同道合
　　——《三國志》

冰清玉潔
　　——《晉書》

風神高邁
　　——《晉書》

玄圃積玉
　　——《晉書》

心貫白日
　　——《晉書》

衆望所歸
　　——《晉書》

德隆望重
　　——《晉書》

期頤之壽
　　——《南齊書》

人中騏驥
　　——《南史》

忘年之交
　　——《南史》

盡忠報國
　　——《北史》

名聞遐邇
　　——《魏書》

百福具臻
　　——《舊唐書》

良金美玉
　　——《舊唐書》

大雅君子
　　——《舊唐書》

國色天香
　　——《唐詩紀事》

一柱擎天
　　——《唐大詔令集》

鐵面無私
　　——《宋史》

施仁佈恩

——《太平宴》

大慈大悲
——《法華經》

人才輩出
——《續資治通鑒》

高瞻遠矚
——《野叟曝言》

養神保壽
——《五經通義》

良辰吉日
——楚·屈原

喬松之壽
——漢·劉向

和氣致祥
——漢·劉向

愛民如子
——漢·劉向

愛國如家
——漢·荀況

愛民如身
——漢·荀況

義方之訓
——漢·蔡邕

大公無私
——漢·馬融

年高德劭
——漢·揚雄

深謀遠慮
——漢·賈誼

四海為家
——漢·張衡

返老還童
——漢·史游

才高行潔
——漢·王充

淡泊明志
——三國·諸葛亮

頤性養壽

——三國·嵇康

神氣晏如
——三國·嵇康

博古通今
——三國·王肅

爍比琨瓊
——晉·葛洪

無憂者壽
——晉·葛洪

寄心清尚
——晉·陶淵明

豁達大度
——晉·潘岳

德藝周厚
——六朝·顏之推

舉世聞名
——六朝·顏之推

標新立異
——六朝·劉義慶

登峰造極
——六朝·劉義慶

璞玉渾金
——六朝·劉義慶

後起之秀
——六朝·劉義慶

鄉風慕義
——六朝·劉駿

飲水思源
——六朝·庾信

良辰美景
——六朝·謝靈運

金蘭之交
——六朝·劉峻

堅如磐石
——六朝·徐陵

光芒萬丈
——唐·韓愈

秀外慧中

　　——唐·韓愈

含英咀華
　　——唐·韓愈

物華天寶
　　——唐·王勃

人傑地靈
　　——唐·王勃

天倫之樂
　　——唐·李白

青梅竹馬
　　——唐·李白

英姿颯爽
　　——唐·杜甫

名垂青史
　　——唐·杜甫

龜年鶴壽
　　——唐·李商隱

嘔心瀝血
　　——唐·李商隱

洞天福地
　　——唐·杜光庭

堅貞不屈
　　——唐·韋應物

一塵不染
　　——唐·釋道世

賓客盈門
　　——唐·姚思廉

萬古清風
　　——唐·李舒

慶雲昌光
　　——唐·陳子昂

時雍道泰
　　——唐·魏徵

固若金湯
　　——唐·沈佺期

百齡壽眉
　　——唐·虞世南

氣勢磅礡

——唐·杜牧

景氣和暢
　　——唐·王維

永垂貞範
　　——唐·顏真卿

千錘百煉
　　——唐·皮日休

前程萬里
　　——唐·尉遲樞

珠圓玉潤
　　——唐·張文琮

豐衣足食
　　——五代·王定保

風流人物
　　——宋·蘇軾

成竹在胸
　　——宋·蘇軾

堅韌不拔
　　——宋·蘇軾

恩重如山
　　——宋·陸游

氣壯山河
　　——宋·陸游

博大精深
　　——宋·王安石

精益求精
　　——宋·朱熹

年豐人樂
　　——宋·朱熹

光明正大
　　——宋·朱熹

有口皆碑
　　——宋·釋普濟

頂天立地
　　——宋·釋普濟

衆星捧月
　　——宋·釋普濟

萬事大吉

——宋·釋普濟

百事大吉
——宋·周密

國泰民安
——宋·吳自牧

前無古人
——宋·洪邁

推陳出新
——宋·費袞

堯天舜日
——宋·文珦

無與倫比
——宋·劉詩昌

炳如日星
——宋·陸九淵

天造地設
——宋·趙佶

肝膽相照
——宋·丘濬

雪中松柏
——宋·謝得枋

山盟海誓
——宋·趙長卿

芙蓉并蒂
——宋·楊無咎

赤心報國
——宋·司馬光

光前裕後
——宋·王應麟

高風峻節
——宋·胡仔

水到渠成
——宋·釋道源

明鏡高照
——宋·釋道源

鶴髮童顏
——金·王喆

壯志凌雲

——元·關漢卿

明鏡高懸
——元·關漢卿

足智多謀
——元·關漢卿

錦繡前程
——元·賈仲名

福祿雙全
——元·賈仲名

神機妙算
——元·李文蔚

棟梁之材
——元·李文蔚

福壽年高
——元·鄭廷玉

馬到成功
——元·鄭廷玉

福惠雙修
——元·馬致遠

五穀豐登
——元·馬致遠

豐功偉績
——元·朱晞顏

心靜興長
——元·張輅

福至心靈
——元·白仁甫

兩袖清風
——元·陳基

巧奪天工
——元·趙孟頫

功成名遂
——元·范康

功成名就
——元·范子安

洪福齊天
——元·鄭光祖

天從人願

——元·張國賓

智勇雙全
——元·張國賓

海誓山盟
——元·喬吉

歌舞升平
——元·陸文圭

玄妙入神
——元·明善

新婚燕爾
——元·戴善甫

長命百歲
——元·無名氏《藍采和》

萬古長青
——元·無名氏《謝金吾》

國富民強
——明·羅貫中

光輝燦爛
——明·羅貫中

器宇軒昂
——明·羅貫中

大恩大德
——明·馮夢龍

金碧輝煌
——明·馮夢龍

鵬程萬里
——明·柯丹邱

一廉如水
——明·柯丹邱

嘉福成基
——明·文徵明

世泰時豐
——明·文徵明

呈祥獻瑞
——明·鍾伯敬

瑞氣集門
——明·鍾伯敬

百歲之好

——明·屠隆

景星慶雲
——明·沈受先

集思廣益
——明·王夫之

光明磊落
——明·王夫之

壽山福海
——明·劉基

同甘共苦
——明·李昌祺

剛正不阿
——明·王圻

口碑載道
——明·張煌言

雅俗共賞
——明·孫人儒

情深似海
——明·崔時佩

瑞彩祥雲
——明·無名氏《紫微官》

福壽齊天
——明·無名氏《賀元宵》

百年偕老
——明·無名氏《雷澤遇仙》

料事如神
——清·李寶嘉

妙手回春
——清·李寶嘉

一路順風
——清·李寶嘉

一帆風順
——清·李寶嘉

萬事亨通
——清·李綠園

一言九鼎
——清·李綠園

執法如山

——清·李綠園

一路福星
——清·李綠園

彪炳千古
——清·李綠園

德才兼備
——清·李汝珍

福壽雙全
——清·李汝珍

空前絕後
——清·吳趼人

大義凜然
——清·吳趼人

容光煥發
——清·蒲松齡

以文會友
——清·蒲松齡

紫氣東來
——清·洪昇

良師益友
——清·彭養鷗

舉世無雙
——清·錢謙益

蓋世無雙
——清·錢彩

爐火純青
——清·曾樸

首屈一指
——清·文康

得天獨厚
——清·洪亮吉

千錘百煉
——清·趙翼

中流砥柱
——清·顧炎武

河清人壽
——清·顧貞觀

琴酒相壽

——清·張潮

著述等身

——清·紀昀

五　字

功成而弗居

——《老子》

君子有九思

——《論語》

南山祝壽長

——《古樂府》

厚德而廣惠

——《周書》

久旱逢甘雨

——佚名《田喜詩》

志當存高遠

——三國·諸葛亮

百世為隨踵

——晉·葛洪

立身順謹重

——晉·司馬昱

聖人無常師

——唐·韓愈

唯德自成鄰

——唐·祖詠

信為萬事本

——唐·褚遂良

高潔雲入情

——唐·孟郊

仁者得其壽

——宋·邵康節

簡儉作家風

——宋·陸游

心足身常閑

——宋·魏野

壽者福之首

——宋·葉適

悠然得佳趣

——宋·傅察

福星開壽域
　　——宋·余以禩

資深而望重
　　——宋·蘇軾

恬淡養遐齡
　　——元·宋聚

人生貴適意
　　——元·張起岩

養生誠足嘉
　　——元·王禎

夫妻是福齊
　　——元·王實甫

桃李滿天下
　　——明·焦竑

含容終有益
　　——明·馮夢龍

功到自然成
　　——明·吳承恩

澄心得妙觀
　　——明·薛瑄

五福壽齡高
　　——明·夏桂州

壽歷太平春
　　——明·孤松

福生于清約
　　——明·樊密庵

端居樂清靜
　　——清·嚴果

秉志崇清真
　　——清·吳穎芳

氣凌霄漢間
　　——清·陸曾蕃

樂志一家春
　　——清·林佶

妙言無古今
　　——清·張元彪

百事樂嘉辰

——清·錢陳群

樂靜多高致
　　——清·徐郙

養壽宜忘慮
　　——清·朱彬遠

心寬出少年
　　——清·王靜莊

瑞靄開元日
　　——清·談士灝

家和萬事興
　　——清·吳趼人

六　字

德不孤，必有鄰
　　——《論語》

君子成人之美
　　——《論語》

君子誠之為貴
　　——《禮記》

上下同慾者勝
　　——《孫子》

有志者事竟成
　　——《後漢書》

滿招損，謙受益
　　——《尚書》

廉者常樂無求
　　——《中說》

樂易者常壽長
　　——《荀子》

人無憂，故自壽
　　——《太平經》

勤為無價之寶
　　——《明心寶鑒》

遵節儉，尚素樸
　　——漢·張衡

體有松喬之壽
　　——漢·王吉

稱萬壽，資百福

——晉·傅玄

性靜者,多壽考
　　——晉·鮑照

稟靈氣之修壽
　　——晉·王粲

宣景福同介祉
　　——六朝·王起元

壽萬年,祉百世
　　——唐·趙光逢

內睦者家道昌
　　——宋·林逋

以清名為之基
　　——宋·高順

巧者勞,拙者逸
　　——宋·周茂叔

智而好謀必成
　　——宋·李昉

出淤泥而不染
　　——宋·周敦頤

吉人自有天相
　　——元·楊景賢

男子志在四方
　　——明·馮夢龍

有志不在年高
　　——清·翟灝

滿堂佳氣陽春
　　——清·林佶

七　字

君子之交淡如水
　　——《莊子》

人皆可以為堯舜
　　——《清史稿·儒林傳》

識時務者為俊傑
　　——晉·陳壽《三國志》

萬古雲霄一羽毛
　　——唐·杜甫《詠懷古迹》

風流儒雅亦吾師

——唐·杜甫《咏懷古迹》

——宋·釋普濟《五燈會元》

堅貞惟有古松枝

——唐·施肩吾《代征怨》

入火真金色傳鮮

——宋·釋惟白《續傳燈録》

相逢但祝新正壽

——唐·薛逢《元日田家》

成如容易却艱辛

——宋·王安石《題張司業
詩》

心輕萬事如鴻毛

——唐·李頎《送陳章甫》

人生樂在相知心

——宋·王安石《明妃曲》

春風得意馬蹄疾

——唐·孟郊《登科後》

不是虛心豈得賢

——宋·王安石《諸葛武侯》

欲上青雲攬明月

——唐·李白《宣州謝朓樓
餞别校書叔雲》

白髮未除豪氣在

——宋·陸游《度浮橋至南
臺》

白天降福千萬年

——唐·樂章

萬國陽和淑氣中

——宋·張鎡

首戴公恩若山重

——唐·李商隱

椿松齊算老神仙

——宋·楊萬里

向陽花木早逢春

——宋·蘇麟《獻范仲淹詩》

貫日精誠震天下

——宋·惠洪

大丈夫頂天立地

滿堂和氣生嘉祥
——金·黨懷英

雕鶚騰風萬里遊
——元·亢文苑《套數·一枝
花》

只留正氣滿乾坤
——元·王冕《題墨梅》

一夜夫妻百夜恩
——元·關漢卿《救風塵》

四海人民頌太平
——元·袁桷

壽山樹色籠佳氣
——元·張憲

有緣千里來相會
——明·施耐庵《水滸傳》

初生之犢不懼虎
——明·羅貫中《三國演義》

壽星高掛斗牛邊
——明·朱厚熄

壽至蓬萊不老仙
——明·朱厚熄

太平熙皞出壽人
——明·唐寅

萬事不如身手好
——清·王國維《浣溪沙》

一肩擔盡古今愁
——清·通州詩丐《絕命詩》

最難風雨故人來
——清·劉鶚《老殘遊記》

學者當自樹其幟
——清·鄭燮《與江賓谷江
禹九書》

不拘一格降人材
——清·龔自珍《己亥雜詩》

男兒志兮天下事
——清·梁啓超《志未酬》

亘古男兒一放翁
——清·梁啓超《題放翁集》

千里姻緣一綫牽
　　——清·曹雪芹《紅樓夢》

八　字

壽考惟祺,以介景福
　　——《詩經》

古訓是式,威儀是力
　　——《詩經》

一日不見,如三秋兮
　　——《詩經》

妻子好合,如鼓瑟琴
　　——《詩經》

巧言雖美,用之必滅
　　——《易經》

朝夕勤恪,守以惇篤
　　——《國語》

功參天地,澤被生民
　　——《荀子》

長生安樂,富貴尊榮

——《鬼谷子》

虛室生白,吉祥止止
　　——《莊子》

餘音繞梁,三日不絶
　　——《孫子》

流水不腐,户樞不蠹
　　——《呂氏春秋》

塞翁失馬,安知非福
　　——《淮南子》

悦其志意,養其壽命
　　——《淮南子》

大廈成而燕雀相賀
　　——《淮南子》

國爾忘家,公爾忘私
　　——《漢書》

不入虎穴,不得虎子
　　——《後漢書》

爲國之要,進賢是先
　　——《宋史》

儉約不貪，則可延壽
——《飲食紳言》

日月經天，江河行地
——漢·田邑《報馮衍書》

黃金累千，不如一賢
——漢·丘贛《易林》

好行善者，天助以福
——漢·桓寬

砥節礪行，直道正辭
——漢·蔡邕

正道直行，竭忠盡智
——漢·司馬遷

瞻山識璞，臨川知珠
——晉·葛洪《抱樸子》

精騖八極，心遊萬仞
——晉·陸機《文賦》

立身之道，惟謙與學
——六朝·蕭繹《金樓子》

祥光鬱靄，佳氣葱蘢

——六朝·王起元

上和下睦，夫唱婦隨
——六朝·周興嗣《千字文》

志尚夷簡，淡于榮利
——唐·李延壽《北史》

寧可玉碎，不為瓦全
——唐·李百藥《北齊書》

萬國移風，兆人承慶
——唐·丘說

福與仁合，德因素明
——唐·樂章

寶祚惟永，暉光日新
——唐·樂章

積善之家，必有餘慶
——宋·歐陽修等《新唐書》

一德立而百善從之
——宋·楊時《二程粹言》

瑞日祥雲，霽月光風
——宋·張南軒

慶賀新春，滿斟玉液
——元·吳弘道《越調》

壽與山齊，福隨春至
——明·鍾伯敬

慶集名門，春融樂土
——明·鍾伯敬

一日為師，終身為父
——明·湯顯祖《牡丹亭》

八仙過海，各顯神通
——明·吳元泰《八仙出處
東遊記傳》

保和安慶，千秋萬春
——明·高道素

長履景福，至于億年
——明·謝在杭

棋逢對手，將遇良才
——明·吳承恩《西遊記》

天下興亡，匹夫有責
——清·吳趼人《痛史》

仁者見仁，智者見智
——清·章學誠《文史通義》

九　字

大白若辱，盛德若不足
——《莊子》

善游者之數，能忘水也
——《莊子》

青取之于藍，而青于藍
——《荀子》

江河之水，非一源之水
——《墨子》

不能正其身，如正人何
——《論語》

多聞，擇其善者而從之
——《論語》

不以規矩，不能成方圓
——《孟子》

燕雀安知鴻鵠之志哉

——《史記》

財不義高,勢不如德尊
——漢·劉向《説苑》

歸真反璞,則終身不辱
——漢·劉向《戰國策》

前事之不忘,後事之師
——漢·劉向《戰國策》

聖人以天下為度者也
——漢·荀悦《前漢記》

至美至璞,物莫能飾也
——漢·桓寬《鹽鐵論》

玉不琢,則南山之圓石
——漢·丘贛《易林》

人咸躓于垤,莫躓于山
——漢·揚雄《揚州牧箴》

以螢燭末光,增輝日月
——三國·曹植《求白試表》

人之為善,百善而不足
——宋·楊萬里《庸言》

專利國家,而不為身謀
——宋·司馬光《諫院題名記》

清心而寡慾,人之壽矣
——宋·崔敦禮《芻言》

深意祝,壽山福海增加
——宋·胡浩然《東風齊著力·除夕》

從人之長,而明己之短
——明·王守仁《教條示龍場諸生》

士不可一刻忘却耻字
——清·王豫《蕉窗日記》

十　字

天行健,君子以自强不息
——《周易》

比翼交頸游,千載不相離
——《古樂府》

得十良馬,不若得一伯
樂
　　——《呂氏春秋》

陽春佈德澤,萬物生光
輝
　　——漢無名氏《長歌行》

願為雙鴻鵠,奮翅起高
飛
　　——漢·無名氏《古詩十九
　　　首》

丈夫志四海,萬里猶比
鄰
　　——三國·曹植《贈白馬王
　　　彪》

願為雙飛鳥,比翼共翱
翔
　　——三國·阮籍《詠懷詩》

英辭潤金石,高義薄雲
天
　　——晉·謝靈運

精衛銜微木,將以填滄海

——晉·陶淵明《〈山海經〉
十三首》

共歡新故歲,迎送一宵
中
　　——唐·李世民《守歲》

兄弟敦和睦,朋友篤信
誠
　　——唐·陳子昂《座右銘》

人生志氣立,所貴功業
昌
　　——唐·陶翰《贈鄭員外》

壯士難移節,貞松不改
柯
　　——唐·李咸用《自愧》

鑠金索堅貞,洗玉求明
潔
　　——唐·孟郊《投所知》

身是菩提樹,心如明鏡
臺
　　——唐·神秀《神秀偈》

海內逢康日,天邊見壽
星
　　——唐·李頻《府試老人星
　　　見》

但願天下人,家家足稻
粱
　　——宋·文天祥《五月十七
　　　日夜大雨歌》

是氣所磅礴,凜烈萬古
存
　　——宋·文天祥《正氣歌》

海闊憑魚躍,天高任鳥
飛
　　——宋·阮閱《詩話總龜》

千里送鵝毛,禮輕情意
重
　　——宋·邢俊臣《臨江仙》

歲老根彌壯,陽驕葉更
陰
　　——宋·王安石《孤桐》

節儉亦是惜福延壽之道

　　——宋·張無垢

春風迴笑語,雲氣卜豐
穰
　　——宋·宋伯仁《歲旦》

安求一時譽,當求千載
知
　　——宋·梅堯臣《寄滁州歐
　　　陽永叔》

路遙知馬力,日久見人
心
　　——明·馮夢龍《醒世恒言》

浩氣還太虛,丹心照千
古
　　——明·楊繼盛《就義》

砥礪豈必多,一璧勝萬
珉
　　——清·吳嘉紀《慎交圖》

只要功夫深,鐵杵磨成
針
　　——清·俞樾《茶香室詩抄》

十 一 字

神者,智之淵也,神清則
智明
——《文子·守清》

知、仁、勇三者,天下之
達德也
——《禮記》

志之難也,不在勝人,在
自勝
——《韓非子》

遠而望之,皎若太陽升
朝霞
——三國·曹植《洛神賦》

迫而察之,灼若芙蕖出
綠波
——三國·曹植《洛神賦》

大丈夫處世,當交四海
英雄
——晉·陳壽《三國志》

換我心,為你心,始知相

憶深
——五代·顧敻《訴衷情》

語已多,情未了,回首猶
重道
——五代·牛希濟《生查子》

正是太平風景,為人間
留住
——宋·汪莘《好事近》

善養身者,使之能逸而
能勞
——宋·蘇軾《策別十六》

家事、國事、天下事,事
事關心
——明·顧憲成《題東林書
院聯》

十 二 字

知者不惑,仁者不憂,勇
者不懼
——《論語》

與天地兮同壽,與日月

· 143 ·

兮齊光

　　——楚·屈原《九章涉江》

在官惟明,莅事惟平,立身惟清

　　——漢·馬融《忠經》

願在晝而為影,常依形而西東

　　——晉·陶淵明《閑情賦》

願在夜而為燭,照玉容于兩楹

　　——晉·陶淵明《閑情賦》

寧為蘭摧玉折,不作蕭敷艾榮

　　——六朝·劉義慶《世說新語》

廉者常樂無憂,貪者常憂不足

　　——隋·王通《中說》

不曲道以媚時,不詭行以徼名

　　——唐·魏徵《群書治要》

榮辱之責,在乎己而不在乎人

　　——唐·魏徵《群書治要》

天下之樂無窮,而以適意為悅

　　——宋·蘇轍《武昌九曲亭記》

才者,德之資也;德者,才之帥也

　　——宋·司馬光《資治通鑒》

萬點燈和月色新,桃李倍添春

　　——宋·趙長卿《武陵春》

願身能似月亭亭,千里伴君行

　　——宋·張先《江南柳》

但願此心如舊,天也不違人願

　　——金·王特起《喜遷鶯》

願普天下有情的都成了眷屬

——元·王實甫《西廂記》

人美滿中秋月,月嬋娟
良夜天

——元·王愛山《雙調·水仙
子》

男兒志,要長槍大劍,談
笑成功

——元·許有壬《沁園春》

慨人間之憂樂,感上天
之缺圓

——明·章懋《中秋賞月賦》

惜光陰兮易度,愛良夜
兮無眠

——明·章懋《中秋賞月賦》

把志氣奮發得起,何事
不可做

——明·呂坤《呻吟語》

爆竹驚寒,疏梅送臘,歲
轉韶華

——明·張大烈《東風齊著
力》

舞燈擊鼓響笙簫,火樹
閃星橋

——清·孔廣林《北雙調》

有志不在年高,無志空
活百歲

——清·石玉昆《三俠五義》

情雙好,情雙好,縱百歲
猶嫌少

——清·洪昇《長生殿》

十 三 字

面如凝脂,眼如點漆,此
神仙中人

——六朝·劉義慶《世說新
語》

想當年,金戈鐵馬,氣吞
萬里如虎

——宋·辛棄疾《永遇樂》

只願君心似我心,定不
負相思意

——宋·李之儀《卜算子》

上元佳致，絳燭銀燈，若
繁星連綴
　　——宋·萬俟咏《醉蓬萊》

願天上人間，佔得歡娛，
年年今夜
　　——宋·柳永《二郎神》

歲月不留人易老，萬事
茫茫宇宙
　　——宋·宋自遜《賀新郎》

大家沉醉對芳筵，願新
年，勝舊年
　　——宋·楊無咎《雙雁兒》

向今夕，是處迎春送臘，
羅綺筵開
　　——宋·胡浩然《除夕》

我心堅，你心堅，各自心
堅石也穿
　　——宋·蔡伸《長相思》

慶豐年，太平時序，民有
感，國無虞
　　——元·貫雲石《雙調·新水令》

十四字

風儀與秋月齊明，音徽
與春雲等潤
　　——六朝·王儉《褚淵碑文》

自古聖賢盡貧賤，何況
我輩孤且直
　　——六朝·鮑照《擬行路難》

長風破浪會有時，直掛
雲帆濟滄海
　　——唐·李白《行路難》

在用嘆身隨日老，亦須
知壽逐年來
　　——唐·白居易《除夜言懷
兼贈張常侍》

在天願作比翼鳥，在地
願為連理枝
　　——唐·白居易《長恨歌》

平生德義人間誦，身後
何勞更立碑
　　——唐·徐夤《經故翰林楊
左丞池亭》

溪澗豈能留得住,終歸
大海作波濤
——唐·李忱《瀑布聯句》

和鳴一夕不暫離,交頸
千年尚為少
——唐·李德裕《鴛鴦篇》

男兒貴展平生志,為國
輸忠合天地
——五代·貫休《塞上曲》

願我如星君如月,夜夜
流光相皎潔
——宋·范成大《車遙遙篇》

已是高人難會聚,況逢
佳節共吟哦
——宋·徐璣《中秋集鮑樓
作》

遐方且喜豐年兆,萬頃
青青麥浪平
——元·耶律楚材《壬午西
城湖中遊春》

丹心欲共燈花結,白髮

偏隨漏水長
——明·劉基《水龍吟》

人逢喜事精神爽,月到
中秋分外明
——明·馮夢龍《醒世恒言》

天上佳期玉露中,人間
良辰金波裏
——明·陳邦瞻《七夕公宴
賦得博望槎》

老去又逢新歲月,春來
更有好花枝
——明·陳獻章《元旦試筆》

人生富貴駒過隙,唯有
榮名壽金石
——清·顧炎武《秋風行》

丈夫既有此六尺身,何
可不今千古
——清·王晫《今世說》

迎春爆竹除宵禁,破萼
唐花逼歲新
——清·陳曾壽《壬申除夕》

· 147 ·

豐樂年成春酒滿，升平
時世壽人多

——清·趙甌北

十五字以上

海不辭水，故能成其大；
山不辭土石，故能成其
高。

——《管子》

結髮為夫妻，恩愛兩不
疑。歡娛在今夕，燕婉
及良時。

——漢·蘇武《結髮為夫妻》

南山一桂樹，上有雙鴛
鴦。千年長交頸，歡愛
不相忘。

——漢·無名氏《古絕句四首》

驪龍頷下亦生珠，便與人
間眾寶殊。他時若要追
風日，須得君家萬里駒。

——唐·李涉《贈友人孩子》

深綠衣裳小小人，每來廳
里解相親。天生合去雲
霄上，一尺松栽已出塵。

——唐·張祜《贈竇家小兒》

天不老，情難絕。心似
雙絲網，中有千千結。

——宋·張先《千秋歲》

古之立大事者，不惟有
超世之才，亦必有堅韌
不拔之志。

——宋·蘇軾《晁錯論》

除歲時臨，爆竹聲賣。
景皆新，萬物成春。

——清·弘曉《點絳唇》

新春乍到，節屆之宵，舞
燈擊鼓響笙簫，火樹閃
星橋。

——清·孔廣林《北雙調》

二、詩　詞　編

（一）　五　絕

疾風知勁草，
板蕩識誠臣。
勇夫安失義，
智者必懷仁。

——唐·李世民《賜蕭瑀》

垂緌飲清露，
流響出疏桐。
居高聲自遠，
非是藉秋風。

——唐·虞世南《蟬》

春雪滿空來，

觸處是花開。
不知園裏樹，
若個是真梅？

——唐·東方虬《春雪》

烟柳飛輕絮，
風榆落小錢。
濛濛百花裏，
羅綺競鞦韆。

——唐·張仲素《春遊曲》

危樓高百尺，
手可摘星辰。
不敢高聲語，
恐驚天上人。

——唐·楊億《夜宿山寺》

終南陰嶺秀，
積雪浮雲端。
林表明霽色，

城中增暮寒。
————唐·祖詠《終南望餘雪》

白日依山盡，
黃河入海流。
欲窮千里目，
更上一層樓。
————唐·王之渙《登鸛雀樓》

窈窕垂澗蘿，
蒙茸採葛花。
鴛鴦憐碧水，
照影舞金沙。
————唐·鮑溶《山居》

春眠不覺曉，
處處聞啼鳥。
夜來風雨聲，
花落知多少。
————唐·孟浩然《春曉》

移舟泊烟渚，
日暮客愁新。
野曠天低樹，
江清月近人。
————唐·孟浩然《宿建德江》

空山不見人，
但聞人語響。
返景入深林，
復照青苔上。
————唐·王維《鹿柴》

荊溪白石出，
天寒紅葉稀。
山路元無雨，
空翠濕人衣。
————唐·王維《山中》

獨坐幽篁裏，
彈琴復長嘯。
深林人不知，
明月來相照。
————唐·王維《竹裏館》

紅豆生南國，
春來發幾枝。
願君多採擷，
此物最相思。
————唐·王維《相思》

人閑桂花落，
夜靜春山空。

月出驚山鳥，
時鳴春澗中。
　　——唐·王維《鳥鳴澗》

萬樹江邊杏，
新開一夜風。
滿園深淺色，
照在綠池中。
　　——唐·王涯《遊春曲》

帆翅初張處，
雲鵬怒翼同。
莫愁千里路，
自有到來風。
　　——唐·錢起《江行》

風送出山鐘，
雲霞渡水淺。
欲尋聲盡處，
鳥滅寥天遠。
　　——唐·錢起《遠山鐘》

千山鳥飛絕，
萬徑人踪滅。
孤舟蓑笠翁，
獨釣寒江雪。

　　——唐·柳宗元《江雪》

西塞雲山遠，
東風道路長。
人心勝潮心，
相送過潯陽。
　　——唐·皇甫曾《送王司直》

懷君屬秋夜，
散步咏涼天。
山空松子落，
幽人應未眠。
　　——唐·韋應物《秋夜寄丘
員外》

山月皎如燭，
風霜時動竹。
夜半鳥驚棲，
窗間人獨宿。
　　——唐·韋應物《秋齋獨宿》

日暮蒼山遠，
天寒白屋貧。
柴門聞犬吠，
風雪夜歸人。
　　——唐·劉長卿《逢雪宿芙

蓉山主人》

泠泠七弦上，
靜聽松風寒。
古調雖自愛，
今人多不彈。
　　——唐·劉長卿《聽彈琴》

移舟試望家，
漾漾似天涯。
日昏滿潭雪，
白鷗和柳花。
　　——唐·盧綸《春遊東潭》

月黑雁飛高，
單于夜遁逃。
欲將輕騎逐，
大雪滿弓刀。
　　——唐·盧綸《塞下曲》

採蓮溪上女，
舟小怯搖風。
驚起鴛鴦宿，
水雲撩亂紅。
　　——唐·顧況《溪上》

樓倚霜樹外，
鏡天無一毫。
南山與秋色，
氣勢兩相高。
　　——唐·杜牧《長安秋望》

故國三千里，
深宮二十年。
一聲河滿子，
雙淚落君前。
　　——唐·張祜《宮詞》

迥臨飛鳥上，
高出世人閑。
天勢圍平野，
河流入斷山。
　　——唐·暢當《登鸛雀樓》

鋤禾日當午，
汗滴禾下土。
誰知盤中餐，
粒粒皆辛苦。
　　——唐·李紳《憫農》

門徑俯清溪，
茅簷古木齊。

紅塵飄不到，
時有水禽啼。
　　——唐·裴度《溪居》

眾鳥高飛盡，
孤雲獨去閑。
相看兩不厭，
只有敬亭山。
　　——唐·李白《獨坐敬亭山》

牀前明月光，
疑是地上霜。
舉頭望明月，
低頭思故鄉。
　　——唐·李白《靜夜思》

九重青鎖闥，
百尺碧雲樓。
明月秋風起，
珠簾上玉鈎。
　　——唐·令狐楚《宮中樂》

山空天籟寂，
水榭延輕涼。
浪定一浦月，
藕花閑自香。

　　——唐·李群玉《靜夜相思》

松下問童子，
言師採藥去。
只在此山中，
雲深不知處。
　　——唐·賈島《尋隱者不遇》

海底有明月，
圓于天上輪。
得之一寸光，
可買千里春。
　　——唐·賈島《絕句》

大漠沙如雪，
燕山月似鈎。
何當金絡腦，
萬里踏青秋。
　　——唐·李賀《馬詩》

遲日江山麗，
春風花草香。
泥融飛燕子，
沙暖睡鴛鴦。
　　——唐·杜甫《絕句》

拔翠五雲中，
擎天不計功。
誰能凌絕頂，
看取日升東。
　　——唐·戴叔倫《題天柱山
　　　　圖》

向晚意不適，
驅車登古原。
夕陽無限好，
只是近黃昏。
　　——唐·李商隱《登樂遊原》

旅人倚征棹，
薄暮起勞歌。
笑攬清溪月，
青輝不厭多。
　　——唐·張旭《清溪泛舟》

綠螘新醅酒，
紅泥小火爐。
晚來天欲雪，
能飲一杯無。
　　——唐·白居易《問劉十九》

早雁忽為雙，

驚秋風水窗。
夜長人自起，
星月滿空江。
　　——唐·李益《水宿聞雁》

夜泊江門外，
歡聲月下樓。
明朝歸去路，
猶隔洞庭秋。
　　——唐·崔道融《夜泊九江》

雨足高田白，
披蓑半夜耕。
人牛力俱盡，
東方殊未明。
　　——唐·崔道融《月夕》

逐流牽荇葉，
沿岸摘蘆苗。
為惜鴛鴦鳥，
輕輕動畫橈。
　　——唐·儲光義《江南曲》

夾岸復連沙，
枝枝搖浪花。
月明渾似雪，

· 154 ·

無處認漁家。
　　　——唐·雍裕之《蘆花》

新霽田園處，
夕陽禾黍明。
沙村平見水，
深巷有鷗聲。
　　　——唐·司空圖《河上》

霽雲疏有葉，
雨浪細無花。
穩放扁舟去，
江天自有涯。
　　　——唐·錢珝《江行無題》

鳴箏金粟柱，
素手玉房前。
欲得周郎顧，
時時誤拂弦。
　　　——唐·李端《聽箏》

前月登高去，
猶嫌菊未黃。
秋風不相負，
特地再重陽。
　　　——宋·嚴粲《閏九》

陰崖未知晴，
松雪自在白。
可恨曉風顛，
飛寒亂苔石。
　　　——宋·嚴粲《松雪》

山高澤氣通，
石竇飛靈液。
默料谷中雲，
多應從此出。
　　　——宋·朱熹《井泉》

底處雙飛燕，
銜泥上藥欄。
莫教驚得去，
留取隔簾看。
　　　——宋·范成大《雙燕》

天質自森森，
孤高幾百尋。
凌霄不屈己，
得地本虛心。
　　　——宋·王安石《孤桐》

牆角數枝梅，
凌寒獨自開。

遙知不是雪，
為有暗香來。
　　——宋·王安石《梅花》

事去空千載，
何曾有若人？
只因烟樹裏，
便是永和春。
　　——宋·周紫芝《蘭亭》

玉箸篆文古，
銀鉤楷法精。
得知千載下，
時有打碑聲。
　　——宋·劉克莊《宿山中》

野岸溪幾曲，
松蹊穿翠陰。
不知芳渚遠，
但愛綠荷深。
　　——宋·歐陽修《和聖俞百
　　　花洲》

綠水池光冷，
青苔砌色寒。
竹深啼鳥亂，

庭暗落花殘。
　　——宋·劉敞《雨後迴文》

孤嶼紅蓼深，
清波照寒影。
時有雙鷺鷥，
飛來作佳景。
　　——宋·文同《蓼嶼》

雲勢移峰緩，
泉聲出山遲。
此時無限意，
唯有翠禽知。
　　——宋·邵康節《福昌縣會
　　　雨》

山空樵斧響，
隔嶺有人家。
日落潭照樹，
川明風動花。
　　——宋·陳與義《出山》

小浦聞魚躍，
橫林待鶴歸。
閑雲不成雨，
故傍碧山飛。

——宋·陸游《柳橋晚眺》

生當作人傑，
死亦為鬼雄。
至今思項羽，
不肯過江東。

　　——宋·李清照《烏江》

日落碧簪外，
人行紅雨中。
幽人詩酒裏，
又是一春風。

　　——宋·楊萬里《春日絕句》

舟閑人已息，
林際月微明。
一片清江水，
中涵萬古情。

　　——宋·鮑當《秋江夜泊》

江上往來人，
但愛鱸魚美。
君看一葉舟，
出沒風波裏。

　　——宋·范仲淹《江上漁者》

浩露侵緗蕊，
尖風獵絳英。
繁霜不可拒，
切勿愛空名。

　　——宋·宋祁《拒霜》

水浸石根冷，
風吹藤葉飛。
菰蒲秋影裏，
長趁釣船歸。

　　——宋·薛嵎《蓑衣步》

急雨射蒼壁，
濺林跳萬珠。
山根水壅壑，
漫竅若注壺。

　　——宋·梅堯臣《得山雨》

西南雨氣濃，
林上昏月色。
寒影不隨人，
寥寥空露白。

　　——宋·梅堯臣《夏夜小亭
　　有懷》

梅蕊觸人意，

冒寒開雪花。
遙憐水風晚，
片片點汀沙。
　　——宋·黃庭堅《題華光為
　　　　曾公卷作水邊梅》

樹合秋聲滿，
村荒暮景閑，
虹收仍白雨，
雲動忽青山。
　　——金·元好問《山居雜詩》

瘦竹藤斜掛，
叢花草亂生。
林高風有態，
苔滑水無聲。
　　——金·元好問《山居雜詩》

鷺影兼秋靜，
蟬聲帶晚涼。
陂長留積水，
川闊盡斜陽。
　　——金·元好問《山居雜詩》

日落川光暝，
一舟橫渡頭。

心期逐魚網，
蕩然俱未收。
　　——元·戴良《漁村夕照》

疏星凍霜空，
流月濕林薄。
虛館人不眠，
時聞一葉落。
　　——元·揭傒斯《寒夜作》

秋水一抹碧，
殘霞幾縷紅。
水窮雲盡處，
隱隱兩三峰。
　　——元·張秦娥《遠山》

海石涵秋水，
風簹生晚涼。
孤篷初歇雨，
和月渡瀟湘。
　　——元·華幼武《次韻題畫》

琴瑟自吾事，
何求人賞音。
絕弦真俗論，
不是古人心。

——元·劉因《子期聽琴圖》

人在白雲處，
舟在清溪曲。
不聞欸乃聲，
但見山水綠。

——元·黃溍《題馬虛中畫》

吹簫江浦秋，
舟蕩碧雲幽。
擬溯巖松下，
詩盟訂白鷗。

——元·鄭元祐《朱澤民山水》

積雨暗林屋，
晚峰晴露巔。
扁舟入蘋渚，
浮動一溪烟。

——元·高克恭《種筆亭題畫》

越山隔濤江，
風起不可渡。
時于圖中看，
居然在烟霧。

——元·趙孟頫《題彥敬越
山圖》

溪水疏雨歇，
水木散清陰。
樵唱知何處，
白雲深更深。

——明·于謙《題金碧山水》

楊柳滿長堤，
花明路不迷。
畫船人未起，
側枕聽鶯啼。

——明·張寧《蘇堤春曉》

嫩篠捎空碧，
高枝梗太清。
總看奔逸勢，
猶帶早雷驚。

——明·徐渭《題〈墨竹〉》

萬樹寒無色，
南枝獨有花。
香聞流水處，
影落野人家。

——明·道源《早梅》

為愛西湖好，
一步一長吟。

黃鶯見人至，
飛起度湖陰。
　　——明·宋濂《湖上》

寒梢雖數葉，
高節傲霜風。
寧肯隨團扇，
秋來怨篋中。
　　——明·高啓《題扇上竹》

雲開見山高，
木落知風勁。
亭下不逢人，
斜陽淡秋影。
　　——明·卞同《倪雲林畫》

峭壁一千尺，
蘭花在空碧。
下有採樵人，
伸手折不得。
　　——清·鄭燮《嶠壁蘭》

蘭草已成行，
山中意味長。
堅貞還自抱，
何事鬥群芳。

　　——清·鄭燮《題畫蘭》

一節復一節，
千枝攢萬葉。
我自不開花，
免撩蜂與蝶。
　　——清·鄭燮《竹》

野寺分晴樹，
山亭過晚霞。
春深無客到，
一路落松花。
　　——清·施閏章《山行》

西風斷雁聲，
落葉迴風舞。
人坐夕陽亭，
空翠下如雨。
　　——清·陳文述《庚山草堂
　　　　題壁》

仰面青天遠，
夜烏啼早秋。
銀河花外轉，
時有一星流。
　　——清·陳文述《消夏雜咏》

落暮蕭齋下，
高人相對閑。
夕陽紅不盡，
楓葉滿空山。
　　——清·趙翼《題畫》

不抱雲山骨，
哪成金石心。
自然奇節士，
落墨見高襟。
　　——清·高鳳翰《五絕一首》

風微不動蘋，
紅雨灑花津。
跳波魚出藻，
攪碎一池春。
　　——清·惲壽平《撫劉寀〈落
　　花戲魚圖〉》

亂瀑界蒼崖，
松風吹雨急。
石廊虛無人，
高寒不能立。
　　——清·吳偉業《題畫》

月黑見漁燈，
孤光一點螢。
微微風簇浪，
散作滿河星。
　　——清·查慎行《舟夜書所見》

沈沈更鼓急，
漸漸人聲絕。
吹燈窗更明，
月照一天雪。
　　——清·袁枚《十二月十五
　　夜》

（二）五　津

襄陽好風日，
留醉與山翁。
——唐·王維《漢江臨眺》

太乙近天都，
連山到海隅。
白雲迴望合，
青靄入看無。
分野中峰變，
陰晴衆壑殊。
欲投人處宿，
隔水問漁夫。
——唐·王維《終南山》

空山新雨後，
天氣晚來秋。
明月松間照，
清泉石上流。
竹喧歸浣女，
蓮動下漁舟。
隨意春芳歇，
王孫自可留。
——唐·王維《山居秋暝》

楚塞三湘接，
荆門九派通。
江流天地外，
山色有無中。
郡邑浮前浦，
波瀾動遠空。

風勁角弓鳴，
將軍獵渭城。
草枯鷹眼疾，
雪盡馬蹄輕。
忽過新豐市，
還歸細柳營。
回看射雕處，
千里暮雲平。
——唐·王維《觀獵》

青山橫北郭，

白水繞東城。
此地一為別，
孤篷萬里征。
浮雲遊子意，
落日故人情。
揮手自茲去，
蕭蕭班馬鳴。

　　——唐·李白《送友人》

吾愛孟夫子，
風流天下聞。
紅顏棄軒冕，
白首臥松雲。
醉月頻中聖，
迷花不事君。
高山安可仰，
徒此挹清芬。

　　——唐·李白《贈孟浩然》

渡遠荊門外，
來從楚客遊。
山隨平野盡，
江入大荒流。
月下飛天鏡，
雲生結海樓。

仍憐故鄉水，
萬里送行舟。

　　——唐·李白《渡荊門送別》

客路青山下，
行舟綠水前。
潮平兩岸闊，
風正一帆懸，
海日生殘夜，
江春入舊年。
鄉書何處達，
歸雁洛陽邊。

　　——唐·王灣《次北固山下》

岱宗夫如何？
齊魯青未了。
造化鍾神秀，
陰陽割昏曉。
蕩胸生層雲，
決眥入歸鳥。
會當凌絕頂，
一覽衆山小。

　　——唐·杜甫《望岳》

昔聞洞庭水，

今上岳陽樓。
吳楚東南坼，
乾坤日夜浮。
親朋無一字，
老病有孤舟。
戎馬關山北，
憑軒涕泗流。
　　——唐·杜甫《岳陽樓》

國破山河在，
城春草木深。
感時花濺淚，
恨別鳥驚心。
烽火連三月，
家書抵萬金。
白頭搔更短，
渾欲不勝簪。
　　——唐·杜甫《春望》

好雨知時節，
當春乃發生。
隨風潛入夜，
潤物細無聲。
野徑雲俱黑，
江船火獨明。

曉看紅濕處，
花重錦官城。
　　——唐·杜甫《春夜喜雨》

城闕輔三秦，
風烟望五津。
與君離別意，
同是宦遊人。
海內存知己，
天涯若比鄰。
無為在歧路，
兒女共沾巾。
　　——唐·王勃《送杜少府之
　　　　任蜀川》

西陸蟬聲唱，
南冠客思侵。
那堪玄鬢影，
來對白頭吟。
露重飛難進，
風多響易沉。
無人信高潔，
誰為表予心？
　　——唐·駱賓王《在獄咏蟬》

八月湖水平，

涵虛混太清。
氣蒸雲夢澤，
波撼岳陽城。
欲濟無舟楫，
端居恥聖明。
坐觀垂釣者，
徒有羨魚情。

——唐·孟浩然《望洞庭湖
贈張丞相》

故人具鷄黍，
邀我至田家。
綠樹村邊合，
青山郭外斜。
開軒面場圃，
把酒話桑麻。
待到重陽日，
還來就菊花。

——唐·孟浩然《過故人莊》

十年離亂後，
長大一相逢。
問姓驚初見，
稱名憶舊容。
別來滄海事，

語罷暮天鐘。
明日巴陵道，
秋山又幾重。

——唐·李益《喜見外弟又
言別》

山中有流水，
借問不知名。
映地為天色，
飛空作雨聲。
轉來深澗滿，
分出小池平。
恬淡無人見，
年年長自清。

——唐·儲光羲《咏山泉》

野店臨江浦，
門前有橘花。
停燈待賈客，
賣酒與船家。
夜靜江水白，
路迴山月斜。
閑尋泊舟處，
潮落見平沙。

——唐·張籍《宿江店》

遙夜泛清瑟，
西風生翠蘿。
殘螢棲玉露，
早雁拂金河。
高樹曉還密，
遠山晴更多。
淮南一葉下，
自覺洞庭波。
——唐·許渾《早秋》

飛閣青雲裏，
先秋獨早涼。
天花映窗近，
月桂拂檐香。
華岳三峰小，
黃河一帶長。
空間指歸路，
烟處有垂楊。
——唐·褚朝陽《登少室山
寺》

春生若溪水，
雨後漫流通。
芳草行無盡，
春源去不窮。

野烟迷極浦，
斜日起微風。
數處乘流望，
依稀似剡中。
——唐·皎然《若溪春興》

一路經行處，
莓苔見屐痕。
白雲依靜渚，
芳草閉閑門。
過雨看松色，
隨山到水源。
溪花與禪意，
相對亦忘言。
——唐·劉長卿《尋南溪常
道士》

深居俯夾城，
春去夏猶清。
天意憐幽草，
人間重晚晴。
并添高閣迥，
微注小窗明。
越鳥巢乾後，
歸飛體更輕。

——唐·李商隱《晚晴》

陽月南飛雁，
傳聞至此迴。
我行殊未已，
何日復歸來。
江靜潮初落，
林昏瘴不開。
明朝望鄉處，
應見隴頭梅。

——唐·宋之問《題大庾嶺
北驛》

離離原上草，
一歲一枯榮。
野火燒不盡，
春風吹又生。
遠芳侵古道，
晴翠接荒城。
又送王孫去，
萋萋滿別情。

——唐·白居易《賦得古原
草送別》

道由白雲盡，
春與青溪長。

時有落花至，
遠隨流水香。
閑門向山路，
深柳讀書堂。
幽映每白日，
清輝照衣裳。

——唐·劉眘虛《闕題》

清晨入古寺，
初日照高林。
曲徑通幽處，
禪房花木深。
山光悅鳥性，
潭影空人心。
萬籟此俱寂，
惟聞鐘磬音。

——唐·常建《題破山寺後
禪院》

異國逢佳節，
憑高獨苦吟。
一杯今日酒，
萬里故鄉心。
水館紅蘭合，
山城紫菊深。

白衣雖不至，
鷗鳥自相尋。
————五代·韋莊《婺州水館
重陽自作》

盛集蘭亭舊，
風流洛社今。
坐中無俗客，
水曲有清音。
香篆來還去，
花枝泛復沉。
未須愁日暮，
天際是輕陰。
————宋·程伯子《陳公廙園
修禊事席上賦》

西野芳菲路，
春風正可尋。
山城依曲渚，
古渡入修林。
長日多飛絮，
遊人愛綠陰。
晚來歌吹起，
惟覺畫堂深。
————宋·徐璣《春日遊張提
舉園池》

村野苔為徑，
茅檐竹作籬。
神清和月寫，
香遠隔烟知。
老樹有餘韵，
別花無此姿，
詩人風味似，
夢寐也應思。
————宋·張道洽《咏梅》

久客見華髮，
孤棹桐廬歸。
新月無朗照，
落日有餘輝。
漁浦風水急，
龍山烟火微。
時聞沙上雁，
一一背人飛。
————宋·潘閬《歲暮自桐廬
歸錢塘晚泊魚浦》

登高見山水，
身在水中央。
下視樓臺處，
空多樹木蒼。

浮雲連海氣，
落日動湖光。
偶坐吹橫笛，
殘聲入富陽。

　　——宋·王安石《遊杭州聖
　　果寺》

水國宜秋晚，
羈愁感歲華。
清霜醉楓葉，
淡月隱蘆花。
漲落高低路，
川平遠近沙。
炊烟青不斷，
山崦有人家。

　　——元·許有壬《荻港早行》

平湖含白水，
斷岸見青林。
籬落初秋氣，
雲山向夕陰。
養閑只用拙，
避俗更懷深。
為問舟中客，
何如澤畔吟。

　　——元·范梈《題山居圖》

樹重雲光濕，
峰寒曉氣清。
抱琴人欲往，
門暗客相迎。
凍雨生寒溜，
深雲倚怪藤。
蹇驢吟不得，
指點墨千層。

　　——元·劉因《山水圖》

依村構草亭，
端方意匠宏。
林深禽鳥樂，
塵遠竹松清。
泉石俱延賞，
琴書悅性情。
何當謝凡近，
任適慰平生。

　　——元·吳鎮《題草亭詩意
　　圖》

峰色秋還好，
雲容晚更親。
瀑泉落霄漢，

霜樹接居鄰。
靜處耽奇尚，
消閑覓舊因。
悠悠橋畔路，
終日少風塵。
——元·吳鎮《秋嶺歸雲圖》

蕭條江渚上，
舟楫晚相過。
捲幔吟青峰，
臨流寫白鵝。
壯心千里馬，
歸夢五湖波。
園田荒筍蕨，
風前發浩歌。
——元·倪瓚《題畫贈張玄度》

春林通一徑，
野色此中分。
鶴迹松根見，
泉聲竹裏聞。
草青經宿雨，
山紫帶斜曛。
採藥知何處，

柴門掩白雲。
——明·唐寅《題溪山疊翠卷》

不識別家久，
但看明月輝。
關山一以鑒，
驛路遠相違。
影落吳雲盡，
涼生楚樹微。
天邊有烏鵲，
思與共南飛。
——明·皇甫汸《舟中對月書情》

扁舟當曉發，
沙岸杳然空。
人語蠻烟外，
雞鳴海色中。
短衣曾去國，
白首尚飄蓬。
不讀荊軻傳，
羞為一劍雄。
——明·龔賢《扁舟》

山晴欲暮天，

· 170 ·

山色轉蒼然。
泉落雲中碓，
溪迴樹杪船。
斜明沙際日，
遠遍綠蕪烟。
還見鳧鷗伴，
閑飛秋水前。
　　——明·蔡楠《晚晴》

鴉背夕陽盡，
柴門暮色初。
山寒漸風露，
人語半樵漁。
落葉聞砧急，
蘆花映月疏。
年年楚江上，
不見雁將書。
　　——明·居節《晚坐》

落日洞庭霞，
霞邊賣酒家。
晚虹橋外市，
秋水月中槎。
江白魚吹浪，
灘黃雁踏沙。

相將楚漁父，
招手入蘆花。
　　——明·鄘露《洞庭酒樓》

幽人夜未眠，
月出每孤往。
繁林亂螢照，
村屋人語響。
宿鳥時一鳴，
草徑露微上。
欣然意有會，
誰與共心賞？
　　——明·高攀龍《夜步》

春色醉巴陵，
闌干落洞庭。
水吞三楚白，
山接九疑青。
空闊魚龍氣，
嬋娟帝子靈。
何人坐吹笛？
風急雨冥冥。
　　——明·楊基《岳陽樓》

聳峭南溪山，

· 171 ·

何年闢仙境。
龍岩孕玉泉，
碧漾深溪影。
芳藻映光輝，
波入雉山靜。
雨霽試新茶，
遊人爭汲綆。

——清·朱樹德《南溪新霽》

一翠撲人冷，
空濛溯却遙。
湖光飛闕外，
宮月淡林梢。
春暮烟霞潤，
天和草木驕。
桃花零落處，
上園亦紅潮。

——清·龔自珍《雜詩》

雨過天全嫩，
樓新燕有情。
江晴春浩浩，
花落水平平。
越女吹簫坐，
吳兒撥馬行。
回頭各含意，
烟柳閉州城。

——清·鄭燮《偶成》

山色清晨望，
虛無杳靄間。
直愁和霧散，
多分遣雲攀。
流水淡然去，
孤舟隨意還；
漁家破蓑笠，
天肯令之閑！

——清·鄭燮《山色》

牧童遥指杏花村。

——唐·杜牧《清明》

（三）七　絕

紅燭秋光冷畫屏，
輕羅小扇撲流螢。
天階夜色涼如水，
臥看牽牛織女星。

——唐·杜牧《秋夕》

千里鶯啼綠映紅，
水村山郭酒旗風。
南朝四百八十寺，
多少樓臺烟雨中。

——唐·杜牧《江南春絶句》

青山隱隱水迢迢，
秋盡江南草未凋。
二十四橋明月夜，
玉人何處教吹簫。

——唐·杜牧《寄揚州韓綽
判官》

菱透浮萍綠錦池，
夏鶯千囀弄薔薇。
盡日無人看微雨，
鴛鴦相對浴紅衣。

——唐·杜牧《齊安郡後池
絶句》

遠上寒山石徑斜，
白雲生處有人家。
停車坐愛楓林晚，
霜葉紅于二月花。

——唐·杜牧《山行》

清明時節雨紛紛，
路上行人欲斷魂。
借問酒家何處有？

烟籠寒水月籠沙，
夜泊秦淮近酒家。
商女不知亡國恨，
隔江猶唱後庭花。

——唐·杜牧《泊秦淮》

新年都未有芳華，
二月初驚見草芽。
白雪却嫌春色晚，
故穿庭樹作飛花。

——唐·韓愈《春雪》

寒雨連江夜入吳，
平明送客楚山孤。
洛陽親友如相問，
一片冰心在玉壺。

——唐·王昌齡《芙蓉樓送
辛漸》

荷葉羅裙一色裁，
芙蓉向臉兩邊開。
亂入池中看不見，
聞歌始覺有人來。

——唐·王昌齡《採蓮曲》

秦時明月漢時關，
萬里長征人未還。
但使龍城飛將在，
不教胡馬度陰山。

——唐·王昌齡《出塞》

青海長雲暗雪山，
孤城遙望玉門關。
黃沙百戰穿金甲，
不破樓蘭終不還。

——唐·王昌齡《從軍行》

碧玉妝成一樹高，
萬條垂下綠絲縧。
不知細葉誰裁出，
二月春風似剪刀。

——唐·賀知章《咏柳》

少小離家老大回，
鄉音無改鬢毛衰。
兒童相見不相識，
笑問客從何處來？

——唐·賀知章《回鄉偶書》

洞房昨夜春風起，
故人尚隔湘江水。
枕上片時春夢中，
行盡江南數千里。

——唐·岑參《春夢》

風恬日暖蕩春光，
戲蝶遊蜂亂入房。

數枝門柳低衣桁，
一片山花落筆牀。

  ——唐·岑參《山房春事二
   首》

天門中斷楚江開，
碧水東流至此回。
兩岸青山相對出，
孤帆一片日邊來。

  ——唐·李白《望天門山》

朝辭白帝彩雲間，
千里江陵一日還。
兩岸猿聲啼不住，
輕舟已過萬重山。

  ——唐·李白《早發白帝城》

李白乘舟將欲行，
忽聞岸上踏歌聲。
桃花潭水深千尺，
不及汪倫送我情。

  ——唐·李白《贈汪倫》

日照香爐生紫烟，
遙看瀑布掛前川。
飛流直下三千尺，

疑是銀河落九天。

  ——唐·李白《望廬山瀑布》

故人西辭黃鶴樓，
烟花三月下揚州。
孤帆遠影碧空盡，
唯見長江天際流。

  ——唐·李白《黃鶴樓送孟
   浩然之廣陵》

雲想衣裳花想容，
春風拂檻露華濃。
若非群玉山頭見，
會向瑤臺月下逢。

  ——唐·李白《清平調詞》

黃鳥啼多春日高，
紅芳開盡井邊桃。
美人手暖裁衣易，
片片輕雲落剪刀。

  ——唐·施肩吾《春詞》

去雁聲遙人語絕，
誰家素機織新雪？
秋山野客醉醒時，
百尺老松銜半月。

· 175 ·

——唐·施肩吾《秋夜山居》

王楊盧駱當時體，
輕薄為文哂未休。
爾曹身與名俱滅，
不廢江河萬古流。
　　——唐·杜甫《戲為六絕句》

不薄今人愛古人，
清詞麗句必為鄰。
竊攀屈宋宜方駕，
恐與齊梁作後塵。
　　——唐·杜甫《戲為六絕句》

岐王宅裏尋常見，
崔九堂前幾度聞。
正是江南好風景，
落花時節又逢君。
　　——唐·杜甫《江南逢李龜
　　　年》

兩個黃鸝鳴翠柳，
一行白鷺上青天。
窗含西嶺千秋雪，
門泊東吳萬里船。
　　——唐·杜甫《絕句》

錦城絲管日紛紛，
半入江風半入雲。
此曲只應天上有，
人間能得幾回聞？
　　——唐·杜甫《贈花卿》

春水初生乳燕飛，
黃蜂小尾撲花歸。
窗含遠色通書幌，
魚擁香鈎近石磯。
　　——唐·李賀《南園》

古竹老梢惹碧雲，
茂陵歸臥嘆清貧。
風吹千畝迎雨嘯，
烏重一枝入酒樽。
　　——唐·李賀《昌谷北園新
　　　筍》

花枝草蔓眼中開，
小白長紅越女腮。
可憐日暮嫣香落，
嫁與春風不用媒。
　　——唐·李賀《南園》

隱隱飛橋隔野烟，

石磯西畔問漁船。
桃花盡日隨流水，
洞在青溪何處邊？

——唐·張旭《桃花溪》

山光物態弄春暉，
莫為清陰便擬歸。
縱使晴明無雨色，
入雲深處亦沾衣。

——唐·張旭《山中留客》

朱雀橋邊野草花，
烏衣巷口夕陽斜。
舊時王謝堂前燕，
飛入尋常百姓家。

——唐·劉禹錫《烏衣巷》

自古逢秋悲寂寥，
我言秋日勝春朝。
晴空一鶴排雲上，
便引詩情到碧霄。

——唐·劉禹錫《秋詞》

新妝宜面下朱樓，
深鎖春光一院愁。
行到中庭數花朵，

蜻蜓飛上玉搔頭。

——唐·劉禹錫《和樂天春詞》

九曲黃河萬里沙，
浪淘風簸自天涯。
如今直上銀河去，
同到牽牛織女家。

——唐·劉禹錫《浪淘沙》

楊柳青青江水平，
聞郎江上唱歌聲。
東邊日出西邊雨，
道是無晴却有晴。

——唐·劉禹錫《竹枝詞》

日照澄州江霧開，
淘金女伴滿江隈。
美人首飾侯王印，
盡是沙中浪底來。

——唐·劉禹錫《浪淘沙》

九日驅馳一日閑，
尋君不遇又空還。
怪來詩思清人骨，
門對寒流雪滿山。

——唐·韋應物《休日訪人
不遇》

獨憐幽草澗邊生，
上有黃鸝深樹鳴。
春潮帶雨晚來急，
野渡無人舟自橫。

——唐·韋應物《滁州西澗》

一道殘陽鋪水中，
半江瑟瑟半江紅。
可憐九月初三夜，
露似真珠月似弓。

——唐·白居易《暮江吟》

低花樹映小妝樓，
春入眉心兩點愁。
斜倚闌干背鸚鵡，
思量何事不回頭。

——唐·白居易《春詞》

春城無處不飛花，
寒食東風御柳斜。
日暮漢宮傳蠟燭，
輕烟散入五侯家。

——唐·韓翃《寒食》

好是春風湖上亭，
柳條藤蔓繫離情。
黃鶯久住渾相識，
欲別頻啼四五聲。

——唐·戎昱《移家別湖上
亭》

秋宵月色勝春宵，
萬里天涯靜寂寥。
近來數夜飛霜重，
只畏婆娑樹葉凋。

——唐·戎昱《秋月》

金陵津渡小山樓，
一宿行人自可愁。
潮落夜江斜月裏，
兩三星火是瓜洲。

——唐·張祜《題金陵渡》

月明如水山頭寺，
仰面看天石上行。
夜半深廊人語定，
一枝松動鶴來聲。

——唐·張祜《峰頂寺》

天上碧桃和露種，

日邊紅杏倚雲栽。
芙蓉生在秋江上，
不向東風怨未開。
　　——唐·高蟾《下第後上永
　　崇高侍郎》

綠樹濃陰夏日長，
樓臺倒影入池塘。
水晶簾動微風起，
滿架薔薇一院香。
　　——唐·高駢《山亭夏日》

回樂峰前沙似雪，
受降城外月如霜。
不知何處吹蘆管，
一夜征人盡望鄉。
　　——唐·李益《夜上受降城
　　聞笛》

宜陽城下草萋萋，
澗水東流復向西。
芳樹無人花自落，
春山一路鳥空啼。
　　——唐·李華《春行即興》

風波不動影沉沉，

翠色全微碧色深。
疑是水仙梳洗處，
一螺青黛鏡中心。
　　——唐·雍陶《題君山》

千岩萬壑不辭勞，
遠看方知出處高。
溪澗豈能留得住，
終歸大海作波濤。
　　——唐·李忱《瀑布聯句》

君問歸期未有期，
巴山夜雨漲秋池。
何當共剪西窗燭，
却話巴山夜雨時。
　　——唐·李商隱《夜雨寄北》

池塘春暖水紋開，
堤柳垂絲間野梅。
江上年年芳意早，
蓬瀛春色逐朝來。
　　——唐·李約《江南春》

獨在異鄉為異客，
每逢佳節倍思親。
遙知兄弟登高處，

遍插茱萸少一人。

——唐·王維《九月九日憶
山東兄弟》

葡萄美酒夜光杯，
欲飲琵琶馬上催。
醉臥沙場君莫笑，
古來征戰幾人回。

——唐·王翰《涼州詞》

黃河遠上白雲間，
一片孤城萬仞山。
羌笛何須怨楊柳，
春風不度玉門關。

——唐·王之渙《涼州詞》

中庭地白樹棲鴉，
冷露無聲濕桂花。
今夜月明人盡望，
不知秋思落誰家。

——唐·王建《十五夜望月》

鵝湖山下稻粱肥，
豚柵雞塒半掩扉。
桑柘影斜春社散，
家家扶得醉人歸。

——唐·王駕《社日》

醉臥涼陰沁骨清，
石牀冰簟夢難成。
月明午夜生虛籟，
誤聽風聲是雨聲。

——唐·唐彥謙《咏竹》

月落烏啼霜滿天，
江楓漁火對愁眠。
姑蘇城外寒山寺，
夜半鐘聲到客船。

——唐·張繼《楓橋夜泊》

一樹寒梅白玉條，
迥臨村路傍溪橋。
不知近水花先發，
疑是經冬雪未消。

——唐·張謂《早梅》

別夢依依到謝家，
小廊迴合曲闌斜。
多情只有春庭月，
猶為離人照落花。

——唐·張泌《寄人》

萬里清江萬里天，
一村桑柘一村烟。
漁翁醉着無人喚，
過午醒來雪滿船。

　　——唐·韓偓《醉着》

天街小雨潤如酥，
草色遥看近却無。
最是一年春好處，
絕勝烟柳滿皇都。

　　——唐·韓愈《早春呈水部
　　　張十八員外》

寂寂無聊九夏中，
傍檐依壁待清風。
壯圖奇策無人間，
不及南陽一臥龍。

　　——唐·劉兼《中夏書臥》

更深月色半人家，
北斗闌干南斗斜。
今夜偏知春氣暖，
蟲聲新透綠窗紗。

　　——唐·劉方平《夜月》

濃似猩猩初染素，

輕于燕燕欲凌空。
可憐細麗難勝日，
照得深紅作淺紅。

　　——唐·皮日休《薔薇》

萬點飛泉下白雲，
似簾懸處望疑真。
若將此水為霖雨，
更勝長垂隔路塵。

　　——唐·羅鄴《水簾》

楓葉千枝復萬枝，
江橋掩映暮帆遲。
憶君心似西江水，
日夜東流無歇時。

　　——唐·魚玄機《江陵愁望
　　　寄子安》

春溪繚繞出無窮，
兩岸桃花正好風。
恰是扁舟堪入處，
鴛鴦飛起碧流中。

　　——唐·朱慶餘《過耶溪》

水邊楊柳曲塵絲，
立馬煩君折一枝。

· 181 ·

惟有春風最相惜，
殷勤更向手中吹。
　　——唐·楊巨源《和練秀才
　　　　楊柳》

葉葉如眉翠色濃，
黃鶯偏戀語從容。
橋邊陌上無人識，
雨濕烟和思萬重。
　　——唐·姚合《楊柳枝詞》

露濕青蕪時欲晚，
水流黃葉意無窮。
節近重陽念歸否？
眼前籬菊帶秋風。
　　——唐·皇甫冉《寄權器》

三更燈火五更鷄，
正是男兒讀書時。
黑髮不知勤學早，
白首方悔讀書遲。
　　——唐·顏真卿《勸學》

涼月如眉掛柳灣，
越中山色鏡中看。
蘭溪三日桃花雨，

半夜鯉魚來上灘。
　　——唐·戴叔倫《蘭溪棹歌》

窗竹影搖書案上，
野泉聲入硯池中。
少年辛苦終身事，
莫向光陰惰寸功。
　　——唐·杜荀鶴《題弟侄書
　　　　堂》

海畔尖山似劍鋩，
秋來處處割愁腸。
若為化得身千億，
散上峰頭望故鄉。
　　——唐·柳宗元《與浩初上
　　　　人同看山寄京華親故》

泉聲遍野入芳洲，
擁沫吹花上碧流。
二月行人漸無路，
巢蜂乳燕滿高樓。
　　——唐·盧綸《曲江春望》

颯颯西風滿院栽，
蕊寒香冷蝶難來。
他年我若為青帝，

報與桃花一處開。

　　——唐·黃巢《題菊花》

罷釣歸來不繫船，
江村落月正堪眠。
縱然一夜風吹去，
只在蘆花淺水邊。

　　——唐·司空曙《江村》

虛空落泉千仞直，
雷奔入江不暫息。
千古長如白練飛，
一條界破青山色。

　　——唐·徐凝《廬山瀑布》

溪上遙聞精舍鐘，
泊舟微徑度深松。
青山霽後雲猶在，
畫出西南四五峰。

　　——唐·郎士元《柏林寺南望》

去年今日此門中，
人面桃花相映紅。
人面不知何處去，
桃花依舊笑春風。

　　——唐·崔護《題都城南莊》

江雨霏霏江草齊，
六朝如夢鳥空啼。
無情最是臺城柳，
依舊烟籠十里堤。

　　——五代·韋莊《金陵圖》

水光瀲灩晴方好，
山色空濛雨亦奇。
欲把西湖比西子，
淡妝濃抹總相宜。

　　——宋·蘇軾《飲湖上，初晴後雨》

竹外桃花三兩枝，
春江水暖鴨先知。
蔞蒿滿地蘆芽短，
正是河豚欲上時。

　　——宋·蘇軾《惠崇春江晚景》

橫看成嶺側成峰，
遠近高低各不同。
不識廬山真面目，
只緣身在此山中。

——宋·蘇軾《題西林壁》

若言琴上有琴聲，
放在匣中何不鳴？
若言聲在指頭上，
何不于君指上聽？
　　——宋·蘇軾《琴詩》

春宵一刻值千金，
花有清香月有陰。
歌管樓臺聲細細，
鞦韆院落夜沉沉。
　　——宋·蘇軾《春宵》

凜然相對敢相欺，
直幹凌空未要奇。
根到九泉無曲處，
世間惟有蟄龍知。
　　——宋·蘇軾《王復秀才所
居雙檜二首》

荷盡已無擎雨蓋，
菊殘猶有傲霜枝。
一年好景君須記，
最是橙黃橘綠時。
　　——宋·蘇軾《贈劉景文》

月與高人本有期，
掛檐低戶映蛾眉。
只從昨夜十分滿，
漸覺冰輪出海遲。
　　——宋·蘇軾《和文與可洋
州園池》

黑雲翻墨未遮山，
白雨跳珠亂入船。
捲地風來忽吹散，
望湖樓下水如天。
　　——宋·蘇軾《六月二十七
日望湖樓醉書》

紅樹青山日欲斜，
長郊草色綠無涯。
遊人不管春將老，
來往亭前踏落花。
　　——宋·歐陽修《豐樂亭遊
春》

綠桑高下映平川，
賽罷田神笑語喧。
林外鳴鳩春雨歇，
屋頭初日杏花繁。
　　——宋·歐陽修《田家》

百囀千聲隨意移，
山花紅紫樹高低。
始知鎖向金籠聽，
不及林間自在啼。
　　——宋·歐陽修《畫眉鳥》

眼入毫端寫竹真，
枝掀葉舉是精神。
因知幻化出無象，
問取人間老斲輪。
　　——宋·黃庭堅《題子瞻〈墨
　　　　竹〉》

世人盡學蘭亭面，
欲換凡骨無金丹。
誰知洛陽楊風子，
下筆便到烏絲闌。
　　——宋·黃庭堅《跋楊凝式
　　　　帖後》

折冲儒墨陣堂堂，
書入顏楊鴻雁行。
胸中元自有丘壑，
故作老木蟠風霜。
　　——宋·黃庭堅《題子瞻〈枯
　　　　木〉》

小雪晴紗不作泥，
疏簾紅日弄朝暉。
年華已伴梅梢晚，
春色先從柳陰歸。
　　——宋·黃庭堅《春近》

梅子留酸軟齒牙，
芭蕉分綠與窗紗。
日長睡起無情思，
閑看兒童捉柳花。
　　——宋·楊萬里《閑居初夏
　　　　午睡起》

籬落疏疏一徑深，
樹頭先綠未成陰。
兒童急走追黃蝶，
飛入菜花無處尋。
　　——宋·楊萬里《蝶》

泉眼無聲惜細流，
樹陰照水愛晴柔。
小荷才露尖尖角，
早有蜻蜓立上頭。
　　——宋·楊萬里《小池》

小閣明窗半掩門，

看書作睡正昏昏。
無端却被梅花惱，
特地吹香破夢魂。

—— 宋·楊萬里《釣雪舟倦
睡》

畢竟西湖六月中，
風光不與四時同：
接天蓮葉無窮碧，
映日荷花別樣紅。

—— 宋·楊萬里《晚出淨慈
送林子方》

新築場泥鏡面平，
家家打稻趁霜晴。
笑歌聲裏輕雷動，
一夜連枷響到明。

—— 宋·范成大《四時田園
雜興》

晝出耘田夜績麻，
村莊兒女各當家。
童孫未解供耕織，
也傍桑陰學種瓜。

—— 宋·范成大《四時田園
雜興》

蝴蝶雙雙入菜花，
日長無客到田家。
雞飛過籬犬吠竇，
知有行商來買茶。

—— 宋·范成大《四時田園
雜興》

半畝方塘一鑒開，
天光雲影共徘徊。
問渠那得清如許？
為有源頭活水來。

—— 宋·朱熹《觀書有感》

夢裏清江醉墨香，
蕊寒枝瘦凛冰霜。
如今白黑渾休問，
且作人間時世妝。

—— 宋·朱熹《墨梅》

勝日尋芳泗水濱，
無邊光景一時新。
等閑識得東風面，
萬紫千紅總是春。

—— 宋·朱熹《春日》

昨夜扁舟雨一蓑，

滿江風浪夜如何？
今朝試捲孤篷看，
依舊青山綠樹多。

——宋·朱熹《水口行舟》

一雨池塘水面平，
淡磨明鏡照簷楹。
東風忽起垂楊舞，
更作荷心萬點聲。

——宋·劉攽《雨後池上》

青苔滿地初晴後，
綠樹無人晝夢餘。
惟有南風舊相識，
偷開門戶又翻書。

——宋·劉攽《新晴》

古人學問無遺力，
少壯工夫老始成。
紙上得來終覺淺，
絕知此事要躬行。

——宋·陸游《冬夜讀書示
子聿》

烏桕微丹菊漸開，
天高風送雁聲哀。

詩情也似并刀快。
剪得秋光入卷來。

——宋·陸游《秋思》

衣上征塵雜酒痕，
遠遊無處不消魂，
此身合是詩人未？
細雨騎驢入劍門。

——宋·陸游《劍門道中遇
微雨》

一夕輕雷落萬絲，
霽光浮瓦碧參差。
有情芍藥含春淚，
無力薔薇臥曉枝。

——宋·秦觀《春霽》

天風吹月入欄杆，
烏鵲無聲夜向闌。
織女明星來枕上，
了知身不在人間。

——宋·秦觀《四時四首贈
道流》

花攢移來錦繡叢，
小窗瓶水浸春風。

朝來不忍輕磨墨，
落研香粘數點紅。

——宋·方回《惜研中花》

江行初見雪中梅，
梅雨霏微棹始回。
莫道無人肯相送，
廬山猶自過江來。

——宋·方回《過湖口望廬
山》

春水長流鳥自飛，
偶然相值不相知。
請君試採中塘藕，
若道心空却有絲。

——宋·張耒《偶題》

庭戶無人秋月明，
夜霜欲落氣先清。
梧桐真不甘衰謝。
數葉迎風尚有聲。

——宋·張耒《夜坐》

自讀西湖處士詩，
年年臨水看幽姿。
晴窗畫出橫斜影，

絕勝前村夜雪時。

——宋·陳與義《和張矩臣
水墨梅》

水堂長日淨鷗沙，
便覺京塵隔鬢華。
夢裏不知涼是雨，
捲簾微濕在荷花。

——宋·陳與義《雨過》

漫漫平沙走白虹，
瑤臺失手玉杯空。
晴天搖動清江底，
晚日浮沉急浪中。

——宋·陳師道《十七日觀
潮》

書當快意讀易盡，
客有可人期不來。
世事相違每如此，
好懷百歲幾回開？

——宋·陳師道《絕句》

鵲巢猶掛三更月，
漁板驚迴一片鷗。
吟得詩成無筆寫，

蘸他春水畫船頭。
　　——宋·陳起《夜過西湖》

飛來山上千尋塔，
聞說雞鳴見日昇。
不畏浮雲遮望眼，
自緣身在最高層。
　　——宋·王安石《登飛來峰》

茅簷長掃靜無苔，
花木成畦手自栽。
一水護田將綠繞，
兩山排闥送青來。
　　——宋·王安石《書湖陰先
　　生壁》

爆竹聲中一歲除，
春風送暖入屠蘇，
千門萬戶曈曈日，
總把新桃換舊符。
　　——宋·王安石《元日》

京口瓜洲一水間，
鍾山只隔數重山。
春風又綠江南岸，
明月何時照我還。
　　——宋·王安石《泊船瓜洲》

有梅無雪不精神，
有雪無詩俗了人。
日暮詩成天又雪，
與梅并作十分春。
　　——宋·盧梅坡《雪梅》

梅雪爭春未肯降，
騷人擱筆費評章。
梅須遜雪三分白，
雪却輸梅一段香。
　　——宋·盧梅坡《雪梅》

急須乘興賞春英，
莫待空枝漫寄聲。
淑景晴風前日事，
淡雲微雨此時情。
　　——宋·程顥《和諸公梅臺》

雨洗千山翠欲浮，
稻畦松澗已爭流。
朝來風急凝雲盡，
歷歷鐘聲過五州。
　　——宋·程俱《三峰草堂》

雙飛燕子幾時回？
夾岸桃花蘸水開。
春雨斷橋人不度，
小舟撑出柳陰來。
——宋·徐俯《春遊湖》

不見故人彌有情，
一見故人心眼明。
忘却問君船住處，
夜來清夢繞西城。
——宋·徐積《贈黃魯直》

千山萬山星斗落，
一聲兩聲鐘磬清。
路入小橋和夢過，
豆花深處草蟲鳴。
——宋·張良臣《曉行》

寒水一瓶春數枝，
清香不減小溪時。
橫斜竹底無人見，
莫與微雲淡月知。
——宋·張道洽《瓶梅》

石上紅花低照水，
山頭綠篠細含烟。

天生一本徐熙畫，
只欠鸂鶒相對眠。
——宋·張舜民《板子磯》

點點漁燈照浪清，
水烟疏碧月朧明。
小灘驚起鴛鴦處，
一只採蓮船過聲。
——宋·李九齡《荊溪夜泊》

雲裏烟村雨裏灘，
看之容易作之難。
早知不入時人眼，
多買胭脂畫牡丹。
——宋·李唐《七絶》

梅子黃時日日晴，
小溪泛盡却山行。
綠陰不減來時路，
添得黃鸝四五聲。
——宋·曾幾《三衢道中》

雨過橫塘水滿堤，
亂山高下路東西。
一番桃李花開盡，
惟有青青草色齊。

———宋·曾鞏《城南》

應憐屐齒印蒼苔，
小扣柴扉久不開。
春色滿園關不住，
一枝紅杏出牆來。

　　———宋·葉紹翁《遊園不值》

東風吹月下長汀，
窗外鷄號天猝明。
時有諸生來問字，
隔江猶聽讀書聲。

　　———宋·王庭珪《郭仲賢南
窗》

三月殘花落更開，
小檐日日燕飛來。
子規夜半猶啼血，
不信東風喚不回。

　　———宋·王令《送春》

湧金門外斷紅塵，
衣錦城邊着白蘋；
不到西湖看山色，
定應未可作詩人。

　　———宋·晁冲之《送人遊江南》

竹杖草履步蒼苔，
山上獨亭四牖開。
烟雨濛濛溪水急，
小篷時轉碧灣來。

　　———宋·晁補之《題蘇軾〈塔
山對雨圖〉》

竹影參差臨斷岸，
花陰寂歷浸清流。
遊人難到欄杆角，
盡日垂楊蓋御舟。

　　———宋·高翥《聚景園口號》

絕頂遙知有隱君，
餐芝種術麈為群。
多應午竈茶烟起，
山下看來是白雲。

　　———宋·劉克莊《西山》

春陰垂野草青青，
時有幽花一樹明。
晚泊孤舟古祠下，
滿川風雨看潮生。

　　———宋·蘇欽舜《淮中晚泊
犢頭》

梨花風起正清明，
遊子尋春半出城；
日暮笙歌收拾去，
萬株楊柳屬流鶯。
　　——宋·吳惟信《蘇堤清明
　　　即事》

岸闊檣稀波渺茫，
獨憑危檻思何長。
蕭蕭遠樹疏林外，
一半秋山帶夕陽。
　　——宋·寇準《書河上亭壁》

江上青山落照邊，
江頭歸客木蘭船。
春鷗自共潮回去，
一點飛來是柳綿。
　　——宋·潘檉《還自錢塘道
　　　中》

意匠如神變化生，
筆端有力任縱橫。
須教自我胸中出，
切忌隨人腳後行。
　　——宋·戴復古《論詩》

誰把杭州曲子謳？
荷花十里桂三秋。
哪知卉木無情物，
牽動長江萬里愁。
　　——宋·謝驛《紀事》

傘幄垂垂馬踏沙，
水長山遠路多花。
眼中形勢胸中策，
緩步徐行靜不嘩。
　　——宋·宗澤《早發》

平野風烟入夢思，
殷勤作畫更題詩。
扁舟臥聽橫塘雨，
恰遇江南歸雁時。
　　——宋·蔡肇《泛舟橫塘遇
　　　雨》

掃成屏障幾千春，
洗雨吹風轉更明。
應是天工醉時筆，
重重粉墨尚縱橫。
　　——宋·鄒浩《畫山》

尋真誤入蓬萊島，

香風不動松花老。
採芝何處未歸來，
白雲滿地無人掃。
　　——宋·魏野《尋隱者不遇》

萬頃滄江萬頃秋，
鏡天飛雪一雙鷗。
摩挲數尺沙邊柳，
待汝成陰繫釣舟。
　　——宋·董潁《江上》

斷雲一葉洞庭帆，
玉破鱸魚金破柑。
好作新詩寄桑苎，
垂虹秋色滿東南。
　　——宋·米芾《垂虹亭》

黃梅時節家家雨，
青草池塘處處蛙。
有約不來過夜半，
閑敲棋子落燈花。
　　——宋·趙師秀《約客》

學詩渾似學參禪，
竹榻蒲團不計年。
直待自家都了得，

等閑拈出便自然。
　　——宋·吳可《學詩》

風捲寒雲暮雪晴，
江煙洗盡柳條輕。
檐前數片無人掃，
又得書窗一夜明。
　　——宋·石崇《雪》

長柏高梧蔭廣庭，
夜涼人靜夢魂清。
不知山月幾時落，
每到曉鐘聞雨聲。
　　——宋·文同《郡學鎖宿》

城頭啼鳥隔花鳴，
城外遊人傍水行。
遙認孤帆何處去，
柳塘烟重不分明。
　　——宋·鄭思肖《春日登城》

山外青山樓外樓，
西湖歌舞幾時休？
暖風熏得遊人醉，
直把杭州作汴州！
　　——宋·林昇《題臨安邸》

草滿池塘水滿陂，
山銜落日浸寒漪。
牧童歸去橫牛背，
短笛無腔信口吹。

——宋·雷震《村晚》

自作新詞韵最嬌，
小紅低唱我吹簫。
曲終過盡松陵路，
回首烟波十四橋。

——宋·姜夔《過垂虹》

竹帛功名一筆無，
殘年那復計榮枯。
青山未得携家去，
惆悵題詩是畫圖。

——金·元好問《蒼崖遠渚
圖》

遥山近山青欲滴，
大木小木葉已疏。
斜日疏篁無鳥雀，
一灣溪水數函書。

——元·黃公望《倪雲林為
靜遠畫》

石磴連雲暮靄霏，
翠微深杳玉泉飛。
溪迴寂靜塵踪少，
惟許山人共採薇。

——元·黃公望《李咸熙翠
岩流聖圖》

千山雨過瑶琚濕，
萬木風生翠幄稠。
行遍曲闌人影亂，
半江浮綠點輕鷗。

——元·黃公望《趙子昂仿
陸探微筆意》

誰家亭子傍西灣，
高樹扶疏出石間。
落葉盡隨溪雨去，
只留秋色滿空山。

——元·黃公望《秋山林木圖》

秋風蘭蕙化為茅，
南國凄凉氣已消。
只有所南心不改，
淚泉和墨寫離騷。

——元·倪瓚《題鄭所南
〈蘭〉》

臨池学書王右軍，
澄懷觀道宗少文。
王侯筆力能扛鼎，
五百年中無此君。

——元·倪瓚《題王叔明〈岩
居高士圖〉》

石如飛白木如籀，
寫竹還應八法通。
若還有人能會此，
須知書畫本來同。

——元·趙孟頫《枯木竹石
圖》

野店桃花紅粉姿，
陌頭楊柳綠烟絲。
不因送客東城去，
過却春光總不知。

——元·趙孟頫《東城》

遠山蒼翠近山無，
此是江南六月圖。
一片雨聲知未罷，
澗流百道下平湖。

——元·吳鎮《為王學士題
米元章溪山驟雨橫幅》

風色凄其上碧山，
一朝林木變紅顏。
幽人為惜深秋色，
忘却驅馳古道間。

——元·吳鎮《趙伯驌畫》

冰雪林中著此身，
不同桃李混芳塵，
忽然一夜清香發，
散作乾坤萬里春。

——元·王冕《白梅》

我家洗硯池邊樹，
朵朵花開淡墨痕。
不要人誇好顏色，
只留清氣滿乾坤。

——元·王冕《墨梅》

千載英雄事已休，
獨餘明月照江流。
畫圖不盡當年恨，
却寫蘇家赤壁遊。

——元·戴表元《題赤壁圖》

斷樹寒雲古岸限，
漁翁初撥小船開。

看渠風雪忙如許，
還有魚兒上鈎來。
　　——元·戴表元《題江干初
　　　　雪圖》

青山如髻樹如麻，
茅屋青簾認酒家。
侵曉一番飛雨過，
滿川流出碧桃花。
　　——元·陳樵《山水》

王謝當年奕世豪，
東山逸興更滔滔。
不應經略中興志，
留在書名與日高。
　　——元·王惲《右軍書扇圖》

青山歷歷樹重重，
寺在雲深第幾峰。
比屋人家西崦下，
夕陽長聽講時鐘。
　　——元·張庸《題郭熙山水
　　　　畫卷》

綠楊鶯囀夢初醒，
天影微涼斷岸青。

坐對物華俱自得，
籠鵝不用換黃經。
　　——元·柯九思《題趙令穰
　　　　群鵝圖》

馬蹄踏水亂明霞，
醉袖迎風受落花。
怪見溪童出門望，
鵲聲先到我山家。
　　——元·劉因《山家》

江天漠漠秋無際，
數點淮山冷屏翠。
閑拈枯筆灑松腴，
半幅生綃千里意。
　　——元·周權《吳秋山寫江
　　　　淮秋意》

小舟何處問通津，
二月東湖柳色新。
老向天涯頻見畫，
一枝曾折送行人。
　　——元·吳志淳《題山水景》

客舟繫纜柳蔭旁，
湖影侵篷夜氣涼。

萬頃波光搖月碎，
一天風露藕花香。
　　——元·黃庚《臨平泊舟》

浮雲開合晚風輕，
白鳥飛邊落照明。
一曲彩虹橫界斷，
南山雷雨北山晴。
　　——元·黃庚《暮虹》

江村暝色漸凄迷，
數點殘鴉雜雁飛。
雁宿蘆花鴉宿樹，
各分一半夕陽歸。
　　——元·黃庚《江村即事》

礙檐玉樹排雲立，
接屋瑤峰拔地生。
忍凍從來有詩骨，
開門一笑萬山明。
　　——明·沈周《雪景》

山徑蕭蕭落木疏，
小橋流水限林廬。
秋風黃葉少人迹，
雞犬不聞惟讀書。

　　——明·沈周《題畫》

小橋溪路有新泥，
半日無人到水西。
殘酒欲醒茶未熟，
一簾春雨竹雞啼。
　　——明·沈周《有竹居小橫幅》

翠條多力引風長，
點破銀花玉雪香。
韵友似知人意好，
隔闌輕解白霓裳。
　　——明·沈周《玉蘭寫生》

臨水人家竹樹中，
只因孤嶼水船通。
當門細荇牽微浪，
繞屋藤花落軟風。
　　——明·沈周《題畫》

秋來紈扇合收藏，
何事佳人重感傷？
請把世情詳細看，
大都誰不逐炎涼。
　　——明·唐寅《秋風紈扇圖》

烟山雲樹靄蒼茫，
漁唱菱歌互短長。
燈火一村雞犬靜，
越來溪北近橫塘。
————明·唐寅《雲山烟樹圖》

頭上紅冠不用裁，
滿身雪白走將來。
平生不敢輕言語，
一叫千門萬戶開。
————明·唐寅《畫雞》

三十年來一釣竿，
幾曾叉手揖高官；
茅柴酒白蘆花被，
明月西湖何處灘。
————明·唐寅《題西湖釣艇圖》

江樓無燭露淒清，
風動琅玕笑語明。
一夜桂花何處落？
月中空有軸簾聲。
————明·湯顯祖《天竺中秋》

寂歷秋江漁火稀，

起看殘月映林微。
波光水鳥驚猶宿，
露冷流螢濕不飛。
————明·湯顯祖《江宿》

溪山雲影杏花飄，
衫袖凌風酒色消。
數道松杉殘日裏，
春深立馬望華橋。
————明·湯顯祖《青陽道中》

風起烟霏林翠開，
暮帆秋色半山迴。
疏燈獨照歸鴻急，
長似瀟湘夜雨來。
————明·湯顯祖《暮江圖》

飛觴泛水集群賢，
文采風流自往年。
靜裏披圖懷勝事，
一川新綠鎖輕烟。
————明·白圻《蘭亭修禊圖》

丹楓絕壁照空江，
萬里青天在野航。
臥展南華秋水讀，

不知嵐翠濕衣裳。
　　　——明·文徵明《題畫》

萬木緣山過雨青，
山迴路斷水泠泠。
分明記得環滁勝，
只欠臨溪著小亭。
　　　——明·文徵明《題畫》

酒闌客散小堂空，
旋捲珠簾受晚風。
坐久忽驚涼影動，
一痕新月在梧桐。
　　　——明·文徵明《夜坐》

吳山盡處越山涯，
水木清華處處佳。
山鳥忽來啼不歇，
聲聲似勸我移家。
　　　——明·李日華《題畫米山》

草渾水暖魚迷窟，
花落泥香燕作家。
別有清森映眉目，
讀書窗外幾竿斜。
　　　——明·李日華《谷雨後一

日寫竹》

竹屋雲歸樹不分，
溪流春漲草泥渾。
黃鸝睡起纔呼醒，
有客尋詩書打門。
　　　——明·李日華《題畫》

問之花鳥何為者，
獨喜萱花到白頭。
莫把丹青等閑看，
無聲詩裏誦千秋。
　　　——明·徐渭《題墨花卷·萱
　　　草》

半生落魄已成翁，
獨立書齋嘯晚風。
筆底明珠無處賣，
閑拋閑擲野藤中。
　　　——明·徐渭《題〈墨葡萄〉》

從來不見梅花譜，
信手拈來自有神。
不信試看千萬樹，
東風吹着便成春。
　　　——明·徐渭《題畫梅》

白雲如練繞南山，
遙聽樵歌紫翠間。
落日雲頭秋色晚，
望中應見鶴飛還。

——明·解縉《歸雲圖》

望裏南宮潑墨山，
小窗殘燭放舟還；
從容畢竟輸漁父，
藕葉菱花泊淺灘。

——明·譚貞默《南屏歸艇
遇雨》

策策霜林映水丹，
重重雲岫鎖輕寒。
西風斜日空江暮，
無限秋光屬釣竿。

——明·吳寬《梅老〈秋江獨
釣圖〉》

清溪倒影入空寒，
月色梅花共一般。
夜半落英看不見，
暗風吹墮玉欄杆。

——明·李東陽《梅月圖》

深院無人自掃花，
隔鄰啼鳥亦山家。
閑磨墨汁供生事，
竹裏敲枰日未斜。

——明·萬徵奇《題山水》

結宇蕉陰桐徑邊，
浮名無用世間傳。
高情剩有閑中趣，
寫出青山不賣錢。

——明·闕名《題畫》

湖水茫茫浪拍天，
春風湖上有人烟。
小樓半在花林內，
簾捲青山看釣船。

——明·薛瑄《山水小景》

千錘萬鑿出深山，
烈火焚燒若等閑。
粉骨碎身渾不怕，
要留清白在人間。

——明·于謙《石灰吟》

西窗半日雨浪浪，
雨過新梢出短牆。

塵土不飛人迹斷，
碧陰添得晚窗涼。

——明·文彭《題蘭竹卷》

小結茅齋四五椽，
蕭蕭竹樹帶秋烟。
呼童掃取空階葉，
好向山廚煮二泉。

——明·王紱《茅齋煮泉圖》

隔岸峰巒過雨新，
桃花水暖碧粼粼。
誰家艇子閑來往，
只載春光不載人。

——明·劉泰《山景》

溪上波光淡欲秋，
空亭小艇日悠悠。
朝來忽著行雲色，
添得潺湲萬壑流。

——明·王世懋《題溪山風
雨圖》

海上群峰映紫霞，
五雲樓觀是仙家。
誰吹玉笛春風起，

千樹碧桃都作花。

——明·劉崧《題飛霞圖》

細雨茸茸濕楝花，
南風樹樹熟枇杷。
徐行不記山深淺，
一路鶯啼送到家。

——明·楊基《天平山中》

遠道西風落葉寒，
蕭蕭孤塞上長安。
關山不似人心險，
遊子休歌行路難。

——明·陳泰《題畫》

萬竹叢深日未晡，
寒江烟雨翠模糊。
東風無限瀟湘意，
獨倚蓬窗聽鷓鴣。

——明·熊直《瀟湘雨意圖》

瞿塘雨過起春瀾，
空翠樓臺杳靄間。
萬里橋西花似錦，
暮雲依舊隔巫山。

——明·藍智《題蜀江雨霽圖》

綠葉青蔥傍石栽，
孤根不與眾花開。
酒闌展卷山窗下，
習習香從紙上來。
　　——明·董其昌《蘭》

家住錢塘西子湖，
釣竿幾度拂珊瑚。
扁舟載月歸來晚，
不覺全身入畫圖。
　　——明·凌雲翰《西湖漁者》

衙齋臥聽蕭蕭竹，
疑是民間疾苦聲。
些小吾曹州縣吏，
一枝一葉總關情。
　　——清·鄭燮《畫竹》

咬定青山不放鬆，
立根原在破岩中。
千磨萬擊還堅勁，
任爾東西南北風。
　　——清·鄭燮《題竹石》

四十年來畫竹枝，
日間揮寫夜間思。

冗繁削盡留清瘦，
畫到生時是熟時。
　　——清·鄭燮《題畫竹》

新竹高于舊竹枝，
全憑老幹為扶持。
明年再有新生者，
十丈龍孫繞鳳池。
　　——清·鄭燮《新竹》

小廊茶熟已無烟，
折取寒花瘦可憐。
寂寂柴門秋水闊，
亂鴉揉碎夕陽天。
　　——清·鄭燮《小廊》

日日臨池把墨研，
何曾粉黛去爭妍？
要知畫法通書法，
蘭竹如同草隸然。
　　——清·鄭燮《題蘭竹冊頁》

烏紗擲去不為官，
囊橐蕭蕭兩袖寒。
寫取一枝清瘦竹，
秋風江上作漁竿。

——清·鄭燮《予告歸里，畫
竹別濰縣紳士民》

墨池筆冢任紛紛，
參透書禪未易論。
細取孫公書譜讀，
方知渠是過來人。
——清·王文治《論書絕句》

天姿凌轢未須誇，
集古終能自立家。
一掃二王非妄語，
只應釀蜜不留花。
——清·王文治《論書》

曾聞碧海掣鯨魚，
神力蒼茫運太虛。
間氣古今三鼎足，
杜詩韓筆與顏書。
——清·王文治《論書絕句》

又是春禽浴水時，
陰陰一片綠楊絲。
方塘清漲無人過，
唯有紅薇露亞枝。
——清·王文治《題畫》

百尺梧桐半畝陰，
枝枝葉葉有秋心。
何年脫骨乘鸞鳳？
月下飛來聽素琴。
——清·石濤《桐陰圖》

墨團團里黑團團，
墨黑叢中花葉寬。
試看筆從烟裏過，
波瀾轉處不須完。
——清·石濤《竹村蓮沼》

興來寫菊似塗鴉，
誤作枯藤纏數花。
筆落一時收不住，
石棱留得一拳斜。
——清·石濤《畫菊》

九州生氣恃風雷，
萬馬齊暗究可哀。
我勸天公重抖擻，
不拘一格降人材。
——清·龔自珍《己亥雜詩》

浩蕩離愁白日斜，
吟鞭東指即天涯。

落紅不是無情物，
化作春泥更護花。
————清·龔自珍《己亥雜詩》

不是逢人苦譽君，
亦狂亦俠亦溫文。
照人膽似秦時月，
送我情似嶺上雲。
————清·龔自珍《己亥雜詩》

春風阡陌草初平，
遠岫烟浮細雨晴；
白屋門前烏柏樹，
夕陽高下鷓鴣聲。
————清·吳歷《題畫山水》

峰頭黛色晴猶濕，
筆底春雲暗不開。
墨花淋灕翠微斷，
隱几忽聞山雨來。
————清·吳歷《山雨圖》

一年一年復一年，
根盤節錯鎖疏烟。
不知天意留何用。
虎爪龍鱗老更堅。
————清·李方膺《題〈墨松圖〉》

揮毫落紙墨痕新，
幾點梅花最可人。
願借天風吹得遠，
家家門巷盡成春。
————清·李方膺《題畫梅》

老梅愈老愈精神，
水店山樓若有人。
清到十分寒滿把，
始知明月是前身。
————清·金農《畫梅》

硯水生冰墨半乾，
畫梅須畫晚來寒。
樹無醜態香沾袖，
不愛花人莫與看。
————清·金農《畫梅》

柳絮風吹上樹枝，
桃花風送落清池。
升沉好像春風意，
及問春風風不知。
————清·袁枚《偶見》

浮瓜沉李傍清池，
香隔重簾散每遲。
何處涼多何處坐，
四時筆硯逐風移。

——清·袁枚《消夏詩》

高捲湘簾待月明，
尋詩不覺到深更。
一輪皎潔當空照，
萬里無雲夜氣清。

——清·席佩蘭《月夜》

坐擁寒衾思悄然，
殘燈挑盡未成暝。
紗窗月落花無影，
只有鐘聲到枕邊。

——清·席佩蘭《鐘聲》

暮雲千里亂吳峰，
落葉微聞遠寺鐘。
日盡長江秋草外，
美人何處採芙蓉。

——清·惲壽平《遠眺》

雪後輕橈入翠微，
花溪寒氣上春衣。

過橋南岸尋春去，
踏遍梅花帶月歸。

——清·惲壽平《題〈唐解元
小景〉》

露氣蒼涼水氣清，
亂蘆顛倒一舟橫。
枯風裂竹秋江上，
更有何人聽此聲。

——清·汪中《題秋江聽笛
圖》

短長條拂短長堤，
上有黃鶯恰恰啼。
翠幕烟綃藏不得，
一聲聲在畫橋西。

——清·田穮《西湖柳枝詞》

風江潮動月茫茫，
欸藹聲中夜未央。
南北東西盡蓮葉，
不知魚戲在何方。

——清·沈用濟《櫂歌》

交流四水抱城斜，
散作千溪遍萬家。

深處種菱淺種稻，
不深不淺種荷花。
　　——清·阮元《吳興雜詩》

李杜詩篇萬口傳，
至今已覺不新鮮。
江山代有才人出，
各領風騷數百年。
　　——清·趙翼《論詩》

池塘春草妙難尋，
泥落空梁苦用心。
若比大江流日夜，
哀絲豪竹在知音。
　　——清·宋湘《說詩》

二月清明柳最嬌，
春痕紅到海棠梢。
寄聲梁上雙飛燕，
好啄香泥補舊巢。
　　——清·袁機《春懷》

草長鶯飛二月天，
拂堤楊柳醉春烟。
兒童散學歸來早，
忙趁東風放紙鳶。
　　——清·高鼎《村居》

蘇黃佳氣本天真，
姑射風姿不染塵。
筆軟墨豐皆入妙，
無窮機軸出清新。
　　——清·劉墉《論書絕句》

躍躍詩情在眼前，
聚如風雨散如烟。
敢為常悟談何易，
百煉工純始自然。
　　——清·張問陶《論詩》

峽鎖群山十萬魂，
山花四月未繽紛。
前林曉忽花全放，
多為溪雷一夜奔。
　　——清·魏源《贛江舟中棹
歌》

造物無言却有情，
每于寒盡覺春生。
千紅萬紫安排著，
只待新雷第一聲。
　　——清·張維屏《新雷》

墨汁淋灕尚未乾，
誰揮醉筆作琅玕？
秋風無限江南思，
影落瀟湘暮雨寒。
　　——清·王時敏《竹》

藹藹山光映碧空，
參差樹影亂西風。
蘆花幾朵明如雪，
吹在橫橋曲澗中。
　　——清·袁枚《秋圃踏月》

數聲牧笛訴斜陽，
水面輕風送薄涼。
開謝百花春去久，
野田蝴蝶尚尋香。
　　——清·王倩《舟行雜咏》

居士尋詩墨未乾，
杏花消息雨聲寒。
誰言詩到蘇黃盡？
萬里南行眼界寬。
　　——清·謝啟昆《論詩絕句》

目眩心搖壽外翁，
興來狂草活如龍。

胸中原有雲烟氣，
揮灑全無八法工。
　　——清·汪士慎《絕句》

坐看倒影浸天河，
風過欄杆水不波。
想見夜深人散後，
滿湖螢火比星多。
　　——清·何紹基《慈仁寺荷
　　花池》

餐霞神彩絕人烟，
古今誰可稱書仙。
石門崖下摩遺碣，
跨鶴驂鸞欲上天。
　　——清·康有為《論石門銘》

終古高雲簇此城，
秋風吹散馬蹄聲，
河流大野猶嫌束，
山入潼關不解平。
　　——清·譚嗣同《潼關》

綠減蕉陰夜有霜，
園柑林柿間丹黃。
扁舟坐愛秋溪晚，

七曲屏山半夕陽。

——清·丘逢甲《秋溪即目》

不惜千金買寶刀，
貂裘換酒也堪豪。
一腔熱血勤珍重，
灑去猶能化碧濤。

——清·秋瑾《對酒》

傲骨如君世已奇，

嶙峋更見此支離。
醉餘奮掃如椽筆，
寫出胸中磈礧時。

——清·敦敏《題芹圃畫石》

農家夏日最奔忙，
偶趁清風追晚涼。
夜月柳陰人半寢，
邨翁荒渺說隋唐。

——清·張裕釗《無題》

（四）七　律

相見時難別亦難，
東風無力百花殘。
春蠶到死絲方盡，
蠟炬成灰淚始乾。
曉鏡但愁雲鬢改，
夜吟應覺月光寒。
蓬山此去無多路，
青鳥殷勤為探看。
　　——唐·李商隱《無題》

昨夜星辰昨夜風，
畫樓西畔桂堂東。
身無彩鳳雙飛翼，
心有靈犀一點通。
隔座送鉤春酒暖，
分曹射覆蠟燈紅。

嗟余聽鼓應官去，
走馬蘭臺類轉蓬。
　　——唐·李商隱《無題》

錦瑟無端五十弦，
一弦一柱思華年。
莊生曉夢迷蝴蝶，
望帝春心託杜鵑。
滄海月明珠有淚，
藍田日暖玉生煙。
此情可待成追憶？
只是當時已惘然。
　　——唐·李商隱《錦瑟》

舍南舍北皆春水，
但見群鷗日日來。
花徑不曾緣客掃，
蓬門今始為君開。
盤飧市遠無兼味，
樽酒家貧只舊醅。
肯與鄰翁相對飲，
隔籬呼取盡餘杯。
　　——唐·杜甫《客至》

劍外忽傳收薊北，

初聞涕淚滿衣裳。
却看妻子愁何在，
漫卷詩書喜欲狂。
白日放歌須縱酒，
青春作伴好還鄉。
即從巴峽穿巫峽，
便下襄陽向洛陽。

——唐·杜甫《聞官軍收河
南河北》

朝回日日典春衣，
每日江頭盡醉歸。
酒債尋常行處有，
人生七十古來稀。
穿花蛺蝶深深見，
點水蜻蜓款款飛。
傳語風光共流轉，
暫時相賞莫相違。

——唐·杜甫《曲江二首》

望海樓明照曙霞，
護江堤白踏晴沙。
濤聲夜入伍員廟，
柳色春藏蘇小家。
紅袖織綾誇柿蒂，

青旗沽酒趁梨花。
誰開湖寺西南路，
草綠裙腰一道斜。

——唐·白居易《杭州春望》

孤山寺北賈亭西，
水面初平雲腳低。
幾處早鶯爭暖樹，
誰家新燕啄春泥。
亂花漸欲迷人眼，
淺草才能沒馬蹄。
最愛湖東行不足，
綠楊陰裏白沙堤。

——唐·白居易《錢塘湖春
行》

鳳凰臺上鳳凰遊，
鳳去臺空江自流。
吳宮花草埋幽徑，
晉代衣冠成古丘。
三山半落青天外，
二水中分白鷺洲。
總為浮雲能蔽日，
長安不見使人愁。

——唐·李白《登金陵鳳凰
臺》

巴山楚水凄凉地，
二十三年棄置身。
懷舊空吟聞笛賦，
到鄉翻似爛柯人。
沉舟側畔千帆過，
病樹前頭萬木春。
今日聽君歌一曲，
暫憑杯酒長精神。
——唐·劉禹錫《酬樂天揚
州初逢席上見贈》

離舟解纜到斜暉，
春水東流雁北飛。
才子學詩趨露冕，
棠花含笑侍斑衣。
稍聞江樹啼猿近，
轉覺山林過客稀。
借問還珠盈合浦，
何如鯉也入庭闈。
——唐·錢起《送章信愛子
歸覲》

神化難源瑞印開，
雕陵毛羽出塵埃。
香閨報喜行人至，

碧漢填河織女回。
明月解隨烏繞樹，
青銅寧愧雀為臺。
瓊枝翠葉庭前植，
從待翩翩去又來。
——唐·徐夤《鵲》

穿雲絡石細潺潺，
杳杳疑聞弄管弦。
千仞灑來寒碎玉，
一泓深處碧涵天。
烟迷葉亂尋難見，
月好風清聽不眠。
春雨正多歸未得，
只因流恨更潺湲。
——唐·吳融《憶山泉》

高樹蟬聲秋巷裏，
朱門冷靜似閑居。
重裝畫墨數莖竹，
長著香熏一架書。
語笑侍兒知禮數，
吟哦野老任狂疏。
就中愛讀英雄傳，
又說功勛恐不如。

——唐·王建《早秋過龍武
李將軍書齋》

小隱西亭為客開,
翠蘿深處遍蒼苔。
林間掃石安棋局,
岩下分香遞酒杯。
蘭葉露光秋月上,
蘆花風起夜潮來。
雲山繞屋猶嫌淺,
欲棹漁舟近釣臺。
——唐·許渾《錢塘青山李
隱居西齋》

待月東林月正圓,
廣庭無樹草如烟。
中秋雲盡出滄海,
半夜露寒當碧天。
輪彩漸移金殿外,
鏡光猶掛玉樓前。
莫辭達曙殷勤望,
一墮西岩又隔年。
——唐·許渾《鶴林寺中秋
夜玩月》

滕王高閣臨江渚,
佩玉鳴鸞罷歌舞。
畫棟朝飛南浦雲,
珠簾暮捲西山雨。
閑雲潭影日悠悠,
物換星移幾度秋。
閣中帝子今何在?
檻外長江空自流。
——唐·王勃《滕王閣》

地聳蒼龍勢抱雲,
天教青共衆材分。
孤標百尺雪中見,
長嘯一聲風裏聞。
桃李傍他真是佞,
藤蘿攀爾亦非群。
平生相愛應相識,
誰道修篁勝此君。
——唐·李山甫《松》

蟬噪秋風滿古堤,
荻花寒渡思淒淒。
潮聲歸海鳥初下,
草色連江人自迷。
碧落晴分平楚外,
青山晚出穆陵西。

此來一見垂綸者，
却憶舊居明月溪。
　　——唐·劉滄《浙江晚渡懷
　　　　古》

柳陌乍隨洲勢轉，
花源忽傍竹陰開。
能令瀑水清人境，
直取流鶯送酒杯。
山下古松當綺席，
簷前片雨滴青苔。
地主同聲復同舍，
留連不畏夕陽催。
　　——唐·郎士元《春日燕王
　　　　起城東別業》

昔人已乘黄鶴去，
此地空餘黄鶴樓。
黄鶴一去不復返，
白雲千載空悠悠。
晴川歷歷漢陽樹，
芳草萋萋鸚鵡洲。
日暮鄉關何處是？
烟波江上使人愁。
　　——唐·崔顥《黄鶴樓》

衆香天上梵仙宮，
鐘磬寥寥半碧空。
清景乍開松嶺月，
亂流長響石樓風。
山河杳映春雲外，
城闕參差曉樹中。
欲盡出尋哪可得，
三千世界本無窮。
　　——唐·武元衡《春題龍門
　　　　香山寺》

雲開遠見漢陽城，
猶是孤帆一日程。
估客晝眠知浪靜，
舟人夜語覺潮生。
三湘愁鬢逢秋色，
萬里歸心對月明。
舊業已隨征戰盡，
更堪江上鼓鼙聲。
　　——唐·盧綸《晚次鄂州》

中流欲暮見湘烟，
岸葦無窮接楚天。
去雁遠冲雲夢雪，
離人獨上洞庭船。

風波盡日依山轉，
星漢通宵向水懸。
零落梅花過殘臘，
故園歸去又新年。
————唐·李頻《湘口送友人》

莫笑農家臘酒渾，
豐年留客足雞豚。
山重水復疑無路，
柳暗花明又一村。
簫鼓追隨春社近，
衣冠簡樸古風存。
從今若許閑乘月，
拄杖無時夜叩門。
————宋·陸游《遊山西村》

世味年來薄似紗，
誰令騎馬客京華。
小樓一夜聽春雨，
深巷明朝賣杏花。
矮紙斜行閑作草，
晴窗細乳戲分茶。
素衣莫起風塵嘆，
猶及清明可到家。
————宋·陸游《臨安春雨初霽》

春風疑不到天涯，
二月山城未見花。
殘雪壓枝猶有桔，
凍雷驚笋欲抽芽。
夜聞歸雁生鄉思，
病入新年感物華。
曾是洛陽花下客，
野芳雖晚不須嗟。
————宋·歐陽修《戲答元珍》

油壁香車不再逢，
峽雲無迹任西東。
梨花院落溶溶月，
柳絮池塘淡淡風。
幾日寂寥傷酒後，
一番蕭索禁烟中。
魚書欲寄何由達？
水遠山長處處同。
————宋·晏殊《寓意》

衆芳搖落獨暄妍，
佔盡風情向小園。
疏影橫斜水清淺，
暗香浮動月黃昏。
霜禽欲下先偷眼，

粉蝶如知合斷魂。
幸有微吟可相狎，
不須檀板共金樽。
——宋·林逋《山園小梅》

十里青山蔭碧湖，
湖邊風物畫難如。
夕陽茅舍客沽酒，
明月小橋人釣魚。
舊卜草莊臨水行，
來尋野叟問耕鋤。
他年待掛衣冠後，
乘興扁舟取次居。
——宋·王十朋《題湖邊莊》

馬穿山徑菊初黃，
信馬悠悠野興長。
萬壑有聲含晚籟，
數峰無語立斜陽。
棠梨葉落胭脂色，
蕎麥花開白雪香。
何事吟餘忽惆悵，
村橋原樹似吾鄉。
——宋·王禹偁《村行》

東風知我欲山行，
吹斷簷間積雨聲。
嶺上晴雲披絮帽，
樹頭初日掛銅鉦。
野桃含笑竹籬短，
溪柳自搖沙水清。
西崦人家應最樂，
煮芹燒笋餉春耕。
——宋·蘇軾《新城道中》

辛苦遭逢起一經，
干戈寥落四周星。
山河破碎風飄絮，
身世浮沉雨打萍。
惶恐灘頭說惶恐，
零丁洋裏嘆零丁。
人生自古誰無死，
留取丹心照汗青。
——宋·文天祥《過零丁洋》

三月江南鶯亂飛，
百花滿樹柳依依。
落紅無數迷歌扇，
嫩綠多情妒舞衣。
金鴨焚香川上暝，

畫船撾鼓月中歸。
如今寂寞東風裏，
把酒無言對夕暉。

——元·趙孟頫《紀舊遊》

臘轉鴻鈞歲已殘，
東風剪水下天壇。
剩添吳楚千江水，
壓倒秦淮萬里山。
風竹婆娑銀鳳舞，
雲松偃蹇玉龍寒。
不知天上誰橫笛，
吹落瓊花滿世間。

——元·吳澄《咏雪》

萬壑瀠迴磴道長，
崇岡交互轉蒼蒼。
疏松過雨虛闌淨，
古木回風曲岸涼。
村舍幾家門半啓，
漁梁何處水流香。
扁舟凝望雲千頃，
不覺西林下夕陽。

——元·吳鎮《叔明松壑秋
雲圖》

蒼山高處白雲浮，
樓閣參差帶遠洲。
千尺虹龍依絕壁，
一群鸂鶒咮清秋。
山翁有約憑雙屐，
野客無心溯碧舟。
自是桑林好風景，
居然尺五見丹丘。

——元·鄧文原《題千里山
水長幅》

久客懷歸思惘然，
松間茅屋女蘿牽。
三盃桃李春風酒，
一榻菰蒲夜雨船。
鴻迹偶曾留雪渚，
鶴情原只在芝田。
他鄉未若還家樂，
綠樹年年叫杜鵑。

——元·倪瓚《懷歸》

為君不惜送行詩，
但恨蒹葭失所依。
流水盡朝東海去，
孤雲只向太行飛。

仕途冰炭收心早，
客路參商見面稀。
一曲陽關歌未徹，
聲聲頭上聽催歸。

　　——元·李俊元《同趙美之
　　　　留別韻》

楊柳陰陰十畝塘，
昔人曾此咏滄浪。
春風依舊吹芳杜，
陳迹無多半夕陽。
積雨經時荒渚斷，
跳魚一聚晚風涼。
渺然詩思江湖近，
更欲相携上野航。

　　——明·文徵明《滄浪池上》

江城秋色淨堪憐，
翠柳鳴蜩鎖斷烟。
南國新涼歌白苧，
西湖夜雨落紅蓮。
美人寂寞空愁暮，
華髮凋零不待年。
莫去倚欄添悵望，
夕陽多在小樓前。

　　——明·文徵明《新秋》

楓林霜葉淨江烟，
錦石游魚清可憐。
賈客帆檣雲裏見，
仙人樓閣鏡中懸。
九秋查影橫清漢，
一笛梅花落遠天。
無限滄州漁父意，
夜深高咏獨鳴舷。

　　——明·張居正《舟泊漢江
　　　　望黃鶴樓》

我家岷山更西住，
正見岷江發源處。
三巴春霽雪初消，
百折千回向東去。
江水東流萬里長，
人今漂泊尚他鄉。
烟波草色時牽恨，
風雨猿聲欲斷腸。

　　——明·楊基《長江萬里圖》

朱旗畫戟擁晴沙，
錦纜牙檣向水涯。
佳氣迥浮江北樹，

日光初照海東霞。
雲中鸞鳳扶丹轂，
水底魚龍識翠華。
不用臨流羨天塹，
只今四海盡為家。

    ——明·曾棨《車駕渡江》

從遊指點南高勝，
躡屩攀蘿興不賖。
畫裏餘杭人賣酒，
鏡中湖曲棹穿花。
千岩半出分秋雨，
一徑微明逗晚霞。
最是夜歸幽絕處，
疏林燈火傍漁家。

    ——明·王世貞《遊南高峰》

瓊枝只合在瑤臺，
誰向江南處處栽。
雪滿山中高士臥，
月明林下美人來。
寒依疏影蕭蕭竹，
春掩殘香漠漠苔。
自去何郎無好韵，
東風愁寂幾回開。

    ——明·高啓《梅花》

霧樹溟濛叫亂鴉，
濕雲初變早來霞。
東風已綠先春草，
細雨猶寒後夜花。
村艇隔烟呼鴨鶩，
酒家依岸扎籬笆。
深居久矣忘塵世，
莫遣江聲入遠沙。

    ——清·鄭燮《村居》

懶慢從來應接疏，
閉門掃地足閑居。
荆妻拭硯磨新墨，
弱女持箋索楷書。
柿葉微霜千點赤，
紗厨斜日半窗虛。
江南大好秋蔬菜，
紫笋紅姜煮鯽魚。

    ——清·鄭燮《閑居》

恰好新晴放野航，
輕鷗個個出迴塘。
一溪綠水皆春雨，

兩岸青山半夕陽。
時節剛逢挑菜好，
女兒多見採茶忙。
沙頭剩有桃花片，
流出村來百里香。
　　——清·端木國瑚《沙灣放
　　　船》

天龍作騎萬靈從，

獨立飛來縹緲峰。
懷抱芳馨蘭一握，
縱橫宙合霧千重。
眼中戰國成爭鹿，
海內人材孰臥龍。
撫劍長號歸去也，
千山風雨嘯青鋒。
　　——清·康有為《出都留別
　　　諸公》

（五）其　他

秋風起兮白雲飛，
草木黃落兮雁南歸。
蘭有秀兮菊有芳，
懷佳人兮不能忘。
泛樓船兮濟汾河，
橫中流兮揚素波。
簫鼓鳴兮發棹歌，
歡樂極兮哀情多。
少壯幾時兮奈老何！

——漢·武帝《秋風辭》

練余心兮浸太清，
滌穢濁兮存正靈。
和液暢兮神氣寧，
情志泊兮心亭亭。

嗜慾息兮無由生，
踔宇宙而遺俗兮，
眇翩翩而獨征。

——漢·蔡邕《琴歌》

新裂齊紈素，
鮮潔如霜雪。
裁為合歡扇，
團團似明月。
出入君懷袖，
動搖微風發。
常恐秋節至，
涼飆奪炎熱。
棄捐篋笥中，
恩情中道絕。

——《漢樂府·怨歌行》

神龜雖壽，猶有竟時。
螣蛇乘霧，終為土灰。
老驥伏櫪，志在千里；
烈士暮年，壯心不已。
盈縮之期，不但在天；
養怡之福，可得永年。
幸甚至哉，歌以咏志。

——三國魏·曹操《龜雖壽》

對酒當歌,人生幾何?
譬如朝露,去日苦多。
慨當以慷,憂思難忘。
何以解憂?惟有杜康。
青青子衿,悠悠我心。
但為君故,沉吟至今。
呦呦鹿鳴,食野之萍。
我有嘉賓,鼓瑟吹笙。
明明如月,何時可掇?
憂從中來,不可斷絕。
越陌度阡,枉用相存。
契闊談宴,心念舊恩。
月明星稀,烏鵲南飛。
繞樹三匝,何枝可依?
山不厭高,海不厭深。
周公吐哺,天下歸心。

——三國魏·曹操《短歌行》

東臨碣石,以觀滄海。
水何淡淡,山島竦峙。
樹木叢生,百草豐茂。
秋風蕭瑟,洪波湧起。
日月之行,若出其中。
星漢燦爛,若出其裏。
幸甚至哉,歌以咏志。

——三國魏·曹操《觀滄海》

前不見古人,
後不見來者,
念天地之悠悠,
獨愴然而涕下。

——唐·陳子昂《登幽州臺
歌》

慈母手中綫,
遊子身上衣。
臨行密密縫,
意恐遲遲歸。
誰言寸草心,
報得三春暉。

——唐·孟郊《遊子吟》

少年上人號懷素,
草書天下稱獨步。
墨池飛出北溟魚,
筆鋒殺盡中山兔。
八月九月天氣涼,
酒徒詞客滿高堂。
箋麻素絹排數箱,
宣州石硯墨色光。
吾師醉後倚繩牀,

須臾掃盡數千張。
飄風驟雨驚颯颯，
落花飛雪何茫茫。
起來向壁不停手，
一行數字大如斗。
恍恍如聞鬼神驚，
時時只見龍蛇走。
左盤右蹙如驚電，
狀同楚漢相攻戰。
湖南七郡凡幾家，
家家屏障書題遍。
王逸少，張伯英，
古來幾許浪得名。
張顛老死不足數，
我師此義不師古。
古來萬事貴天生，
何必要公孫大娘渾脫
舞。

——唐·李白《草書歌行》

峨眉高出西極天，
羅浮直與南溟連。
名工繹思揮彩筆，
驅山走海置眼前。
滿堂空翠如可掃，

赤城霞氣蒼梧烟。
洞庭瀟湘意渺綿，
三江七澤情洄沿。
驚濤洶湧向何處，
孤舟一去迷歸年。
征帆不動亦不旋，
飄如隨風落天邊。
心搖目斷興難盡，
幾時可到三山巔。
西峰崢嶸噴流泉，
橫石蹙水波潺湲。
東崖合沓蔽輕霧，
深林雜樹空芊綿。
此中冥昧失晝夜，
隱几寂聽無鳴蟬。
長松之下列羽客，
對座不語南昌仙。
南昌仙人趙夫子，
妙年歷落青雲士。
訟庭無事羅衆賓，
杳然如在丹青裏。
五色粉圖安足珍，
真仙可以全吾身。
若待功成拂衣去，

武陵桃花笑殺人。
　　——唐·李白《當塗趙炎少
　府粉圖山水歌》

我本楚狂人，
鳳歌笑孔丘。
手持綠玉杖，
朝別黃鶴樓。
五岳尋山不辭遠，
一生好入名山遊。
廬山秀出南斗旁，
屏風九叠雲錦張，
影落明湖青黛光。
金闕前開二峰長，
銀河倒掛三石梁。
香爐瀑布遙相望，
迴崖沓嶂凌蒼蒼。
翠影紅霞映朝日，
鳥飛不到吳天長。
登高壯觀天地間，
大江茫茫去不還。
黃雲萬里動風色，
白波九道流雪山。
好為廬山謠，
興因廬山發。

閑窺石鏡清我心，
謝公行處蒼苔没。
早服還丹無世情，
琴心三叠道初成。
遙見仙人彩雲裏，
手把芙蓉朝玉京。
先期汗漫九垓上，
願接盧敖遊太清
　　——唐·李白《廬山謠寄盧
　侍御虛舟》

上黨碧松烟，
夷陵丹砂末。
蘭麝凝珍墨，
精光乃堪掇。
黃頭奴子雙鴉鬢，
錦囊養之懷袖間。
今日贈予蘭亭去，
興來灑筆會稽山。
　　——唐·李白《酬張司馬贈
　墨》

花間一壺酒，
獨酌無相親，
舉杯邀明月，

對影成三人。
月既不解飲，
影徒隨我身。
暫伴月將影，
行樂須及春。
我歌月徘徊，
我舞影零亂。
醒時同交歡。
醉後各分散。
永結無情遊，
相期邈雲漢。
——唐·李白《月下獨酌》

楚僧懷素工草書，
古法盡能新有餘。
神清骨竦意真率，
醉來為我揮健筆。
始從破體變風姿，
一一花開春景遲。
忽為壯麗就枯澀，
龍蛇騰盤獸屹立。
馳毫驟墨劇奔駟，
滿坐失聲看不及。
心手相師勢轉奇，
詭形怪狀翻合宜。

有人細問此中妙，
懷素自言初不知。
——唐·戴叔倫《懷素上人
草書歌》

端州石工巧如神，
踏天磨刀割紫雲。
傭刓抱水含滿唇，
暗灑萇弘冷血痕。
紗帷晝暖墨花春，
輕漚漂沫松麝熏。
乾膩薄重立腳勻，
數寸光秋無日昏。
圓毫促點聲靜新，
孔硯寬頑何足云。
——唐·李賀《楊生青花紫
石硯歌》

余囚北庭，坐一土室。
室廣八尺，深可四尋，單
扉低小，白間短窄，污下
而幽暗。當此夏目，諸
氣萃然：雨潦四集，浮動
牀几，時則為水氣；塗泥
半朝，蒸漚歷瀾，時則為

土氣;乍晴暴熱,風道四塞,時則為日氣;檐陰薪爨,助長炎虐,時則為火氣;倉腐寄頓,陳陳逼人,時則為米氣;駢肩雜遝,腥臊污垢,時則為人氣;或圊溷,或毀尸,或腐鼠,惡氣雜出,時則為穢氣。叠是數氣,當浸沴鮮不為厲,而予以孱弱俯仰其間,于茲二年矣,無恙,是殆有養致然。然爾亦安知所養何哉? 孟子曰:"我善養吾浩然之氣。"彼氣有七,吾氣有一,以一敵七,吾何患焉! 況浩然者,乃天地之正氣也。作《正氣歌》一首。

天地有正氣,
雜然賦流形。
下則為河岳,
上則為日星。
于人曰浩然,
沛乎塞蒼冥。
皇路當清夷,
含和吐明庭。
時窮節乃現,
一一垂丹青:
在齊太史簡,
在晉董狐筆。
在秦張良椎,
在漢蘇武節。
為嚴將軍頭,
為嵇侍中血。
為張睢陽齒,
為顏常山舌。
或為遼東帽,
清操厲冰雪。
或為出師表,
鬼神泣壯烈。
或為渡江楫,
慷慨吞胡羯。
或為擊賊笏,
逆豎頭破裂。
是氣所磅礴,
凜烈萬古存。
當其貫日月,

生死安足論。
地維賴以立，
天柱賴以尊。
三綱實繫命，
道義為之根。
嗟余遭陽九，
隸也實不力。
楚囚纓其冠，
傳車送窮北。
鼎鑊甘如飴，
求之不可得。
陰房闃鬼火，
春院閟天黑。
牛驥同一皂，
雞棲鳳凰食。
一朝蒙霧露，
分作溝中瘠。
如此再寒署，
百沴自辟易。
哀哉沮洳場，
為我安樂國！
豈有他繆巧，
陰陽不能賊！
顧此耿耿在，

仰視浮雲白。
悠悠我心憂，
蒼天曷有極？
哲人日已遠，
典刑在夙昔。
風檐展書讀，
古道照顏色。

——宋·文天祥《正氣歌》

人生識字憂患始，
姓名粗記可以休。
何用草書誇神速，
開卷惝恍令人愁。
我嘗好之每自笑，
君有此病何能瘳。
自言其中有至樂，
適意不異逍遙遊。
近者作堂名醉墨，
如飲美酒消百憂。
乃知柳子語不妄，
病嗜土炭如珍羞。
君于此藝亦云至，
堆牆敗筆如山丘。
興來一揮百紙盡，
駿馬倏忽踏九州。

我書意造本無法，
點畫信手煩推求。
胡為議論獨見假，
隻字片紙皆藏收。
不減鍾張君自足，
下方羅趙我亦優。
不須臨池更苦學，
完取絹素充衾裯。

——宋·蘇軾《石蒼舒醉墨堂》

顛張醉素兩禿翁，
追逐世好稱書工。
何曾夢見王與鍾，
妄自粉飾欺盲聾。
有如市娼抹青紅，
妖歌嫚舞眩兒童。
謝家夫人淡豐容，
蕭然自有林下風。
天門蕩蕩驚跳龍，
出林飛鳥一掃空。
為君草書續其終，
待我他日不匆匆。

——宋·蘇軾《題王逸少帖》

論畫以形似，
見與兒童鄰。
賦詩必此詩，
定非知詩人。
詩畫本一律，
天工與清新。
邊鸞雀寫生，
趙昌花傳神。
何如此二幅，
疏淡含精勻。
誰言一點紅，
解寄無邊春。

瘦竹如幽人，
幽花如處女。
低昂枝上雀，
搖蕩花間雨。
雙翎決將起，
衆葉紛自舉。
可憐採花蜂，
清蜜寄兩股。
若人富天巧，
春色入毫楮。
懸知君能詩，

寄聲求妙語。

——宋·蘇軾《書鄢陵王主
簿所畫折枝二首》

山蒼蒼，水茫茫，
大孤小孤江中央。
崖崩路絕猿鳥去，
惟有喬木攙天長。
客舟何處來？
棹歌中流聲抑揚。
沙平風軟望不到，
孤山久與船低昂。
峨峨兩烟鬟，
曉鏡開新妝。
舟中賈客莫謾狂，
"小姑"前年嫁"彭郎"。

——宋·蘇軾《李思訓畫〈長
江絕島圖〉》

何處訪吳畫？
普門與開元。
開元有東塔，
摩詰留手痕。
吾觀畫品中，
莫如二子尊。

道子實雄放，
浩如海波翻。
當其下手風雨快，
筆所未到氣已吞。
亭亭雙林間，
彩暈扶桑暾。
中有至人談寂滅，
悟者悲涕迷者手自捫。
蠻君鬼伯千萬萬，
相排競進頭如黿。
摩詰本詩老，
佩芷襲芳蓀。
今觀此壁畫，
亦若其詩清且敦。
祇園弟子盡鶴骨，
心如死灰不復溫。
門前兩叢竹，
雪節貫霜根。
交柯亂葉動無數，
一一皆可尋其源。
吳生雖妙絕，
猶似畫工論。
摩詰得之于象外，
有如仙翮謝籠樊。

吾觀二子皆神俊，
又于維也斂衽無間言。
——宋·蘇軾《王維、吳道子
畫》

朱樓矯首臨八荒，
綠酒一舉累百觴。
洗我堆阜崢嶸之胸次，
寫為淋灕放縱之詞章。
墨翻初若鬼神怒，
字瘦忽作蛟螭僵。
寶刀出匣揮雪刃，
大舸破浪馳風檣。
紙窮擲筆霹靂響，
婦女驚走兒童藏。
往時草檄喻西域，
颯颯聲動中書堂。
一收朝跡忽十載，
西驚三巴窮夜郎。
山川荒絕風俗異，
賴有美酒猶能狂。
醉中自脫頭上幘，
綠髮未許侵微霜。
人生得喪良細事，
孰謂老大多悲傷。

——宋·陸游《醉後草書歌
詩戲作》

磚瓦賤微物，
得厠筆墨間。
于物用有宜，
不計醜與妍。
金非不為寶，
玉豈不為堅。
用之以發墨，
不及瓦礫頑。
乃知物雖賤，
當用價難攀。
豈惟瓦礫爾，
用人從古難。

——宋·歐陽修《古瓦硯》

宿雲初散青山濕，
落紅繽紛溪水急。
桃花源裏得春多，
洞口春烟搖綠蘿。
綠蘿搖烟生絕壁，
飛泉淙下三千尺。
瑤草離離滿澗阿，
長松落落凌空碧。

雞鳴犬吠自成村，
居人至老不相識。
瀛州仙客知仙路，
點染丹青寄輕素。
何處有山如此圖？
移家欲向山中住。

——元·趙孟頫《桃源春曉圖》

黃葉江南何處村，
漁翁三兩坐槐根。
隔溪相就一烟棹，
老嫗具炊雙瓦盆。
霜前漁官未竭澤，
蟹中抱黃鯉肪白。
已烹甘瓠當晨餐，
更擷寒蔬共萑席。
垂竿何人無意來，
晚風落葉何琶琶。
了無得失動微念，
況有興亡生遠哀。
憶昔採芝有園綺，
猶被留侯迫之起。
莫將名姓落人間，
隨此橫圖捲秋水。

——元·虞集《題漁村圖》

書中渴筆如渴驥，
奮迅奔馳獷難制。
摩挲古繭千百餘，
羲獻帖中三四字。
長沙蓄意振孤蓬，
盡食腹腴留鯁刺。
神龍戲海見脊尾，
不獨鬱盤工遠勢。
巉岩絕壁掛藤枝，
驚狄落雲風雨至。
吾將此語叩墨王，
五指拏空鵬轉翅。
宣城棗穎不足存，
鐵腕由來自酣恣。

——明·李日華《渴筆頌》

灞陵傷別。

（六）詞

樂遊原上清秋節，
咸陽古道音塵絕。
音塵絕，
西風殘照，
漢家陵闕。

——唐·李白《憶秦娥》

遊人盡道江南好，
遊人只合江南老。
未老莫還鄉，
還鄉空斷腸。

綉屏金屈曲，
醉入花叢宿。
春水碧于天，
畫船聽雨眠。

——唐·李白《菩薩蠻》

簫聲咽，
秦娥夢斷秦樓月。
秦樓月，
年年柳色，

蝴蝶，
蝴蝶，
飛上金枝玉葉。
君前對舞春風，
百葉桃花樹紅。
紅樹，
紅樹，
燕語鶯啼日暮。

——唐·王建《調笑》

汴水流，
泗水流，
流到瓜洲古渡頭，
吳山點點愁。

思悠悠，

恨悠悠，
恨到歸時方始休。
月明人倚樓。
————唐·白居易《長相思》

花非花
霧非霧。
夜半來，
天明去。
來如春夢不多時，
去似朝雲無覓處。
————唐·白居易《花非花》

江南好，
風景舊曾諳：
日出江花紅勝火，
春來江水綠如藍，
能不憶江南？
————唐·白居易《憶江南》

斑竹枝，
斑竹枝，
淚痕點點寄相思。
楚客欲聽瑤瑟怨，
瀟湘深夜月明時。
————唐·劉禹錫《瀟湘神》

小山重叠金明滅，
鬢雲欲度香腮雪。
懶起畫蛾眉，
弄妝梳洗遲。

照花前後鏡，
花面交相映。
新帖綉羅襦，
雙雙金鷓鴣。
————唐·溫庭筠《菩薩蠻》

梳洗罷，
獨倚望江樓。
過盡千帆皆不是，
斜暉脈脈水悠悠，
腸斷白蘋洲！
————唐·溫庭筠《夢江南》

閑中好，
盡日松為侶。
此趣人不知，
輕風度僧語。
————唐·鄭符《閑中好》

西塞山前白鷺飛，

桃花流水鱖魚肥。
青箬笠，綠蓑衣，
斜風細雨不須歸。
————唐·張志和《漁父》

春花秋月何時了，
往事知多少？
小樓昨夜又東風，
故國不堪回首月明中。

雕欄玉砌應猶在，
只是朱顏改。
問君能有幾多愁？
恰似一江春水向東流。
————五代·李煜《虞美人》

簾外雨潺潺，
春意闌珊。
羅衾不耐五更寒。
夢裏不知身是客，
一晌貪歡。

獨自莫憑欄，
無限江山，
別時容易見時難。

流水落花春去也，
天上人間。
————五代·李煜《浪淘沙》

無言獨上西樓，
月如鈎。
寂寞梧桐深院、鎖清秋。

剪不斷，
理還亂，
是離愁，
別是一般滋味、在心頭。
————五代·李煜《相見歡》

冰肌玉骨清無汗，
水殿風來暗香滿。
繡簾一點月窺人，
欹枕釵橫雲鬢亂。

起來瓊戶啓無聲，
時見疏星渡河漢。
屈指西風幾時來？
只恐流年暗中換。
————五代·孟昶《玉樓春》

庭院深深深幾許？
楊柳堆烟，
簾幕無重數。
玉勒雕鞍遊冶處，
樓高不見章臺路。

雨橫風狂三月暮，
門掩黃昏，
無計留春住。
淚眼問花花不語，
亂紅飛過鞦韆去。
————五代‧馮延巳《蝶戀花》

蘋葉軟，
杏花明，
畫船輕。
雙浴鴛鴦出綠汀，
棹歌聲。

春水無風無浪，
春天半雨半晴。
紅粉相隨南浦晚，
幾含情。
————五代‧和凝《春光好》

嫩草如烟，
石榴花發海南天。
日暮江亭春影綠，
鴛鴦浴，
水遠山長看不足。
————五代‧歐陽炯《南鄉子》

畫舸停橈，
槿花籬外竹橫橋。
水上遊人沙上女，
回頭顧，
笑指芭蕉林裏住。
————五代‧歐陽炯《南鄉子》

人人盡說江南好，
遊人只合江南老。
春水碧于天，
畫船聽雨眠。

壚邊人似月，
皓腕凝霜雪。
未老莫還鄉，
還鄉須斷腸。
————五代‧韋莊《菩薩蠻》

登畫舸，
泛清波，
採蓮時唱採蓮歌。
攔棹聲齊羅袖斂，
池光颭，
驚起沙鷗八九點。

——五代·李珣《南鄉子》

一曲新詞酒一杯
去年天氣舊亭臺，
夕陽西下幾時回？

無可奈何花落去，
似曾相識燕歸來。
小園香徑獨徘徊。

——宋·晏殊《浣溪沙》

小徑紅稀，
芳郊綠遍，
高臺樹色陰陰見。
春風不解禁楊花，
濛濛亂撲行人面。

翠葉藏鶯，
珠簾隔燕，

爐香靜逐遊絲轉。
一場愁夢酒醒時，
斜陽却照深深院。

——宋·晏殊《踏莎行》

燕子來時新社，
梨花落後清明。
池上碧苔三四點，
葉底黃鸝一兩聲。
日長飛絮輕。

巧笑東鄰女伴，
採香徑裏逢迎。
疑怪昨宵春夢好，
元是今朝鬥草贏，
笑從雙臉生。

——宋·晏殊《破陣子》

群芳過後西湖好：
狼藉殘紅，
飛絮濛濛，
垂柳闌干盡日風。

笙歌散盡遊人去，
始覺春空。

垂下簾櫳，
雙燕歸來細雨中。
　　——宋·歐陽修《采桑子》

柳外輕雷池上雨，
雨聲滴碎荷聲。
小樓西角斷虹明，
闌干倚處，
待得月華生。

燕子飛來窺畫棟，
玉鈎垂下簾旌。
涼波不動簟紋平，
水精雙枕，
傍有墮釵橫。
　　——宋·歐陽修《臨江仙》

輕舟短棹西湖好：
淥水逶迤，
芳草長堤，
隱隱笙歌處處隨。

無風水面琉璃滑，
不覺船移。
微動漣漪，

驚起沙禽掠岸飛。
　　——宋·歐陽修《采桑子》

去年元夜時，
花市燈如晝。
月上柳梢頭，
人約黃昏後。

今年元夜時，
月與燈依舊。
不見去年人，
淚濕春衫袖。
　　——宋·歐陽修《生查子》

大江東去，
浪淘盡、千古風流人物，
故壘西邊，
人道是、三國周郎赤壁。
亂石崩雲，
驚濤裂岸，
捲起千堆雪。
江山如畫，
一時多少豪傑！

遙想公瑾當年，

小喬初嫁了，
雄姿英發，
羽扇綸巾，
談笑間、檣櫓灰飛烟滅。
故國神遊，
多情應笑我，
早生華髮。
人生如夢，
一樽還酹江月！

———宋·蘇軾《念奴嬌·赤壁
懷古》

明月幾時有，
把酒問青天，
不知天上宮闕，
今夕是何年。
我欲乘風歸去，
又恐瓊樓玉宇，
高處不勝寒。
起舞弄清影，
何似在人間！

轉朱閣，
低綺戶，
照無眠。

不應有恨，
何事長向別時圓？
人有悲歡離合，
月有陰晴圓缺，
此事古難全。
但願人長久，
千里共嬋娟。

———宋·蘇軾《水調歌頭》

春未老，
風細柳斜斜。
試上超然臺上看，
半壕春水一城花，
烟雨暗千家。

寒食後，
酒醒卻咨嗟。
休對故人思故國，
且將新火試新茶，
詩酒趁年華。

———宋·蘇軾《望江南》

林斷山明竹隱牆，
亂蟬衰草小池塘。
翻空白鳥時時見，

照水紅蕖細細香。

村舍外，古城旁，
杖藜徐步轉斜陽。
殷勤昨夜三更雨，
又得浮生一日涼。
　　——宋·蘇軾《鷓鴣天》

山下蘭芽短浸溪，
松間沙路淨無泥，
蕭蕭暮雨子規啼。

誰道人生無再少？
君看流水尚能西，
休將白髮唱黃鷄。
　　——宋·蘇軾《浣溪沙》

缺月掛疏桐，
漏斷人初靜。
誰見幽人獨往來？
縹緲孤鴻影。

驚起却回頭，
有恨無人省。
揀盡寒枝不肯棲，

寂寞沙洲冷。
　　——宋·蘇軾《卜算子》

湖山信是東南美，
一望彌千里。
使君能得幾回來？
便使樽前醉倒更徘徊。

沙河塘裏燈初上，
水調誰家唱？
夜闌風靜欲歸時，
惟有一江明月碧琉璃。
　　——宋·蘇軾《虞美人·有美
　　　　堂贈述古》

漁舟容易入深山，
仙家日日閑。
綺窗紗幌映朱顏，
相逢醉夢間。

松露冷，
海霞殷，
匆匆整棹還。
落花寂寂水潺潺，
重尋此路難。

——宋·司馬光《阮郎歸》

我住長江頭，
君住長江尾。
日日思君不見君，
共飲長江水。

此水幾時休？
此恨何時已？
只願君心似我心，
定不負相思意。
——宋·李之儀《卜算子》

庭院碧苔紅葉遍，
金菊開時，
已近登高宴。
日日露荷凋綠扇，
粉塘烟水澄如練。

試倚涼風醒酒面，
雁字來時，
恰向層樓見。
幾點護霜雲影轉，
誰家蘆管吹秋怨？
——宋·晏幾道《蝶戀花》

夢後樓臺高鎖，
酒醒簾幕低垂。
去年春恨却來時，
落花人獨立，
微雨燕雙飛。

記得小蘋初見，
兩重心字羅衣。
琵琶弦上説相思，
當時明月在，
曾照彩雲歸。
——宋·晏幾道《臨江仙》

銀河宛轉三千曲，
浴鳧飛鷺澄波綠。
何處望歸舟？
夕陽江上樓。

天憎梅浪發，
故下封枝雪。
深院捲簾看，
應憐江上寒。
——宋·周邦彥《菩薩蠻》

東風夜放花千樹。

更吹落、星如雨。
寶馬雕車香滿路。
鳳簫聲動，
玉壺光轉，
一夜魚龍舞。

蛾兒雪柳黃金縷，
笑語盈盈暗香去。
衆裏尋他千百度，
驀然回首，
那人却在，
燈火闌珊處。
　　——宋·辛棄疾《青玉案·元夕》

何處望神州？
滿眼風光北固樓。
千古興亡多少事，
悠悠，
不盡長江滾滾流。

年少萬兜鍪，
坐斷東南戰未休。
天下英雄誰敵手？
曹劉，
生子當如孫仲謀。

　　——宋·辛棄疾《南鄉子·登
京口北固亭》

鬱孤臺下清江水，
中間多少行人淚！
西北望長安，
可憐無數山。

青山遮不住，
畢竟東流去。
江晚正愁余，
山深聞鷓鴣。
　　——宋·辛棄疾《菩薩蠻》

少年不識愁滋味，
愛上層樓。
愛上層樓，
為賦新詞強說愁。

而今識盡愁滋味，
欲說還休。
欲說還休，
却道天涼好個秋！
　　——宋·辛棄疾《醜奴兒》

陌上柔桑破嫩芽，

東鄰蠶種已生些。
平岡細草鳴黃犢，
斜日寒林點暮鴉。

山遠近，
路橫斜，
青旗沽酒有人家。
城中桃李愁風雨，
春在溪頭薺菜花。
——宋·辛棄疾《鷓鴣天》

明月別枝驚鵲，
清風半夜鳴蟬。
稻花香裏說豐年，
聽取蛙聲一片。

七八個星天外，
兩三點雨山前。
舊時茅店社林邊，
路轉溪橋忽見。
——宋·辛棄疾《西江月》

茅簷低小，
溪上青青草，
醉裏吳音相媚好，

白髮誰家翁媼？

大兒鋤豆溪東，
中兒正織鷄籠，
最喜小兒無賴，
溪頭臥剝蓮蓬。
——宋·辛棄疾《清平樂》

一輪秋影轉金波，
飛鏡又重磨。
把酒問姮娥，
被白髮，
欺人奈何！

乘風好去，
長空萬里，
直下看山河。
斫去桂婆娑，
人道是，
清光更多。
——宋·辛棄疾《太常引》

眉黛遠山長，
新柳開青眼。
樓閣斷霞明，

羅幕春寒淺。

杯嫌玉漏遲,
燭厭金刀剪。
月色忽飛來,
花影和簾捲。
　　——宋·秦觀《生查子》

漠漠輕寒上小樓,
曉陰無賴似窮秋,
淡烟流水畫屏幽。

自在飛花輕似夢,
無邊絲雨細如愁,
寶簾閑掛小銀鉤。
　　——宋·秦觀《浣溪沙》

纖雲弄巧,
飛星傳恨,
銀漢迢迢暗度。
金風玉露一相逢,
便勝卻人間無數。

柔情似水,
佳期如夢,

忍顧鵲橋歸路!
兩情若是久長時,
又豈在朝朝暮暮!
　　——宋·秦觀《鵲橋仙》

霧失樓臺,
月迷津渡,
桃源望斷無尋處。
可堪孤館閉春寒,
杜鵑聲裏斜陽暮。

驛寄梅花,
魚傳尺素,
砌成此恨無重數。
郴江幸自繞郴山,
為誰流下瀟湘去?
　　——宋·秦觀《踏莎行·郴州
　　　　旅舍》

春路雨添花,
花動一山春色。
行到小橋深處,
有黃鸝千百。

飛雲當面化龍蛇,

夭矯轉空碧。
醉臥古藤陰下，
了不知南北。
　　——宋·秦觀《好事近》

登臨送目。
正故國晚秋，
天氣初肅。
千里澄江似練，
翠峰如簇。
征帆去棹殘陽裏，
背西風、酒旗斜矗。
彩舟雲淡，
星河鷺起，
圖畫難足。

念往昔、繁華競逐。
嘆門外樓頭，
悲恨相續。
千古憑高對此，
謾嗟榮辱。
六朝舊事隨流水，
但寒烟、芳草凝綠。
至今商女，
時時猶唱，

後庭遺曲。
　　——宋·王安石《桂枝香》

去年春入芳菲國，
青蕊如梅終忍摘。
欄邊徒欲説相思，
綠臘密緘朱粉飾。

歸來故苑重尋覓，
花滿舊枝心更惜。
鴛鴦從小自相雙，
若不多情頭不白。
　　——宋·張先《木蘭花》

外湖蓮子長參差，
霽山青處鷗飛。
水天溶漾畫橈遲，
人影鑑中移。

桃葉淺聲雙唱，
杏紅深色輕衣。
小荷障面避斜暉，
分得翠陰歸。
　　——宋·張先《畫堂春》

春歸何處？
寂寞無行路。
若有人知春去處，
喚取歸來同住。

春無踪迹誰知？
除非問取黃鸝。
百囀無人能解，
因風飛過薔薇。

——宋·黃庭堅《清平樂》

中秋無雨，
醉送月銜西嶺去。
笑口須開，
幾度中秋見月來。

前年江外，
兒女傳杯兄弟會。
此夜登樓，
小謝清吟慰白頭。

——宋·黃庭堅《減字木蘭
花》

寒蟬淒切，
對長亭晚，

驟雨初歇。
都門帳飲無緒，
方留戀處，
蘭舟催發。
執手相看淚眼，
竟無語凝噎。
念去去、千里烟波，
暮靄沉沉楚天闊。

多情自古傷離別，
更那堪，冷落清秋節！
今宵酒醒何處？
楊柳岸、曉風殘月。
此去經年，
應是良辰好景虛設。
便縱有、千種風情，
更與何人説？

——宋·柳永《雨霖鈴》

東南形勝，
三吳都會，
錢塘自古繁華。
烟柳畫橋，
風簾翠幕，
參差十萬人家。

· 244 ·

雲樹繞堤沙，
怒濤捲霜雪，
天塹無涯。
市列珠璣，
戶盈羅綺，
競豪奢。

重湖叠巘清嘉，
有三秋桂子，
十里荷花。
羌管弄晴，
菱歌泛夜，
嬉嬉釣叟蓮娃。
千騎擁高牙。
乘醉聽簫鼓，
吟賞烟霞。
異日圖將好景，
歸去鳳池誇。

——宋·柳永《望海潮》

冰清霜潔，
昨夜梅花發。
甚處玉龍三弄？
聲搖動，
枝頭月。

夢絶，
金獸熱，
曉寒蘭燼滅。
要捲珠簾清賞，
且莫掃階前雪。

——宋·林逋《霜天曉角·
梅》

水是眼波橫，
山是眉峰聚，
欲問行人去哪邊？
眉眼盈盈處。

才始送春歸，
又送君歸去。
若到江南趕上春，
千萬和春住。

——宋·王觀《卜算子》

塞下秋來風景異，
衡陽雁去無留意。
四面邊聲連角起。
千嶂裏，
長烟落日孤城閉。

濁酒一杯家萬里，
燕然未勒歸無計。
羌管悠悠霜滿地。
人不寐，
將軍白髮征夫淚。
　　——宋·范仲淹《漁家傲》

長憶觀潮，
滿郭人爭江上望。
來疑滄海盡成空，
萬面鼓聲中。

弄潮兒向濤頭立，
手把紅旗旗不濕。
別來幾向夢中看，
夢覺尚心寒。
　　——宋·潘閬《酒泉子》

樓外垂楊千萬縷，
欲繫青春，
少住春還去。
猶自風前飄柳絮，
隨春且看歸何處？

綠滿山川聞杜宇，

便作無情，
莫也愁人苦。
把酒問春春不語，
黃昏却下瀟瀟雨。
　　——宋·朱淑貞《蝶戀花》

遲遲春日弄輕柔，
花徑暗香流。
清明過了，
不堪回首，
雲鎖朱樓。

午窗睡起鶯聲巧，
何處喚春愁？
綠楊影裏，
海棠亭畔，
紅杏梢頭。
　　——宋·朱淑貞《眼兒媚》

水月光中，
烟霞影裏，
湧出樓臺。
空外笙簫，
人間笑語，
身在蓬萊。

天香暗逐風迴，
正十里荷花盡開。
買個輕舟，
山南遊遍，
山北歸來。
————宋·趙汝愚《柳梢青》

紅藕香殘玉簟秋。
輕解羅裳，
獨上蘭舟。
雲中誰寄錦書來？
雁字回時，
月滿西樓。

花自飄零水自流。
一種相思，
兩處閑愁。
此情無計可消除，
才下眉頭，
却上心頭。
————宋·李清照《一剪梅》

薄霧濃雲愁永晝，
瑞腦銷金獸。
佳節又重陽，

玉枕紗厨，
半夜涼初透。

東籬把酒黃昏後，
有暗香盈袖。
莫道不銷魂，
簾捲西風，
人比黃花瘦。
————宋·李清照《醉花陰》

樓上晴天碧四垂，
樓前芳草接天涯。
勸君莫上最高梯。

新笋已成堂下竹，
落花都入燕巢泥。
忍聽林表杜鵑啼？
————宋·李清照《浣溪沙》

昨夜雨疏風驟，
濃睡不消殘酒。
試問捲簾人，
却道"海棠依舊"。
"知否？知否？
應是綠肥紅瘦。"

——宋·李清照《如夢令》

天接雲濤連曉霧，
星河欲轉千帆舞。
仿佛夢魂歸帝所，
聞天語，
殷勤問我歸何處？

我報路長嗟日暮，
學詩漫有驚人句。
九萬里風鵬正舉。
風休住，
蓬舟吹取三山去。

——宋·李清照《漁家傲》

風住塵香花已盡，
日晚倦梳頭。
物是人非事事休，
欲語淚先流。

聞説雙溪春尚好，
也擬泛輕舟。
只恐雙溪舴艋舟，
載不動許多愁。

——宋·李清照《武陵春》

午夢初回，
捲簾盡放春愁去。
晝長無侶，
自對黃鸝語。

絮影蘋香，
春在無人處。
移舟去。
未成新句，
一硯梨花雨

——宋·周密《點絳唇》

遊人絕，
綠陰滿野芳菲歇。
芳菲歇，
養蠶天氣，
採茶時節。

枝頭杜宇啼成血，
陌頭楊柳吹成雪。
吹成雪，
淡烟疏雨，
江南三月。

——宋·劉克莊《憶秦娥》

朝有時，
暮有時。
潮水猶知日兩回，
人生長別離。

來有時，
去有時。
燕子猶知社後歸，
君行無定期。
　　——宋·劉克莊《長相思》

茅簷人靜，
蓬窗燈暗，
春晚連江風雨。
林鶯巢燕總無聲，
但月夜、常啼杜宇。

催成清淚，
驚殘孤夢，
又揀深枝飛去。
故山猶自不堪聽，
況半世、飄然羈旅！
　　——宋·陸游《鵲橋仙》

驛外斷橋邊，

寂寞開無主，
已是黃昏獨自愁，
更著風和雨。

無意苦爭春，
一任群芳妒。
零落成泥輾作塵，
只有香如故。
　　——宋·陸游《卜算子》

紈扇嬋娟素月，
紗巾縹緲輕烟。
高槐葉長陰初合，
清潤雨餘天。

弄筆斜行小草，
鈎簾淺醉閑眠。
更無一點塵埃到，
枕上聽新蟬。
　　——宋·陸游《烏夜啼》

怒髮冲冠，
憑欄處，
瀟瀟雨歇。
抬望眼，

仰天長嘯，
壯懷激烈。
三十功名塵與土，
八千里路雲和月。
莫等閑、白了少年頭，
空悲切。

靖康恥，
猶未雪。
臣子恨，
何時滅？
駕長車踏破，
賀蘭山缺。
壯志饑餐胡虜肉，
笑談渴飲匈奴血。
待從頭、收拾舊山河，
朝天闕。

——宋·岳飛《滿江紅》

憶昔午橋橋上飲，
坐中都是豪英。
長溝流月去無聲。
杏花疏影裏，
吹笛到天明。

二十餘年如一夢，
此身雖在堪驚。
閑登小閣眺新晴。
古今多少事，
漁唱起三更。

——宋·陳與義《臨江仙》

東風蕩颺輕雲縷，
時送蕭蕭雨。
水邊臺榭燕新歸，
一口香泥、濕帶落花飛。

海棠糝徑鋪香繡，
依舊成春瘦。
黃昏庭院柳啼鴉，
記得那人、和月折梨花。

——宋·陳亮《虞美人》

晚晴風歇，
一夜春威折。
脈脈花疏天淡，
雲來去，
數枝雪。

勝絕，

愁亦絕。
此情誰共說？
惟有兩行低雁，
知人倚，
畫樓月。

——宋·范成大《霜天曉角》

問訊湖邊春色，
重來又是三年。
東風吹我過湖船，
楊柳絲絲拂面。

世路如今已慣，
此心到處悠然。
寒光亭下水如天，
飛起沙鷗一片。

——宋·張孝祥《西江月》

十里青山溯碧流，
夕陽沙晚片帆收。
重重煙樹出層樓。

人去人歸芳草渡，
鷗飛鷗沒白蘋洲。
碧桐翠竹記曾遊。

——宋·吳儆《浣溪沙》

東城漸覺風光好，
縠皺波紋迎客棹。
綠楊煙外曉寒輕，
紅杏枝頭春意鬧。

浮生長恨歡娛少，
肯愛千金輕一笑。
為君持酒勸斜陽，
且向花間留晚照。

——宋·宋祁《玉樓春》

平波不盡蒹葭遠，
清霜半落沙痕淺。
煙樹晚微茫，
孤鴻下夕陽。

梅花消息近，
試向南枝問。
記得水邊春，
江南別後人。

——宋·葉夢得《菩薩蠻》

簷漏滴，

都是春歸消息。
帶雨牡丹無氣力，
黃鸝愁雨濕。

爭看洛陽春色，
忘却連天草碧。
南浦綠波雙槳急，
沙頭人佇立。
　　——宋·汪莘《謁金門》

衰草蛩吟咽，
暗柳螢飛滅。
空庭雨過，
西風緊，
飄黃葉，
捲書帷寂靜，
對此傷離別，
重感嘆，
中秋數日又圓月。

沙觜檣竿上，
淮水闊。
有飛鳧客，
詞珠玉，
氣冰雪。

且莫教皓月，
照影驚華髮。
問幾時，
清樽夜景共佳節？
　　——宋·晁補之《古陽關》

梅子初青春已暮。
芳草連雲，
綠遍西池路。
小院繡簾纔半舉，
銜泥紫燕雙飛去。

人在赤欄橋畔住。
不解傷心，
還解相思否？
清夢欲尋猶間阻，
紗窗一夜蕭蕭雨。
　　——宋·張震《蝶戀花》

曉朦朧，
前溪百鳥啼匆匆。
啼匆匆，
凌波人去，
拜月樓空。

舊年今日東門東，
鮮妝輝映桃花紅。
桃花紅，
吹開吹落，
一任東風。
——宋·賀鑄《憶秦娥》

凌波不過橫塘路。
但目送、芳塵去。
錦瑟華年誰與度？
月橋花院，
瑣窗朱戶，
惟有春知處。

飛雲冉冉蘅皋暮，
彩筆新題斷腸句。
試問閑愁都幾許？
一川烟草，
滿城風絮，
梅子黃時雨。
——宋·賀鑄《青玉案》

滿地落紅初過雨。
綠樹成陰，
紫燕風前舞。

烟草低迷縈小路，
晝長人靜扃朱戶。
沉水香銷新剪苧，
攲枕矇朧，
花底聞鶯語。
春夢又還隨柳絮，
等閑飛過東牆去。
——宋·吳禮之《蝶戀花》

絲絲楊柳絲絲雨，
春在溟濛處。
樓兒忒小不藏愁。
幾度和雲飛去覓歸舟。

天憐客子鄉關遠，
借與花消遣。
海棠紅近綠闌干，
纔捲朱簾卻又晚風寒。
——宋·蔣捷《虞美人》

雨洗溪光淨，
風掀柳帶斜。
畫樓朱戶玉人家。
簾外一眉新月浸梨花。

金鴨香凝袖，
銅荷燭映紗。
鳳盤宮錦小屏遮，
夜靜寒生春笋理琵琶。
　　——宋·謝逸《南歌子》

空濛玉華曉，
瀟灑石淙秋。
嵩高大有佳處，
元在玉溪頭。
翠壁丹崖千丈，
古木寒藤兩岸，
村落帶林丘。
今日好風色，
可以放吾舟。

百年來，
算惟有，
此翁遊。
山川邂逅佳客，
猿鳥亦相留。
父老雞豚鄉社，
兒女籃輿竹几，
來往亦風流。
萬事已華髮，

吾道付滄洲。
　　——金·元好問《水調歌頭》

醉裏春歸，
綠窗猶唱留春住。
問春何處？
花落鶯無語。

渺渺予懷，
漠漠烟中樹。
西樓暮，
一簾疏雨，
夢裏尋春去。
　　——金·元好問《點絳唇》

今古北邙山下路，
黃塵老盡英雄。
人生長恨水長東！
幽懷誰共語？
遠目送歸鴻。

蓋世功名將底用？
從前錯怨天公。
浩歌一曲酒千鍾。
男兒行處是，

未要論窮通。
——金·元好問《臨江仙》

夜涼清露滴梧桐，
庭樹又西風。
熏籠舊香猶在，
曉帳暖芙蓉。

雲淡薄，
月朦朧，
小簾櫳。
江湖殘夢，
半在南樓畫角聲中。
——金·王庭筠《訴衷情》

林樾人家急暮砧，
夕陽人影入江深。
倚欄疏快北風襟。

雨自北山明處黑，
雲從白鳥去邊陰。
幾多秋思亂鄉心！
——金·王礀《浣溪沙》

詩句一春渾漫賦，

紛紛紅紫俱塵土。
樓外垂楊千萬縷，
風落絮，
闌干倚遍空無語。

畢竟春歸何處所？
樹頭樹底無尋處。
惟有閑愁將不去，
依舊住，
伴人直到黃昏雨。
——金·段克己《漁家傲》

清溪一葉舟，
芙蓉兩岸秋。
採菱誰家女？
歌聲起暮鷗。
亂雲愁。
滿頭風雨，
帶荷葉歸去休。
——元·趙孟頫《後庭花破子》

潮生潮落何時了？
斷送行人老！
消沉萬古意無窮，
盡在長空淡淡鳥飛中。

· 255 ·

海門幾點青山小，
望極烟波渺。
何當駕我以長風？
便欲乘桴浮到日華東。

——元·趙孟頫《虞美人》

窗前翠影濕芭蕉，
雨瀟瀟，
思無聊。
夢入鄉園，
山水碧迢迢。
依舊當年行樂地，
香徑杳，
綠苔饒。

沉香火底坐吹簫。
憶嬌嬈，
想風標。
同步芙蓉花畔赤欄橋。
漁唱一聲驚夢斷，
無處覓，
不堪招。

——元·倪瓚《江城子》

一江秋水淡寒烟，

水影明如練。
眼底離愁數行雁，
寫晴天。

綠蘋紅蓼參差見。
吳歌蕩槳，
一聲哀怨，
驚起白鷗眠。

——元·倪瓚《小桃紅》

枯藤老樹昏鴉，
小橋流水人家，
古道西風瘦馬。
夕陽西下，
斷腸人在天涯。

——元·馬致遠《天淨沙》

花如雪，
東風夜埽蘇堤月。
蘇堤月，
香銷南國，
幾回圓缺？

錢塘江上潮聲歇，
江邊楊柳誰攀折？

誰攀折？
西陵渡口，
古今離別。
　　——元·王蒙《憶秦娥》

遙想山堂數樹梅，
凌寒玉蕊發南枝。
山月照，
曉風吹，
只為清香苦欲歸。
　　——元·管道昇《漁父詞》

短夢驚回，
北窗一陣芭蕉雨。
雨聲還住，
斜日明高樹。

起望行雲，
送雨前山去。
山如霧，
斷虹猶怒，
直入山深處。
　　——元·劉敏中《點絳唇》

秋風裊裊白雲飛，

人在平湖醉，
雲影湖光淡無際，
錦屏圍。

故人遠在千山外，
百年心事，
一樽濁酒，
長使此心違。
　　——元·王惲《平湖樂》

採蓮人語隔秋烟，
波靜如橫練。
入手風光莫流轉，
共留連。

畫船一笑春風面。
江山信美，
終非吾土，
問何日是歸年？
　　——元·王惲《平湖樂》

誰道鵝兒黃似酒？
對酒新鵝，
得似垂絲柳？
鉛粉泥金初染就，

年年春雪消時候。
一縷柔情能斷否？
雨重烟輕，
無力縈窗牖。
試看溪南陰十畝，
落花都聚紅雲阜。
————元·張雨《蝶戀花》

斜陽一抹，
青山數點，
萬里澄江如練。
東風吹落櫓聲遙，
又喚起寒雲片片。

殘鴉古渡，
瘦驢村店，
漸覺樓頭人遠。
桃花流水小橋東，
是哪個柴門半掩？
————元·滕賓《鵲橋仙》

紅葉村西日影餘，
黃蘆灘畔月痕初。
輕撥棹，
且歸與，

掛起漁竿不釣魚。
————元·吳鎮《漁父詞》

銅壺更漏殘，
紅妝春夢闌。
江上花無語，
天涯人未還。
倚樓閑，
月明千里，
隔江何處山？
————元·邵亨貞《後庭花》

憑畫欄，
雨洗秋濃人淡。
隔水殘霞明冉冉，
小山三四點。

艇子幾時同泛？
待折荷花臨鑒。
日日綠盤疏粉艷，
西風無處減。
————清·厲鶚《謁金門》

三 楹聯編

（一）古今名人聯

五　代

新年納餘慶
嘉節號長春
——孟昶

三千里外一條水
十二時中兩度潮
——契盈

宋　代

雪竹垂寒翠
風梅落晚春
——林逋

宿雨松篁色
新晴燕雀聲
——范成大

暖日黃金柳
光風白玉梅
——范成大

老鶴雲間意
長松雪外姿
——楊萬里

清霜紅碧樹
白露紫黃花
——楊萬里

日長鶯語久
風定絮飛低
——陸游

柳色新如染

梅花香滿村
——陸游

梅殘香更遠
草動綠初勻
——陸游

雪晴天淺碧
春動柳輕黃
——陸游

人靜魚自躍
風定荷更香
——陸游

飛花點書冊
蝶戲遊几研
——陸游

曉晴千樹綠
新雨半池渾
——徐璣

柳密鶯無影
泥新燕有痕
——徐璣

鶯啼聲出樹
花落片隨波
——趙師秀

林下有清福
塵中無悟人
——薛嵎

佩韋遵考訓
晦木謹師傳
——朱熹

學博才兼裕
心平氣自溫
——張鎡

人事有憂樂
山光無古今
——司馬光

花香高閣近
書涼小樓深
——文昭

臨事知閑貴
澄心覺道尊
——魏野

葉新林換綠
花落地生香
　　——真山民

芳草垂柳地
和風麗日天
　　——許月卿

風竹有聲畫
石泉無操琴
　　——真山民

靜賞興無盡
劇談歡有餘
　　——文彥博

山靜竹生韵
池清蘭自香
　　——李彌遜

日月兩輪天地眼
詩書萬卷聖賢心
　　——朱熹

雲開千里月
風動一天星
　　——張斛

碧澗生潮朝至暮
青山如畫古猶今
　　——朱熹

花明千嶂曉
雲暖一山春
　　——王銍

小留詩客三杯酒
試看山園幾處花
　　——楊萬里

山雪銀屏曉
溪梅玉鏡春
　　——王銍

春回雨點溪聲裏
人醉梅花竹影中
　　——楊萬里

風撼梅花雨
霧籠楊柳烟
　　——戴石屏

雲開遠嶂碧千叠
雨過落花紅半溪
　　——真山民

烟波跌宕紅塵外
風月縱橫玉笛中
——黃庭堅

冷硯欲書先自凍
孤燈何事獨成花
——蘇軾

展開風月添詩料
裝點江山歸畫圖
——李彌遜

山臨古畫開當戶
蝸學新書篆滿牆
——李彌遜

水底日為天上日
眼中人是面前人
——楊大年

靜中見得天機妙
閑裏回觀世路難
——戴石屏

露花倒影柳三變
桂子飄香張九成
——李清照

門前莫約頻來客
座上同觀未見書
——樓鑰

元　代

松篁團秀色
蘭蕙吐幽香
——黃庚

風暖柳仍綠
春晴花更濃
——柯九思

曆添新歲月
春滿舊山河
——葉顒

春麗山河壯
風清草木榮
——舒頔

雲生三秀草
風動萬年枝
——陳肅

紅樹霜江葉

黃蘆月岸花
——倪瓚

因山以崇德
觀水欲知源
——周砥

林深禽鳥樂
塵遠竹松清
——吳鎮

乳鹿依花臥
幽禽過竹啼
——王冕

晴嵐拂書幌
飛花浮茗碗
——王蒙

春明三壽草
雪映九英梅
——劉永之

墨菊清秋色
金蓮細雨香
——袁桷

光依東壁圖書府
心在西湖山水間
——楊瑀

古墨輕磨滿几香
硯池新浴照人光
——趙孟頫

柳陰分綠籠琴几
花片飛紅點硯池
——黃庚

詩篇陶寫清秋景
書册消磨白日閑
——黃庚

開門草色侵書幌
隔水松聲和玉簫
——倪瓚

溫火試香删舊譜
汲泉煮茶續遺經
——劉永之

江山如畫知豪傑
風月無私慰寂寥
——王冕

明 代

德從寬處積
福向儉中求
——王時敏

詩情秋水遠
畫意晚山明
——沈周

圃烟芝草秀
門雨杏花春
——沈周

得雨草皆滿
無風花自閑
——沈周

妍英弄芳意
柳色含春姿
——文徵明

土潤先滋草
梅晴薄試花
——文徵明

花殘鶯獨囀

草長燕交飛
——文徵明

雨氣露書濕
茶烟隔竹清
——文徵明

風雲三尺劍
花鳥一牀書
——左光斗

香階花影覆
芳樹鳥聲頻
——王九思

一泓春水疾
十里柳風和
——袁中道

書就松根讀
琴來石上談
——張羽

梧桐半階月
楊柳一簾風
——陳淳

人心如海水
世路有風波
——彭炳

義氣凌秋日
高懷亙海雲
——羅公叔

清濂源節儉
貪殘始華侈
——寧家琳

花落縱橫雨
鶯啼淡蕩春
——楊基

啼鳥雲山靜
落花溪水香
——徐賁

水暖知魚樂
林幽識蕙香
——王賓

綠垂烟外柳
紅綻雨中花
——謝復

鶴舞春池月
鶯啼碧樹風
——區大相

香霧浮高樹
祥雲麗碧空
——金幼孜

雨晴瓜蔓綠
風暖菜花香
——王紱

鐵肩擔道義
辣手著文章
——楊繼盛

墨池新水籠鵝帖
彩筆清風宿鳳枝
——沈周

取月用風無盡藏
傍花隨柳足閑心
——沈周

兩岸晚風黃鳥樹
一坡春水白鷗天
——高啓

千林映日鶯亂啼
萬樹圍春燕雙飛
————唐寅

日暖游魚蘋葉舞
烟藏語鳥柳條勻
————婁堅

清風有意難留我
明月無心自照人
————王夫之

充海闊天高之量
養先憂後樂之心
————任環

澗雪壓多松偃蹇
岩泉滴久石玲瓏
————史可法

鬥酒縱觀廿四史
爐香靜對十三經
————史可法

赤帝子斬蛇當道
紅孩兒騎馬過橋
————于謙

牛頭且喜生龍角
狗嘴何曾長象牙
————于謙

國朝謀略無雙士
翰苑文章第一家
————朱元璋

天為補貧偏與健
人因見懶誤稱高
————陳繼儒

霜松雪柏澗壑邊
紫芝玉樹階庭前
————文徵明

矮紙凝霜供小草
淺甌吹雪試新茶
————文徵明

筆硯更償閑裏債
茗熏聊結靜中緣
————文徵明

每聞善事心先喜
得見奇書手自抄
————祝允明

未必串關別名教
須知書户孕江心
　　——徐渭

春隨香草千年艷
人與梅花一樣清
　　——徐霞客

海無波濤,海瑞之功不
淺
林有梁棟,林潤之澤居
多
　　——高剛

史筆流芳,雖未成名終
可法
洪恩浩蕩,不能報國反
成仇
　　——黃石齋

少作書生,未見升堂入
室
老為廟祝,粗知掃地焚
香
　　——李贄

清　代

文章千古事
風雨十年人
　　——伊秉綬

官閑讀書樂
親健得天多
　　——伊秉綬

清詩宗韓柳
嘉酒集歐梅
　　——伊秉綬

翰墨因緣舊
烟雲供養宜
　　——伊秉綬

氣和春浩蕩
心靜夢舒長
　　——周昂

烟柳千家曉
風花百里春
　　——劉鐸

風鳴雲外鐘

鶴宿千年松
　　——楊衡

桃花一夜雨
春水數帆風
　　——張岡

靈石一千尺
天花百億年
　　——康有為

歲首百事忘
天晴萬花喜
　　——袁枚

柳岸鳴蟬急
荷風浴鳥輕
　　——朱彝尊

慷慨談世事
卓犖觀群書
　　——齊彥槐

燕見不將命
退習必有居
　　——何紹基

恪勤在朝夕
懷抱觀古今
　　——康有為

澄江靜如練
長嘯氣若蘭
　　——李世卓

老拳搏古道
兒口嚼新書
　　——金聖嘆

半夜二更半
中秋八月中
　　——金聖嘆

三絕詩書畫
一官歸去來
　　——鄭燮

室雅何須大
花香不在多
　　——鄭燮

鶯促花前句
鵝窺池上書
　　——張住

蝶來風有趣
人去月無聊
———趙仁叔

人行山翠裏
秋在水聲中
———趙甌北

畫中千嶂霽
詩裏一江秋
———吳學炯

有守惟從儉
無才更戒盈
———嵇璜

月白人千里
天青雁一行
———毛彬

人間歲月閑難得
天下知交老更親
———王文治

夜深風弄竹
人靜月當樓
———楊中訥

古迹雖陳猶在目
春風相遇不知年
———王文治

木葉千村雨
蘆花兩岸風
———俞佩

好書不厭看還讀
益友何妨去復來
———毛懷

花寒桐院雨
茶沸石泉雲
———廖景文

紅友猶分賢聖品
綠卿看長子孫枝
———鄧石如

蟲聲千葉雨
月氣一湖烟
———吳錫麒

不除庭草留生意
愛養盆魚識化機
———永瑆

精神到處文章老
學問深時意氣平
——石韞玉

身入兒童鬥草社
心如太古結繩時
——何紹基

月白風清其有意
斗量車載已無名
——許宗彥

遊者當知山所向
靜時猶有水能聽
——何紹基

芳草碧深春雨後
桃花紅到夕陽邊
——陳裏

壽如金石佳辰好
人與梅花淡結鄰
——曹秉鈞

秋風古道題詩瘦
落日平原縱馬豪
——劉可毅

種樹樂培佳子弟
擁書權拜小諸侯
——沈德潛

菊花潭裏人同壽
揚子江頭海不波
——阮元

水能性淡為吾友
竹解心虛是我師
——陳元龍

萬水地間終是一
諸山天外自為群
——何紹基

揀茶為款同心友
築室因藏善本書
——張廷濟

西山載酒雲生屐
南浦尋梅雪滿舟
——何紹基

碧露新滋三秀草
紫雲長護九如松
——張廷濟

爽借清風明借月
動觀流水靜觀山
——張維屏

立定腳跟樹起脊
展開眼界放平心
——姚元之

從來名士能評水
自古高僧愛鬥茶
——鄭燮

避席畏聞文字獄
著書只為稻粱謀
——龔自珍

汲來江水烹新茶
買盡青山當畫屏
——鄭燮

綠樹春暖欣魚出
翠帳風和見鶴翔
——徐義和

删繁就簡三秋樹
立異標新二月花
——鄭燮

九頂雲霞披霧出
三峨風雨過江來
——袁之秘

長空有月明兩岸
秋水不波行一舟
——林則徐

追摹古人得真趣
別出心意成一家
——鐵保

師友肯臨容膝地
兒孫莫負等身書
——林則徐

潑墨為山皆有意
看雲出岫本無心
——陶紹原

新雨客疏塵鎖几
故山秋淡樹藏樓
——趙之謙

天氣乍晴花滿樹
人家久住燕雙飛
——梁同書

清潭三尺竹如意
宴坐一枝松養和
　　——梁同書

勸子勿為官所腐
知君欲以詩相磨
　　——梁章鉅

奇松詭石天然淨
澗草山花自在芳
　　——弘曆

舊書細讀猶多味
佳客能來不費招
　　——黃鉞

暫借荊山棲彩鳳
聊將紫水活蛟龍
　　——馮雲山

時騫天風跨鸞鳳
或入碧海掣鯨魚
　　——康有為

欲除煩惱須無我
歷盡艱難好作人
　　——俞樾

前輩典型，秀才風味
華嵩品格，江海文章
　　——王文治

行而不捨，若驥千里
納無所窮，如海百川
　　——馮煦

東壁圖書，西園翰墨
南華秋水，北苑春山
　　——劉熙載

樵歌一曲，眾山皆雨
松雲滿耳，萬壑爭流
　　——李子仙

朗月照人，如鑒臨水
時雨潤物，自葉流根
　　——林則徐

海納百川，有容乃大
壁立千仞，無欲則剛
　　——林則徐

良魚在淵，小魚在渚
土治曰平，水治曰清
　　——趙之謙

蘭有群清,竹無一曲
山同人朗,水與情長
　　——翁同龢

守獨悟同,別微見顯
辭高居下,置易就難
　　——翁同龢

欺人如欺天,毋自欺也
負民即負國,何忍負之
　　——魏同恒

讀書好,耕田好,說好就
好
創業難,守成難,知難不
難
　　——吳敬梓

雨打沙灘,沉一渚陳一渚
風吹蠟燭,流半邊留半邊
　　——周漁璜

梅蕊未開,光棍先生白
骨
椒實既熟,夾殼長老黑
心

　　——周漁璜

染成綠萼初華,好覺
暗香入畫
偶得古人精冊,較勝
春月在庭
　　——王鑒

下筆千言,正桂子香時,
槐花黃後
出門一笑,看西湖月滿,
東浙潮來
　　——阮元

茶烟乍起,鶴夢未醒,
此中得少佳趣
高峰入雲,清流見底,
何處更着點塵
　　——朱彝尊

眼裏有餘閑,登山臨水
觴咏
身外無長物,布衣素食
琴書
　　——楊沂孫

上元不見月，點幾盞燈
為乾坤生色
驚蟄未聞雷，擊數聲鼓
代天地宣威
　　——吳太史

天命誅妖，殺盡群妖，
萬里河山歸化日
王赫斯怒，勃然一怒，
六軍介胄逞威風
　　——洪秀全

中天臺觀高寒，但見白
日悠悠，黃河滾滾
東京夢華銷盡，徒嘆城
廓猶是，人民已非
　　——康有為

巫山十二峰，雲重重，霧
靄靄，本院從天而降
洞庭八百里，波濤濤，浪
滾滾，宗師由何而來
　　——周漁璜

隔秋水一湖，看岸花送
客，檐燕留人，此境原非

異土
共明月千里，記夜醉長
沙，曉浮湘水，相逢好話
家山
　　——陶澍

近現代

浮舟滄海
立馬昆侖
　　——周恩來

願聞第一義
為洗千劫非
　　——嚴復

白眼觀天下
丹心報國家
　　——宋教仁

金石長不朽
丹青本無雙
　　——李瑞清

深山隱高士
盛世期新民

——劉少奇

三強韓趙魏
九章勾股弦
　　——華羅庚

天地乘龍臥
關山躍馬過
　　——陸維釗書

秀句滿江國
芳聲騰海隅
　　——沈尹默書

海釀千鍾酒
山栽萬仞葱
　　——陳毅

直聲滿天下
殊勳炳世間
　　——趙樸初

革命尚未成功
同志仍須努力
　　——孫中山

天漫人華風趣

地大物博妙心
　　——石魯

老舍老向鳳子
胡風胡考龍生
　　——茅盾

以教人者教己
在勞力上勞心
　　——陶行知

白馬秋風塞北
杏花春雨江南
　　——徐悲鴻書

種樹如培佳子弟
卜居恰對好湖山
　　——馬君武

萬山不隔中秋月
千年復見黃河清
　　——左宗棠

澗道餘寒歷冰雪
洞口經春長薜蘿
　　——左宗棠

安危他日終須仗
甘苦來時要共嘗
——孫中山

秋水為神玉為骨
詞源如海筆如椽
——黃興

夜雨長深三尺水
春風新上數枝藤
——蔡元培

此地之鳳毛麟角
其人如仙露明珠
——蔡鍔

雲龍搏浪飛三級
天馬行空載五華
——方志敏

立志不隨流俗轉
留心學到古人難
——葉恭綽

尊前訂就千秋業
堂下羅生十種花
——葉恭綽

我有鉗錘成利器
君由雕刻出神工
——齊白石

開圖草裏驚蛇亂
下筆階前掃葉忙
——齊白石

但得夕陽無限好
何須惆悵近黃昏
——朱自清

但哦松樹當今事
願與梅花結後緣
——楊度

絕交流俗因耽懶
出賣文章為買書
——郁達夫

兩三竿竹皆秋色
千萬叠山有雨容
——林紓

沙村白雪仍含凍
山縣紅梅已放春
——胡小石

海内共知徐孺子
前身應是九方皋
  ——章士釗

曾驚秋肅臨天下
敢遣春溫上筆端
  ——魯迅

注述六家胸有竹
立功萬里膽包身
  ——韓國鈞

橫眉冷對千夫指
俯首甘為孺子牛
  ——魯迅

澤色繪成新世界
東風吹遍舊山河
  ——郭沫若

英名蓋世三岔口
傑作驚人十字坡
  ——田漢

國有干城扶赤幟
民之喉舌發黃鐘
  ——郭沫若

星河層裏星河勝
日月樓中日月長
  ——豐子愷

胸藏萬匯憑吞吐
筆有千鈞任歙張
  ——郭沫若

平生慣惹千夫氣
兩手勤澆萬木春
  ——石魯

萬方春色情中注
千頃湖光筆端流
  ——郭沫若·于立群

每向空蒼追大雅
狂臚文獻耗中年
  ——齊燕銘

有關家國書常讀
無益身心事莫為
  ——徐特立

長嘯一聲，山鳴谷應
舉頭回顧，海闊天空
  ——范當世

楊柳樓臺，春風人面
蘭苕翡翠，初日從容
　　　——吳昌碩

刊石惟餘西漢文字
行歌好約高陽酒徒
　　　——吳昌碩

抗心希古，任其所尚
含豪命素，動必依真
　　　——葉恭綽

唇亡齒寒，輔車相依
披髮纓冠，眾志成城
　　　——劉少奇

室有尊彝，門無車馬
家食舊德，農服先疇
　　　——陸維釗書

杖國抗敵，古之遺直
鄉居問政，華夏有人
　　　——陳毅

世界大同，兼施博愛
人間郅治，選賢舉能
　　　——林散之

言行中和，用綏福佑
文史遊觀，以遣歲年
　　　——商承祚

人生得一知己足矣
斯世當以同懷視之
　　　——魯迅

和馬牛羊雞犬豕交朋友
對稻粱菽麥黍稷下工夫
　　　——陶行知

心有三愛奇書駿馬佳山
水
園栽四物青松翠竹白梅
蘭
　　　——方志敏

看西廂，有張孫杜斗法
普濟寺
讀紅樓，看寶黛釵調情
大觀園
　　　——陳毅

千載此樓，芳草晴川，曾
見仙人騎鶴去

卅年作客,黄沙遠塞,又
吟鄉思落梅中
　　——左宗棠

杏花疏雨,楊柳輕風,酒
興淘濃春色飽
沫水澄波,峨眉滴翠,仙
人風物此間多
　　——郭沫若

颯爽想英姿,北戰南征,
指揮若定回天地
光輝昭史册,經文緯武,
翰墨猶留樹典型
　　——梁伯言

（二）歷代詩句聯

漢　代

人生有新故
貴賤不相渝
　　——辛延年《羽林郎》

嘉會難再遇
歡樂殊未央
　　——無名氏《別詩》

青青河畔草
鬱鬱園中柳
　　——無名氏《古詩十九首》

三　國

月明星稀
烏鵲南飛
　　——曹操《短歌行》

白日曜青春
時雨靜飛塵
　　——曹植《侍太子坐》

驚風飄白日
光景馳西流
　　——曹植《箜篌引》

捐軀赴國難
視死忽如歸
　　——曹植《白馬篇》

君子交有義
不必常相從
　　——郭遐叔《贈嵇康五首》

泰山成砥礪
黃河為裳帶
　　——阮籍《咏懷》

神龜雖壽，猶有竟時
騰蛇乘霧，終為土灰
　　——曹操《龜雖壽》

老驥伏櫪，志在千里
烈士暮年，壯心不已
　　——曹操《龜雖壽》

晉　代

青松夾路生
白雲宿簷端
　　——陶淵明《擬古》

秋月揚明輝
冬嶺秀孤松
　　——陶淵明《四時》

靈鳳撫雲舞
神鸞調玉音
　　——陶淵明《讀山海經》

白日淪西阿
素月出東嶺
　　——陶淵明《雜詩二十首》

春水滿四澤
夏雲多奇峰
　　——陶淵明《四時》

春秋多佳日
登高賦新詩
　　——陶淵明《移居》

望雲慚高鳥
臨水愧游魚
　　——陶淵明《始作鎮軍參軍
　　經曲阿一首》

振衣千仞岡
濯足萬里流
　　——左思《咏史八首》

皎天舒白日
靈景耀神州
　　——左思《咏史詩》

朗月共衆星
日出擅其明
　　——傅玄《衆星詩》

志士惜日短
愁人知夜長
　　——傅玄《雜詩二首》

虎嘯深谷底
雞鳴高樹巔
　　——陸機《赴洛道中作》

騰雲似湧烟
密雨如散絲

——張協《雜詩十首》

六　朝

池塘生春草
園柳變鳴禽
　　——謝靈運《登池上樓》

野曠沙岸淨
天高秋月明
　　——謝靈運《初去郡》

春晚綠野秀
岩高白雲屯
　　——謝靈運《入彭蠡湖口》

流風乘軒捲
明月緣河飛
　　——謝莊《山夜憂》

日出衆鳥散
山暝孤猿吟
　　——謝朓《郡內高齋閒望答
　　　　呂法曾》

秋雲湛甘露
春風散芝草

——謝朓《永明樂》

餘霞散成綺
澄江靜如練
　　——謝朓《晚登三山還望京
　　　　邑》

江南佳麗地
金陵帝王州
　　——謝朓《鼓吹曲》

葉低知露密
崖斷識雲重
　　——謝朓《移病還園示親
　　　　屬》

月華川上動
風光草際浮
　　——謝朓《和徐都曹出新亭
　　　　渚》

餘雪映青山
寒霧開白日
　　——謝朓《高齋視事詩》

庭雪亂如花
井冰粲成玉

——謝朓《咏竹火籠》

喧鳥覆春洲
雜英滿房甸
　　——謝朓《晚登三山還望京
　　邑》

林斷山更續
洲盡江復開
　　——王融《江皋曲》

早霞麗初日
清風消薄霧
　　——何遜《晚發》

岸花臨水發
江燕繞牆飛
　　——何遜《贈諸舊遊》

少壯輕年月
遲暮惜光輝
　　——何遜《贈諸舊遊》

露濕寒塘草
月映清淮流
　　——何遜《與胡興安夜別》

蟬噪林逾靜
鳥鳴山更幽
　　——王籍《入若耶溪》

疏峰時吐月
密樹不開天
　　——吳均《登壽陽八公山》

照雪光偏冷
臨花色轉春
　　——庾肩吾《和徐主簿望
　　月》

水光懸蕩壁
山翠下添流
　　——庾肩吾《奉和春夜應
　　令》

澗底百重花
山根一片雨
　　——庾信《遊山》

山明疑有雪
岸白不關花
　　——庾信《舟中望月》

寒山微有雪

石路本無塵
　　——徐陵《山齋》

嫩竹猶含粉
初荷未聚塵
　　——徐陵《侍宴》

夜江霧裏闊
新月迥中明
　　——陰鏗《五洲夜發》

荷陰斜合翠
蓮影對分紅
　　——徐胐《夏詩》

舟如空裏泛
人似鏡中行
　　——釋惠標《咏水》

風動露滴瀝
月照影參差
　　——沈約《檐前竹》

隋　代

更移斗柄轉
夜久天河橫

　　——楊廣《月夜觀星詩》

寒鴉飛數點
流水繞孤村
　　——楊廣《秋題》

人歸落雁後
思發在花前
　　——薛道衡《人日思歸》

璧臺如始構
瓊樹似新栽
　　——王衡《玩雪》

桐枝覆玉檻
荷葉滿銀塘
　　——李德林《夏日詩》

芳草無行徑
空山正落花
　　——楊師道《還山宅》

澗滿新流濁
山沾積翠濃
　　——諸葛穎《賦得微雨從東
來應教》

唐　代

荷香銷晚夏
菊氣入新秋
　　——駱賓王《晚泊》

雪明書帳冷
水靜墨池寒
　　——駱賓王《冬日過故人任
　　　處士書齋》

明月隱高樹
長河沒曉天
　　——陳子昂《春夜別友人》

落葉飄蟬影
平流寫雁行
　　——上官儀《奉和秋日即目
　　　應制》

江濤出岸險，
峰礙入雲危。
　　——王勃《泥溪》

江曠春潮白
山長曉岫青
　　——王勃《早春野望》

江上風烟積
山幽雲霧多
　　——王勃《別人四首》

鳥飛林覺曙
魚戲水知春
　　——王勃《仲春郊外》

魚牀侵岸水
鳥路入山烟
　　——王勃《春日還郊》

雲間迷樹影
霧裏失峰形
　　——王勃《易陽早發》

葉齊山路狹
花積野壇深
　　——王勃《遊梵宇三覺寺》

雨去花光濕
風掃葉影疏
　　——王勃《郊興》

泉聲喧後澗
虹影照前橋
　　——王勃《上巳浮江宴韵得

遙宇》

野色籠寒霧
山光斂暮煙
　　——王勃《秋日別王長史》

繁鶯歌似曲
疏蝶舞成行
　　——王勃《對酒春園行》

山遠疑無樹
潮平似不流
　　——韋承慶《凌朝浮江旅
　　　　思》

風來花自舞
春入鳥能言
　　——宋之問《春日芙蓉園侍
　　　　宴應制》

飛花隨蝶舞
艷曲伴鶯嬌
　　——宋之問《春日芙蓉園侍
　　　　宴應制》

鳥歸沙有迹
帆過浪無痕

——宋之問《江亭晚望》

江靜潮初落
林昏瘴不開
　　——宋之問《題大庾嶺北
　　　　驛》

樓觀滄海日
門對浙江潮
　　——宋之問《靈隱寺》

雲霞出海曙
梅柳渡江春
　　——杜審言《和晉陵陸丞早
　　　　春遊望》

水作琴中聽
山疑畫裏看
　　——杜審言《經行嵐州》

淑氣催黃鳥
晴光轉綠蘋
　　——杜審言《和晉陵陸丞早
　　　　春遊望》

火樹銀花合
星橋鐵鎖開

——蘇味道《正月十五夜》

暗塵隨馬去
明月逐人來
　　——蘇味道《正月十五夜》

夕烟楊柳岸
春水木蘭橈
　　——崔融《吳中好風景》

客路青山下
行舟綠水前
　　——王灣《次北固山下》

潮平兩岸闊
風正一帆懸
　　——王灣《次北固山下》

大漠孤烟直
長河落日圓
　　——王維《使至塞上》

山中一夜雨
樹杪百重泉
　　——王維《送梓州李使君》

松風吹解帶

山月照彈琴
　　——王維《酬張少府》

日落江湖白
潮來天地青
　　——王維《送邢桂州》

白雲迴望合
青靄入看無
　　——王維《終南山》

竹喧歸浣女
蓮動下漁舟
　　——王維《山居秋暝》

江流天地外
山色有無中
　　——王維《漢江臨眺》

草枯鷹眼疾
雪盡馬蹄輕
　　——王維《觀獵》

隔牖風驚竹
開門雪滿山
　　——王維《冬晚對雪憶胡居
士家》

林藏初過雨
風退欲歸潮
　　——祖詠《過揚子津》

細烟生水上
圓月在舟中
　　——祖詠《過鄭曲》

海色晴看雨
江聲夜聽潮
　　——祖詠《江南旅情》

松覆山殿冷
花藏溪路遙
　　——綦母潛《題鶴林寺》

塔影掛清漢
鐘聲和白雲
　　——綦母潛《題靈隱寺山頂
　　院》

陰崖常抱雪
枯澗為生泉
　　——王昌齡《過薛明府謁聰
　　上人》

山光悅鳥性

潭影空人心
　　——常建《題破山寺後禪
　　院》

夜久潮侵岸
天寒月近城
　　——常建《泊舟盱眙》

寒潭映白月
秋雨上青苔
　　——劉長卿《遊休禪師雙峰
　　寺》

過雨看松色
隨山到水源
　　——劉長卿《尋南溪常道
　　士》

長江一帆遠
落日五湖春
　　——劉長卿《餞別王十一南
　　遊》

水迴青嶂合
雲度綠溪陰
　　——孟浩然《武陵泛舟》

水落魚梁淺
天寒夢澤深
　　——孟浩然《與諸子登峴山》

氣蒸雲夢澤
波撼岳陽城
　　——孟浩然《臨洞庭上張丞相》

野曠天低樹
江清月近人
　　——孟浩然《宿建德江》

微雲淡河漢
疏雨滴梧桐
　　——孟浩然《遊秘省》

人乘海上月
帆落湖中天
　　——李白《潯陽送弟昌峴郫陽司馬作》

月隨碧山轉
水合青天流
　　——李白《月夜江行寄崔員外宗之》

月下飛天鏡
雲生結海樓
　　——李白《渡荊門送別》

山隨平原盡
江入大荒流
　　——李白《渡荊門送別》

池花春映日
窗竹夜鳴秋
　　——李白《謝公亭》

天清江月白
心靜海鷗知
　　——李白《贈漢陽輔錄事二首》

天清遠峰出
水落寒沙空
　　——李白《峴山懷古》

天邊看淥水
海上見青山
　　——李白《廣陵贈別》

水從天漢落
山逼畫屏新

——李白《贈崔秋浦三首》

竹色溪下綠
荷花鏡裏香
　　——李白《別儲邕之剡中》

列障圖雲山
攢峰入霄漢
　　——李白《瑩禪師房觀山海
　　圖》

青冥倚天開
彩錯疑畫出
　　——李白《登峨嵋山》

蓬山振雄筆
繡服揮清詞
　　——李白《涇川送族弟錞》

落筆生綺綉
操刀振風雷
　　——李白《贈從孫義興宰
　　銘》

花暖青牛臥
松高白鶴眠
　　——李白《尋雍尊師隱居》

海雲迷驛道
江月隱鄉樓
　　——李白《寄淮南友人》

梨花千樹雪
楊葉萬條烟
　　——李白《送別》

藉草依流水
攀花贈遠人
　　——李白《江夏送張丞》

浮雲遊子意
落日故人情
　　——李白《送友人》

巨海一邊靜
長江萬里清
　　——李白《贈升州王使君忠
　　臣》

野竹分青靄
飛泉掛碧峰

——李白《訪戴天山道士不
遇》

啼鳥雲山靜
落花溪水香
——戴叔倫《雨》

日落群山陰
天秋百泉響
——韋應物《藍嶺精舍》

憩樹愛嵐嶺
聽禽悅朝暉
——韋應物《神靜師院》

浮雲一別後
流水十年間
——韋應物《淮上喜會梁州
故人》

看花行徑遠
聽鳥入林迷
——張謂《同諸公遊雲公禪
寺》

野渡花爭發
春塘水亂流

——李嘉祐《送王牧吉州謁
使君叔》

月下江流靜
荒村人語稀
——錢起《江行無題一百
首》

閑鷺棲常早
秋花落更遲
——錢起《谷口書齋寄楊補
闕》

千峰掛飛雨
百尺搖彩微
——錢起《登泰山半嚴遇
雨》

柳塘春水漫
花塢夕陽遲
——嚴維《酬劉員外見寄》

蓮界千嶂靜
梅天一雨清
——嚴維《奉和皇甫大夫夏
日遊華嚴寺》

風中何處鶴
石上幾年松
　　——顧況《寄江南鶴林寺石
　　冰上人》

暮潮江勢闊
秋雨雁行斜
　　——竇鞏《早秋江行》

風兼殘雪起
河帶斷冰流
　　——于良史《冬日野望》

掬水月在手
弄花香滿衣
　　——于良史《春山夜月》

水萍千葉散
風柳萬條斜
　　——張象甫《送李司直使
　　吳》

盤雲雙鶴下
隔水一蟬鳴
　　——李端《茂陵山行陪金部
　　韋員外》

蒲帆輕似葉
梅雨細如絲
　　——李端《送路司諫赴洪
　　州》

大漠沙如雪
燕山月似鈎
　　——李賀《馬詩》

古刹疏鐘度
遙嵐破月懸
　　——李賀《南園》

池晴龜出曝
松暝鶴飛回
　　——司空曙《經廢寶慶寺》

晚色霞千片
秋聲雁一行
　　——令狐楚《九日言懷》

入鏡鸞窺沼
行天馬度橋
　　——韓愈《春雪》

遠岫重疊出
寒花散亂開

——韓愈《獨釣四首》

晴雲如擘絮
新月似磨鐮
　　——韓愈《晚寄張十八助教
　　　周郎博士》

奔流疑激電
驚浪似浮霜
　　——韓愈《宿龍宮灘》

露排四岸草
風約半池萍
　　——韓愈《獨釣四首》

柳花閑度竹
菱葉故穿萍
　　——韓愈《閑遊二首》

寒樹鳥初動
霜橋人未行
　　——劉禹錫《途中早發》

宛轉鳥呈彩
婆娑鳳欲棲
　　——崔護《山雞舞石鏡》

日窺萬峰首
月見雙泉心
　　——孟郊《陪侍御遊城南山
　　　墅》

泉芳春氣碧
松月寒色青
　　——孟郊《遊石龍渦》

徵文北窗外
借月南樓中
　　——孟郊《夜集汝州郡齋陸
　　　僧辯彈琴》

夜月紅柑樹
秋風白藕花
　　——張籍《送從弟戴玄往蘇
　　　州》

乘舟向山寺
着屐到漁家
　　——張籍《送從弟戴玄往蘇
　　　州》

千里遠山碧
一條歸路長
　　——盧仝《送邵兵曹歸江南》

· 293 ·

駕浪沉西月
吞空接曙河
　　——元稹《洞庭湖》

飲馬魚驚水
穿花露滴衣
　　——元稹《早歸》

日沉紅有影
風定綠無波
　　——白居易《湖亭望水》

明催竹窗曉
寒退柳園春
　　——白居易《酬皇甫十早春
　　　對雪見贈》

有風催解纜
無月伴登樓
　　——白居易《西河雨夜送
　　　客》

鴨頭新綠水
雁齒小紅橋
　　——白居易《新春江次》

筆寫形難似

琴偷韵易迷
　　——白居易《題遺愛寺前溪
　　　松》

晴虹橋影出
秋雁櫓聲來
　　——白居易《河亭晴望》

淨落金塘水
明浮玉砌霜
　　——白居易《禁中月》

秋聲依樹色
月影在蒲根
　　——白居易《南池》

春變烟池色
晴添樹木光
　　——白居易《又和令公新開
　　　龍泉晉水二池》

醉耳歌催醒
愁眉笑引開
　　——白居易《醉中戲贈鄭使
　　　君》

曙傍窗間至

秋從簟上生
　　——白居易《夜坐》

初蟬數聲起
戲蝶一團飛
　　——李廓《夏日途中》

樓臺山色裏
楊柳水聲中
　　——顧非熊《經河中》

不雨山長潤
無雲水自陰
　　——張祜《題杭州孤山寺》

水花秋始發
風竹夏長清
　　——張祜《贈契衡上人》

鳥啼新果熟
花落故人稀
　　——張祜《晚夏歸別業》

白波舟不定
黃葉路難尋
　　——張祜《送外甥》

泉聲到池盡
山色上樓多
　　——張祜《題惠山寺》

狂波心上湧
驟雨筆前來
　　——張祜《投韓員外六韵》

獨樹雲中鶴
孤舟雪外人
　　——張祜《寄靈徹上人》

峽深明月夜
江靜碧雲天
　　——張祜《送楊秀才遊蜀》

鳥飛溪色裏
人語棹聲中
　　——朱慶餘《泛溪》

遠烟平似水
高樹暗如山
　　——雍陶《塞上宿野寺》

好樹鳴幽鳥
晴樓入野烟
　　——杜牧《睦州四韵》

夜雨滴鄉思
秋風從別情
　　——杜牧《送友人》

松風半夜雨
簾月滿堂霜
　　——杜牧《旅情》

暮靄生深樹
斜陽下小樓
　　——杜牧《題揚州禪智寺》

靜眠依翠竹
暖戲折高荷
　　——杜牧《鶒鵁》

暗淡遮山遠
空濛著柳多
　　——杜牧《江上雨寄崔碣》

蟬吟秋色樹
鴉噪夕陽沙
　　——杜牧《秋晚江上遣懷》

山色和雲暮
湖光共月秋

　　——許渾《酬報先上人登樓
　　　見寄》

雲捲四山雪
風凝千樹霜
　　——許渾《晨裝》

水寒澄殘石
潮落漲虛沙
　　——許渾《送客江行》

月移珠殿曉
風遞玉箏秋
　　——許渾《宿開元寺樓》

鳥急山初瞑
蟬稀樹正涼
　　——許渾《洛東蘭若夜歸》

倚檻花臨水
回舟月照山
　　——許渾《重遊鬱林寺道玄
　　　上人院》

林晚鳥爭樹
園春蝶護花
　　——許渾《下第寓居崇聖寺

感事》

高樹曉還密
遠山晴更多
　　——許渾《早秋三首》

共戲魚翻藻
爭棲鳥墜林
　　——許渾《溪亭》

遠山晴帶雪
寒水晚多風
　　——許渾《洛中遊眺貽同
　　志》

薄烟楊柳路
微雨杏花村
　　——許渾《下第歸蒲城墅
　　居》

潮平秋水闊
雲斂暮山多
　　——許渾《趙慈松寺移宴》

避雨松楓岸
看雲楊柳津
　　——許渾《送客南歸有懷》

小幌風烟入
高窗霧雨通
　　——李商隱《寓日》

有田皆種玉
無樹不開花
　　——李商隱《喜雪》

獨夜三更月
空庭一樹花
　　——李商隱《寒食行次冷泉
　　驛》

天意憐幽草
人間重晚晴
　　——李商隱《晚晴》

虹收青嶂雨
鳥没夕陽天
　　——李商隱《河清與趙氏昆
　　季宴集得擬杜工部》

夜深斜舫月
風定一池星
　　——劉得仁《宿宣義里池
　　亭》

露滴青楓樹
山空明月天
　　——馬戴《巴江夜猿》

千峰隨雨暗
一徑入雲斜
　　——溫庭筠《題盧處士山
　　　　居》

古樹芳菲盡
扁舟離恨多
　　——溫庭筠《神女廟》

鷄聲茅店月
人迹板橋霜
　　——溫庭筠《商山早行》

樹凋窗有日
池滿水無聲
　　——溫庭筠《早秋山居》

柳佔三春色
鶯偷百鳥聲
　　——溫庭筠《太子山池》

曉峰眉上色
春水臉前波

　　——溫庭筠《巫山神女廟》

月潭雲影斷
山葉雨聲齊
　　——薛能《贈隱者》

竹葉一樽酒
荷香四座風
　　——劉威《早秋遊湖上亭》

片雲盤鶴影
孤磬雜松聲
　　——李群玉《遊玉芝觀》

沙雨潮痕細
林風月影稠
　　——李群玉《旅泊》

晴山低畫浦
斜雁遠書天
　　——李群玉《九日陪崔大夫
　　　　宴清河亭》

錦洞桃花遠
青山竹葉深
　　——李群玉《送秦煉師》

島嶼夏雲起
汀洲芳草深
——賈島《憶吳處士》

鳥宿池邊樹
僧敲月下門
——賈島《題李凝幽居》

獨行潭底影
數息樹邊身
——賈島《送無可上人》

落葉和雲掃
秋山共月登
——李頻《山居》

窗中聊取筆
架上獨留書
——李頻《尋華陽隱者》

露滴從添硯
蟬吟便送懷
——李頻《留題姚氏山齋》

浮雲橫暮色
新雨洗韶光
——李昌符《贈春遊侶》

破月銜高岳
流星拂曉空
——李昌符《行思》

曙分林影外
春盡雨聲中
——李昌符《旅遊傷春》

晚木蟬相應
涼天雁並飛
——張喬《遊少華山甘露寺》

風來花落帽
雲過雨沾衣
——李山甫《春日商山道中作》

月明千嶠雪
灘急五更風
——李咸用《贈來進士鵬》

雲低春雨後
風細暮鐘時
——李咸用《送進士劉松》

松聲寒後遠

潭色雨餘新
　　——李咸用《贈山僧》

徑柳拂雲綠
山櫻帶雪紅
　　——李咸用《題王氏山居》

滿湖風撼月
半日雨藏春
　　——方干《湖上言事寄長城
　　　　喻明府》

遠山橫落日
歸鳥度平川
　　——杜荀鶴《秋夜晚泊》

風暖鳥聲碎
日高花影重
　　——杜荀鶴《春宮怨》

鮮斑題字壁
花發帶巢枝
　　——杜荀鶴《經廢宅》

端簡爐香裏
濡毫洞案邊
　　——鄭谷《寄左省章起居序》

紗碧籠名畫
燈寒照淨禪
　　——鄭谷《信美寺岑上人》

山色四時碧
溪聲七里清
　　——王貞白《題嚴陵釣臺》

香中別有韵
清極不知寒
　　——崔道融《梅花》

葉映黃鸝夕
花繁白雪朝
　　——劉方平《折楊枝》

山虛風落石
樓靜月侵門
　　——杜甫《西閣夜》

文章千古事
得失寸心知
　　——杜甫《偶題》

雲掩初弦月
香傳小樹花
　　——杜甫《遣意二首》

水深魚極樂
林茂鳥知歸
　　——杜甫《秋野》

古牆猶竹色
虛閣自松聲
　　——杜甫《滕王亭子》

石欄斜點筆
桐葉坐題詩
　　——杜甫《重過何氏》

紅入桃花嫩
青歸柳葉新
　　——杜甫《奉酬李都督表丈
　　　　早春作》

地與山根裂
江從月裏來
　　——杜甫《瞿唐懷古》

遠鷗浮水靜
輕燕受風斜
　　——杜甫《春歸》

捲簾唯白水
隱几亦青山

　　——杜甫《悶》

天上秋期近
人間月影清
　　——杜甫《月》

遲日江山麗
春風花草香
　　——杜甫《絕句》

泥融飛燕子
沙暖睡鴛鴦
　　——杜甫《絕句》

細動迎風燕
輕搖逐浪鷗
　　——杜甫《江漲》

野徑雲俱黑
江船火獨明
　　——杜甫《春夜喜雨》

野潤烟光薄
沙暄日色遲
　　——杜甫《後遊》

種竹交加翠

栽桃爛漫紅
——杜甫《春日江村》

美花多映竹
好鳥不歸山
——杜甫《奉陪鄭駙馬韋
曲》

星臨萬户動
月傍九霄多
——杜甫《春宿左省》

星垂平野闊
月湧大江流
——杜甫《旅夜書懷》

飛星過水白
落月動沙虛
——杜甫《中宵》

徑石相縈帶
川雲自去留
——杜甫《遊修覺寺》

徑隱千重石
帆留一片雲
——杜甫《秋野五首》

薄雲岩際宿
孤月浪中翻
——杜甫《宿江邊閣》

綠垂風折笋
紅綻雨肥梅
——杜甫《陪鄭廣文遊何將
軍山林》

暗飛螢自照
水宿鳥相呼
——杜甫《倦夜》

碧知湖外草
紅見東海雲
——杜甫《晴二首》

細雨魚兒出
微風燕子斜
——杜甫《水檻遣心》

亂雲低薄暮
急雪舞迴風
——杜甫《對雪》

磊落星月高
蒼茫雲霧浮

——杜甫《發秦州》

露從今夜白
月是故鄉明
　　——杜甫《月夜憶舍弟》

人疑天上坐
魚似鏡中懸
　　——沈佺期《釣竿篇》

山月臨窗近
天河入戶低
　　——沈佺期《夜宿七盤嶺》

旭日銜青嶂
晴雲洗綠潭
　　——寒山《詩》

樂山登萬仞
愛水泛千舟
　　——寒山《詩》

弄日鶯狂語
迎風蝶倒飛
　　——姚合《遊春》

酒熟聽琴韵

詩成削樹題
　　——姚合《過楊處士幽居》

雲間五色滿
霞際九光披
　　——李嶠《日》

靜與霞相近
閑將鶴最親
　　——李中《雲》

花霧生玉井
霓裳畫列仙
　　——儲光羲《至嵩陽觀觀即
　　　　天皇故宅》

萬頃湖天碧
一星飛鷺白
　　——皮日休《秋江晚望》

畫壁餘鴻雁
紗窗宿斗牛
　　——孫逖《宿雲門寺閣》

天香夜染衣
國色朝酣酒
　　——李正封《牡丹》

滴瀝珠光滿
熒煌素彩寒
　　——戴察《月夜梧桐葉上見
　　寒露》

花影飛鶯去
歌聲度鳥來
　　——謝偃《踏歌詞》

隔簾春雨細
高枕曉鶯長
　　——柳中庸《幽院早春》

碧溪飛白鳥
紅旆映青林
　　——許棠《送龍州樊使君》

梨花千樹雪
楊柳萬條烟
　　——岑參《送楊子》

白日地中出
黃河天外來
　　——張蠙《登單于臺》

畫裏青鸞客
雲中碧玉簫

　　——鮑溶《東高峰》

日觀仙雲隨鳳輦
天門瑞雪照龍衣
　　——盧照鄰《登封大酺歌》

百丈遊絲爭繞樹
一群嬌鳥共啼花
　　——盧照鄰《長安古意》

得成比目何辭死
願作鴛鴦不羨仙
　　——盧照鄰《長安古意》

不知庭霰今朝落
疑是林花昨夜開
　　——宋之問《苑中遇雪應
　　制》

三條九陌麗城隈
萬戶千門平旦開
　　——駱賓王《帝京篇》

雨中草色綠堪染
水上桃花紅欲然
　　——王維《輞川別業》

月明松下房櫳靜
日出雲中雞犬喧
　　——王維《桃源行》

草色全經細雨濕
花枝欲動春風寒
　　——王維《酌酒與裴迪》

落花寂寂啼山鳥
楊柳青青渡水人
　　——王維《寒食汜上作》

漠漠水田飛白鷺
陰陰夏木囀黃鸝
　　——王維《積雨輞川作》

路旁時賣故侯瓜
門前學種先生柳
　　——王維《老將行》

日斜江上孤帆遠
草綠湖南萬里情
　　——劉長卿《贈別嚴士元》

平沙渺渺迷人遠
落日亭亭向客低
　　——劉長卿《登餘千縣城》

細雨濕衣看不見
閑花落地聽無聲
　　——劉長卿《別嚴士元》

欲并老容羞白髮
每看兒戲憶青春
　　——劉長卿《戲題贈二小
　　　　男》

芳樹無人花自落
春山一路鳥空啼
　　——李華《春行寄興》

三山半落青天外
二水中分白鷺洲
　　——李白《登金陵鳳凰臺》

靈心圓映三江月
彩質叠成五色雲
　　——李白《酬宇文少府兄贈
　　　　桃竹書簡》

城隅淥水明秋日
海上青山隔暮雲
　　——李白《別中都明府兄》

黃雲萬里動風聲

白波九道流雪山
　——李白《廬山謠寄盧侍御
　　虛舟》

春潮帶雨晚來急
野渡無人舟自橫
　——韋應物《滁州西澗》

即今江海一歸客
他日雲霄萬里人
　——高適《送桂陽孝廉》

風含翠篠娟娟靜
雨裛紅蕖冉冉香
　——杜甫《狂夫》

無邊落木蕭蕭下
不盡長江滾滾來
　——杜甫《登高》

自來自去梁上燕
相親相近水中鷗
　——杜甫《江村》

花徑不曾緣客掃
蓬門今始為君開
　——杜甫《客至》

魚吹細浪搖歌扇
燕蹴飛花落舞筵
　——杜甫《城西陂泛舟》

俱飛蛺蝶元相逐
并蒂芙蓉本自雙
　——杜甫《進艇》

穿花蛺蝶深深見
點水蜻蜓款款飛
　——杜甫《曲江》

香稻啄餘鸚鵡粒
碧梧棲老鳳凰枝
　——杜甫《秋興》

桃花細逐楊花落
黃鳥時兼白鳥飛
　——杜甫《曲江對酒》

雷聲忽送千峰雨
花氣渾如百合香
　——杜甫《即事》

藍水遠從千澗落
玉山高并兩峰寒
　——杜甫《九日藍田崔氏莊》

新松恨不高千尺
惡竹應須斬萬竿
　　——杜甫《將赴成都草堂途
　　中有作先寄嚴鄭公》

一片水光飛入户
千竿竹影亂登牆
　　——韓翃《張山人草堂會王
　　方士》

曉月暫飛千樹裏
秋河隔在數峰西
　　——韓翃《宿石邑山中》

燕知社日辭巢去
菊為重陽冒雨開
　　——皇甫冉《秋日東郊作》

水邊楊柳赤欄橋
洞裏仙人碧玉簫
　　——顧況《題葉道士山房》

橫空過雨千峰出
大野新霜萬葉枯
　　——耿湋《九日》

雙燕無機還拂掠

遊蜂多思正經營
　　——韓愈《戲題牡丹》

桂嶺瘴來雲似墨
洞庭春盡水如天
　　——柳宗元《別舍弟宗一》

驚風亂颭芙蓉水
密雨斜侵薜荔牆
　　——柳宗元《登柳州城樓寄
　　漳汀封連四州》

山圍故國周遭在
潮打空城寂寞回
　　——劉禹錫《石頭城》

遠山自澄終日綠
晴林長落過春花
　　——劉禹錫《魚腹江中》

芳林新葉催陳葉
流水前波讓後波
　　——劉禹錫《樂天見示傷微
　　之、敦詩、晦叔三君子，
　　皆有深分，因成是詩以
　　寄》

沉舟側畔千帆過
病樹前頭萬木春
　　——劉禹錫《酬樂天揚州初
　　逢席上見贈》

烟開鰲背千尋碧
日浴鯨波萬頃金
　　——劉禹錫《送源中丞充新
　　羅冊立使》

星河好夜聞清佩
雲雨歸時帶異香
　　——劉禹錫《巫山神女廟》

霜凝上界花開晚
月冷中天果熟遲
　　——劉禹錫《麻姑山》

樓中飲興因明月
江上詩情為晚霞
　　——劉禹錫《送蘄州李郎中
　　赴任》

曉來江氣連城白
雨後山光滿郭青
　　——張籍《寄和州劉使君》

曾經滄海難為水
除却巫山不是雲
　　——元稹《離思五首》

幾處早鶯爭暖樹
誰家新燕啄春泥
　　——白居易《錢塘湖春行》

萬丈赤幢潭底日
一條白練峽中天
　　——白居易《入峽次巴東》

風吹古木晴天雨
日照平沙夏夜霜
　　——白居易《江樓夕望招
　　客》

風翻白浪花千片
雁點青天字一行
　　——白居易《江樓晚眺》

竹霧曉籠銜嶺月
蘋風暖送過江春
　　——白居易《庾樓晚望》

松排山面千重翠
月點波心一顆珠

——白居易《春題湖上》

烟波淡蕩搖空碧
樓殿參差倚夕陽
——白居易《西湖晚歸》

雨滴篷聲青雀舫
浪搖花影白蓮池
——白居易《池上小宴問程
秀才》

松閣晴看山色近
石渠秋放水聲新
——白居易《宿裴相公興化
池亭》

草螢有耀終非火
荷露雖圓豈是珠
——白居易《放言五首》

鴛鴦蕩漾雙雙翅
楊柳交加萬萬條
——白居易《正月三日閒
行》

銀河沙漲三千里
梅嶺花排一萬株

——白居易《雪中即事答微
之》

半岩松暝時藏鶴
一枕秋聲夜聽泉
——牟融《題李昭訓山水》

半林殘葉迎霜落
三徑黃花近節開
——牟融《客中作》

青山遠隔紅塵路
碧殿深籠綠樹烟
——牟融《題東壁》

流水斷橋芳草路
淡烟疏雨落花天
——牟融《陳使君山莊》

高山流水琴三弄
明月清風酒一樽
——牟融《寫意》

鷗散白雲沉遠浦
花飛紅雨送殘春
——殷堯藩《襄口阻風》

鶯傳舊語嬌春日
花學嚴妝妒曉風
　　——章孝標《古行宮》

野船着岸入春草
水鳥帶波飛夕陽
　　——朱慶餘《南陽》

九重樹影連清漢
萬壽山光學翠華
　　——杜牧《長安雜題長句六
　　　首》

千秋釣艇歌明月
萬里沙鷗弄夕陽
　　——杜牧《西江懷古》

深秋簾幕千家雨
落日樓臺一笛風
　　——杜牧《題宣州開元寺水
　　　閣閣下宛溪夾溪居人》

橋橫落照虹堪畫
樹鎖千門鳥自還
　　——杜牧《洛陽長句二首》

門通碧樹開金鎖

樓對青山倚玉梯
　　——許渾《貴遊》

風捲暮沙和雪起
日融春水帶冰流
　　——許渾《別張秀才》

燈照水螢千點滅
棹驚灘雁一行斜
　　——許渾《別劉秀才》

花間酒氣春風暖
竹裏棋聲夜雨寒
　　——許渾《村舍》

兩岸曉霞千里草
半帆斜日一江風
　　——許渾《送杜秀才歸桂
　　　林》

寒雲曉散千峰雪
暖雨晴開一徑花
　　——許渾《贈鄭處士》

溪雲初起日沉閣
山雨欲來風滿樓
　　——許渾《咸陽城東樓》

天泉水暖龍吟細
露畹風多鳳舞遲
　　——李商隱《一片》

日向花間留返照
雲從城上結層陰
　　——李商隱《寫意》

蓮聳碧峰關路近
荷翻翠扇水堂虛
　　——李商隱《和劉評事永樂
　　閑居見寄》

星沉海底當窗見
雨過河源隔座看
　　——李商隱《碧城三首》

榆莢散來星斗轉
桂花尋去月輪移
　　——李商隱《一片》

殘星幾點雁橫塞
長笛一聲人倚樓
　　——趙嘏《長安晚秋》

鳥飛天外斜陽盡
人過橋心倒影來

　　——溫庭筠《河中陪帥遊
　　亭》

紅珠斗帳櫻桃熟
金尾屏風孔雀開
　　——溫庭筠《偶遊》

烟光似帶侵垂柳
露點如珠落卷荷
　　——溫庭筠《遊南塘寄知
　　音》

數叢沙草群鷗散
萬頃江田一鷺飛
　　——溫庭筠《利州南渡》

金風入樹千門夜
銀漢橫空萬象秋
　　——溫庭筠《七夕》

粉蝶團飛花轉影
彩鴛雙泳水生紋
　　——溫庭筠《博山》

綠楊陰裏千家月
紅藕香中萬點珠
　　——溫庭筠《寄盧生》

半浦夜歌聞蕩槳
一星幽火照叉魚
　　——李群玉《仙明洲口號》

池邊寫字師前輩
座右題銘律後生
　　——高駢《寄鄠杜李遂良處
　　　　士》

石墨一研為鳳尾
寒泉半勺是龍睛
　　——皮日休《以紫石硯寄魯
　　　　望兼酬見贈》

月朵暮開無絕艷
風莖時動有奇香
　　——陸龜蒙《重憶白菊》

好事盡從難處得
少年無向易中輕
　　——李咸用《送譚孝廉赴
　　　　舉》

窗殘夜月入何處
簾捲春風燕復來
　　——胡曾《獨不見》

當庭始覺春風貴
帶雨方知國色寒
　　——羅隱《牡丹》

曲檻柳濃鶯未老
小園花暖蝶初飛
　　——羅隱《寄前宣州竇常
　　　　侍》

芳草有情皆礙馬
好雲無處不遮樓
　　——羅隱《魏城逢故人》

蝴蝶夢中家萬里
杜鵑枝上月三更
　　——崔塗《春夕旅懷》

四時最好是三月
一去不還唯少年
　　——韓偓《三月》

細水流花歸別洞
斷雲含雨入孤村
　　——韓偓《春盡》

樹頭蜂抱花鬚落
池面魚吹柳絮行

——韓偓《殘春旅舍》

晴來喜鵲無窮語
雨後寒花特地香
　　——韓偓《秋深閑興》

與月交光呈瑞色
共花爭艷傍寒梅
　　——姚合《詠雪》

雷劈老松疑虎怒
雨沖陰洞覺龍腥
　　——殷文圭《九華賀雨吟》

深如綺色斜分閣
碎似花光散滿衣
　　——韓琮《霞》

就船買得魚偏美
踏雪沽來酒倍香
　　——杜荀鶴《冬末同友人泛
　　瀟湘》

自含秋露貞姿潔
不競春妖冶態穠
　　——李紳《重臺蓮》

有時三點兩點雨
到處十枝五枝花
　　——李山甫《寒食二首》

天上碧桃和露種
日邊紅杏倚雲栽
　　——高蟾《下第後上永崇高
　　侍郎》

初晴草蔓綠新笋
頻雨苔衣染舊牆
　　——錢起《避暑納涼》

古洞草深微有路
舊碑文滅不知年
　　——吳筠《題福唐觀》

秋風萬里芙蓉國
暮雨千家薜荔村
　　——譚用之《秋宿湘江》

牆頭雨細垂纖草
水面風迴聚落花
　　——張蠙《夏日題老將休
　　亭》

艷麗最宜新着雨

嬌嬈全在欲開時

    ——鄭谷《海棠》

五　代

松桂影中旌旆色

芰荷風裏管弦聲

    ——韋莊《漢州》

流水帶花穿巷陌

夕陽和樹入簾櫳

    ——韋莊《貴公子》

銀燭樹前長似晝

露桃花下不知秋

    ——韋莊《憶昔》

細雨夢回雞塞遠

小樓吹徹玉笙寒

    ——李璟《攤破浣溪沙》

青鳥不傳雲外信

丁香空結雨中愁

    ——李璟《攤破浣溪沙》

浪花有意千重雪

桃李無言一隊春

    ——李煜《漁父》

宋　代

有琴方是樂

無竹不成家

    ——王禹偁《閒居》

舉頭紅日近

回首白雲低

    ——寇準《華山》

人行春色裏

鶯語落花邊

    ——胡宿《山居》

月華開夜霧

風影碎池星

    ——胡宿《春晚郊野》

月波清浸夜

天幕冷垂秋

    ——胡宿《舟次江口》

寒潮平復落

幽鳥去還來

    ——胡宿《秦淮》

落日銜遥樹
晴虹畫半江
　　——胡宿《甘露寺》

松溪千蓋雨
茶圃一旗香
　　——余靖《遊水南寺》

西風酒旗市
細雨菊花天
　　——歐陽修《秋懷》

霞光晴散錦
雨氣晚成虹
　　——歐陽修《夕照》

月上柳梢頭
人約黃昏後
　　——歐陽修《生查子》

銀塘通夜白
金餅隔林明
　　——蘇舜欽《和解生中秋
　　　　月》

月到天心處
風來水面時
　　——邵雍《清夜吟》

歲老根彌壯，
陽驕葉更陰
　　——王安石《孤桐》

月映林塘淡
風含笑語涼
　　——王安石《歲晚》

浮雲連海氣
落日動湖光
　　——王安石《遊杭州聖果
　　　　寺》

青松巢白鳥
深竹逗流螢
　　——賀鑄《臨江仙》

小徑纔容足
寒花只自香
　　——陳師道《西湖》

鳥飛雲水裏
人語櫓聲中
　　——陳師道《泛淮》

月到千家靜
林昏一鳥歸
——陳師道《秋懷示黃酒》

流水伴遲日
野花留晚香
——張耒《建平途次》

日晚薔薇重
樓高燕子寒
——陳與義《雨》

晚涼微雨送
秋意一蟬催
——劉子翬《晚飲》

山近雲生易
人稀鳥下頻
——陸游《山園書觸目》

月碎知流急
風高覺笛清
——陸游《晚泊慈姥磯下》

雲暗梨千樹
烟迷柳一川
——陸游《小舟遊西涇渡西
岡歸》

雨氣分千嶂
江聲撼萬家
——陸游《冒雨登擬峴臺觀
江漲》

雨過山橫翠
霜經橘弄黃
——陸游《遊淳化寺》

香生帳裏霧
書積枕邊山
——陸游《晝卧》

花暖能醺眼
山濃欲染衣
——楊萬里《和仲良春晚即
事》

晚色催征棹
斜陽戀去檣
——楊萬里《過張王廟》

珠藏川自媚
玉韞山含輝
——朱熹《山居感興》

日月東西見
湖山表裏開
　　——朱熹《登定王臺》

心寬忘地窄
亭小得山多
　　——戴復古《題春山李基道
　　　　小圖》

夜涼風動竹
人靜月當樓
　　——戴復古《秋夜旅中》

客愁茅店雨
詩思柳橋春
　　——戴復古《春日》

霜月欹寒清
江聲驚夜船
　　——方岳《泊歙浦》

瀑近春風濕
松多曉日青
　　——趙師秀《桐柏觀》

竹光燈影裏
人語水聲中

　　——葉紹翁《秋日遊龍井》

開池納天影
種竹引秋聲
　　——林景熙《趙奧別業》

月生林欲曉
雨過夜如秋
　　——徐璣《夏日懷友》

柳間黃鳥路
波底白鷗天
　　——蔡元啓《缺題》

茅屋靜聞雨
竹籬疏見山
　　——陳塤《次韻山居》

葉新林換綠
花落地生香
　　——真山民《晚春》

幽夢風吹斷
新吟月送來
　　——真山民《江樓秋夕》

與鷗分渚泊

邀月共船眠
　　——真山民《泊白沙渡》

風處綠自舞
雨餘紅頓稀
　　——陳造《丁酉道中暮春》

遠近梅花信
高低柳絮風
　　——魯交《大雪》

高樹尚無影
遠鴻時有聲
　　——梅堯臣《隴月》

滿階芳草綠
一片杏花香
　　——劉彤《臨江仙》

萬壑有聲含晚籟
數峰無語立斜陽
　　——王禹偁《村行》

白紙糊窗堪聽雪
紅爐着火別藏春
　　——王禹偁《今冬》

種竹野塘春笋脆
採蘭幽澗露芽肥
　　——王禹偁《寄金鄉張贊善》

疏影橫斜水清淺
暗香浮動月黃昏
　　——林逋《山園小梅》

浮萍破處見山影
小艇歸時聞草聲
　　——張先《題西溪無相院詩》

無可奈何花落去
似曾相識燕歸來
　　——晏殊《示張寺丞王校勘》

池上碧苔三四點
葉底黃鸝一兩聲
　　——晏殊《破陣子》

梨花院落溶溶月
柳絮池塘淡淡風
　　——晏殊《寓意》

一篙海客乘槎水
兩槳仙人取箭風
　　——胡宿《泛舟》

天上明河銀作水
海中仙樹玉為林
　　——胡宿《雪》

野鳧眠岸有閑意
老樹着花無醜枝
　　——梅堯臣《東溪》

夜涼吹笛千山月
路暗迷人百種花
　　——歐陽修《夢中作》

殘雪壓枝猶有桔
凍雷驚笋欲抽芽
　　——歐陽修《戲答元珍》

野花向客開如笑
芳草留人意自閑
　　——歐陽修《再至西都》

雪消門外千山綠
花發江邊二月晴
　　——歐陽修《春日西湖寄謝

法曹歌》

蕙蘭有根枝尤綠
桃李無言花自紅
　　——歐陽修《舞春風》

林外鳴鳩春雨歇
屋頭初日杏花繁
　　——歐陽修《田家》

二月杏花八月桂
三更燈火五更雞
　　——邵雍《勵志》

閑為水竹雲山主
靜得風花雪月權
　　——邵雍《水東吟》

秋色入林紅黯淡
日光穿水翠玲瓏
　　——蘇舜欽《滄浪懷貫之》

門前翠影山無數
竹下寒聲水亂流
　　——蘇舜欽《宿終南山下百
塔院》

綠楊白鷺俱自得
近水遠山皆有情
　　——蘇舜欽《過蘇州》

雨後雙禽來佔竹
秋深一蝶下尋花
　　——文同《北齋雨後》

一水護田將綠繞
兩山排闥送青來
　　——王安石《書湖陰先生
壁》

日借嫩黃初着柳
雨催新綠稍歸田
　　——王安石《春風》

山月入松金瑣碎
江風吹水雪崩騰
　　——王安石《次韻平甫金山
會宿寄親友》

含風鴨綠鱗鱗起
弄日鵝黃裊裊垂
　　——王安石《南浦》

青山呈露新如染

白鳥嬉遊靜不煩
　　——王安石《段氏園亭》

彩舫笙歌吹落日
畫樓燈燭映殘霞
　　——王安石《杭州呈勝之》

人似秋鴻來有信
事如春夢了無痕
　　——蘇軾《與潘郭二生同遊
去歲舊迹》

水清石出魚可數
林深無人鳥相呼
　　——蘇軾《臘日遊孤山》

江上秋風無限浪
枕中春夢不多時
　　——蘇軾《次韻蔣穎叔》

五更曉色來書幌
半夜寒聲落畫簷
　　——蘇軾《雪後書北臺壁二
首》

嶺上晴雲披絮帽
樹頭初日掛銅鉦

——蘇軾《新城道中》

楊柳長齊低戶暗
櫻桃爛熟滿階紅
　　——蘇軾《寄題刁景純藏春塢》

野桃含笑竹籬短
溪柳自搖沙水清
　　——蘇軾《新城道中》

玉觀飛樓凌霧起
仙幢寶蓋拂天來
　　——蘇軾《望海》

荷盡已無擎雨蓋
菊殘猶有傲霜枝
　　——蘇軾《贈劉景文》

小雨藏山客坐久
長江接天帆到遲
　　——黃庭堅《題落星石》

百年中半夢分去
一歲無多春暫來
　　——黃庭堅《戲贈頓二主簿》

桃李春風一杯酒
江湖夜雨十年燈
　　——黃庭堅《寄黃幾復》

蓋世功名棋一局
藏山文字紙千張
　　——黃庭堅《題李十八知常軒》

落木千山天遠大
澄江一道月分明
　　——黃庭堅《登快閣》

微風不動天如醉
潤物無聲春有功
　　——黃庭堅《二月丁卯喜西吳體為北門留守文潞公作》

書當快意讀易盡
客有可人期不來
　　——陳師道《絕句》

晴天搖動清江底
晚日浮沉急浪中
　　——陳師道《十七日觀潮》

殘雪暗隨冰筝滴
新春偷向柳梢歸
　　　——張耒《春日》

湖邊艇子衝烟去
天畔青山隔雨看
　　　——張耒《太湖上絕句》

新月已生飛鳥外
落霞更在夕陽西
　　　——張耒《和周廉彥》

溪聲夜漲寒通枕
山色朝晴翠染衣
　　　——張耒《屋東》

溪田雨足禾先熟
海樹風高葉易秋
　　　——張耒《登海州城樓》

雨過泉聲鳴嶺背
日長花氣撲人衣
　　　——王庭珪《春日山行》

烟村南北黃鸝語
麥隴高低紫燕飛
　　　——王庭珪《二月二日出郊》

雙雙瓦雀行書案
點點楊花入硯池
　　　——葉采《暮春即事》

蕎花著雨相爭秀
棗頰迎陽一片丹
　　　——孫平仲《西行》

客子光陰詩卷裏
杏花消息雨聲中
　　　——陳與義《懷天經智老因
　　　　訪之》

青山隔岸迎人去
白鷺衝烟送酒來
　　　——陳與義《題水西閣三十
　　　　三壁》

三徑舊遊松竹老
五湖新隱水雲寬
　　　——劉子翬《送原仲之荆
　　　　南》

一身報國有萬死
雙鬢向人無再春
　　　——陸游《夜泊水村》

一枕鳥聲殘夢裏
半窗花影獨吟中
————陸游《戲書燕兒》

千點荷聲先報雨
一林竹影剩分涼
————陸游《秋興》

小蝶弄晴飛不去
珍禽喜靜語多時
————陸游《初春出居》

久叨物外清閑福
粗識詩中造化權
————陸游《遣興》

江聲不盡英雄恨
天意無私草木秋
————陸游《黃州》

水落纔餘半篙綠
霜高初染一林丹
————陸游《秋興》

萬里滄波鷗乍沒
千年華表鶴重歸
————陸游《漁扉》

水滿有時觀下鷺
草深無處不鳴蛙
————陸游《幽居初夏》

萬頃烟波鷗境界
九秋風露鶴精神
————陸游《寄贈湖中隱者》

風經樹杪聲初緊
月入門扉影正方
————陸游《八月九日晚賦》

旗脚倚風時弄影
馬蹄經雨不沾塵
————陸游《成都大閱》

風高露井無桐葉
雨急烟村有雁聲
————陸游《秋夜》

三弄笛聲初到枕
一枝梅影正橫窗
————陸游《幽居春夜》

月明船笛參差起
風定池蓮自在香
————陸游《橋南納涼》

天涯懷友月千里
燈下讀書鷄一鳴
　　——陸游《冬夜讀書忽聞鷄
鳴》

雲歸時帶雨數點
木落又添山一峰
　　——陸游《晚眺》

四海交朋更聚散
百年光景雜悲歡
　　——陸游《夜宴》

古琴百衲彈清散
名帖雙鈎拓硬黃
　　——陸游《北窗閑咏》

至論本求編簡上
忠言乃在里閭間
　　——陸游《識愧》

花氣襲人知驟暖
鵲聲穿樹喜新晴
　　——陸游《村居書喜》

花底清歌春載酒
江邊明月夜投竿

　　——陸游《閑中偶題》

花藏密葉多時在
鶯佔高枝盡日啼
　　——陸游《雨後集湖上》

遠途始悟乾坤大
晚節偏驚歲月遒
　　——陸游《柳林酒家小樓》

牡丹枝上青春老
燕子聲中白日長
　　——陸游《春晚村居》

平堤漸放春蕪綠
細浪遙翻夕照紅
　　——陸游《野飲》

夜雨長深三尺水
春寒留得一分花
　　——陸游《春日小園雜賦》

雨餘千疊暮山紫
花落一溪春水香
　　——陸游《暮春龜堂即事》

榮枯一枕春來夢

聚散千山雨後雲
——陸游《對酒》

家居禹廟蘭亭路
詩在林逋魏野間
——陸游《書喜》

鶯花舊識非生客
山水曾遊是故人
——陸游《閬中作》

清秋欲近露沾草
皎月未高星滿天
——陸游《露坐》

綠葉忽低知鳥立
青萍微動覺魚行
——陸游《初夏閑步村落
間》

渡口遠山顰翠黛
天邊新月掛瓊鈎
——陸游《題湖邊旗亭》

樓臺飛舞祥烟外
鼓笛喧呼明月中
——陸游《武林》

燕子歸來新社雨
海棠開後却春寒
——陸游《夜宴賞海棠醉
書》

鶴歸遼海逾千歲
楓落吳江又一秋
——陸游《夜步》

藤紙靜臨新獲帖
銅瓶寒浸欲開花
——陸游《南省宿直》

月從雪後皆奇夜
天向梅邊有別春
——范成大《親戚小集》

無風楊柳漫天絮
不雨棠梨滿地花
——范成大《碧瓦》

一巷海棠千樹錦
兩堤楊柳萬窩絲
——楊萬里《遊翟園》

人在非晴非雨候
船行不浪不風間

——楊萬里《小舟晚興》

有雲更覺千山秀
不雨爭知萬壑奇
　　——樓鑰《山陰道中》

千山月色令人醉
半夜梅花入夢香
　　——戴復古《覺慈寺》

松氣滿山涼似雨
海聲中夜近如雷
　　——劉克莊《蒜嶺夜雨》

池塘水滿蛙成市
門巷春深燕作家
　　——方岳《農謠》

花曾識面若含笑
鳥不知名時自呼
　　——方岳《約君用》

鳥飛竹葉霜初下
人立梅花月正高
　　——趙師秀《呈蔣薛二友》

黃梅時節家家雨

青草池塘處處蛙
　　——趙師秀《約客》

落絮無聲春墮淚
行雲有影月含羞
　　——吳文英《浣溪沙》

日月四時黃道闊
江山一片畫圖長
　　——文天祥《滕王閣》

滿地蘆花和我老
舊家燕子傍誰飛
　　——文天祥《金陵驛》

去國一身輕似葉
高名千古重于山
　　——李師中《送唐子方之貶所》

幾畝桑麻春社後
數家雞犬夕陽中
　　——真山民《山人家》

花影忽生知月到
竹梢微動覺風來
　　——真山民《夜飲趙園次徐

君實韻》

雪醅纔釀臘三月
梅吐又橫春一梢
　　——真山民《冬暮小齋》

雲深不見千岩秀
水漲初聞萬壑流
　　——呂本中《柳州開元寺》

山放凝雲低鳳翅
潮生輕浪捲龍鱗
　　——仲殊《南徐好》

沙路踏殘征馬月
柳堤啼斷曉鶯風
　　——趙汝鐩《早征》

弄晴鶯舌于中巧
著雨花枝分外妍
　　——朱淑貞《春齋》

暖風漸綠池塘面
和氣先熏草木心
　　——廖剛《丙申春帖子》

邀歡任落風前帽

促飲爭吹酒上花
　　——宋祁《九日置酒》

金

村靜鳥聲樂
山低雁影遙
　　——元好問《乙卯十一月往
　　鎮州》

月色溶溶夜
花陰寂寂春
　　——董解元《西廂記》

臘殘畫角東風裏
春到梅花小雪邊
　　——王寀《除夜》

七重寶樹圍金界
十色雯華擁畫梁
　　——元好問《應州寶宮寺大
　　殿》

小草不妨懷遠志
芳蘭誰為發幽妍
　　——元好問《春日半山亭遊
　　眺》

明月高樓燕市酒
梅花人日草堂詩
———元好問《人日有懷愚齋
張兄緯文》

春風碧水雙鷗靜
落日青山萬馬來
———元好問《潁亭》

十里陂塘春鴨鬧
一川桑柘晚烟平
———元好問《被邀夜赴鄧川
幕府》

秋意漸隨林影薄
曉寒都逐雁聲來
———元好問《鬱鬱》

元　代

大舸中流下
青山兩岸移
———揭傒斯《歸舟》

清霜醉楓葉
淡月隱蘆花
———許有壬《荻港早行》

山吞殘日沒
水挾斷雲流
———黃庚《西州即事》

犬鳴林月落
魚躍浦風生
———高啓《江上早發》

薄雲還露月
小雨不妨花
———高啓《臨頓里》

度隴沖朝雨
歸村帶夕陽
———高啓《牧》

山影酒搖千叠翠
雨聲窗納一天秋
———劉因《高亭》

白鷗自信無機事
玄鳥猶知有歲華
———趙孟頫《溪上》

閑雲一片不成雨
黃葉滿城都是秋
———張養浩《黃州道中》

一徑綠陰三月雨
數聲啼鳥百花風
　　——虞集《費無隱丹室》

雲暗鼎湖龍去遠
月明華表鶴歸遲
　　——虞集《挽文山丞相》

春來南國花如繡
雨過西湖水似油
　　——盧摯《中呂喜春來·和
　　　則明韵》

羅袖舞低楊柳月
玉笙吹綻牡丹花
　　——宋褧《都城雜咏》

河漢入樓天不夜
江風吹月海初潮
　　——薩都剌《層樓晚眺》

江山不夜月千里
天地無私至萬家
　　——黃庚《雪》

水滿乳鳧翻蓮葉
風疏飛燕拂桐花
　　——高啓《初夏江村》

半湖月色偏宜夜
十里荷香已欲秋
　　——高啓《泛舟西湖觀荷》

薄暝山家松樹下
嫩寒江店杏花前
　　——高啓《梅花九首》

光移星斗天逾近
影到山河月正圓
　　——丁鶴年《元夕》

莎徑泥深雙燕濕
柳橋烟淡一鶯鳴
　　——仇遠《湖上值雨》

萬點愁心飛絮影
五更殘夢賣花聲
　　——張憲《留別賽景初》

明　　代

鳥棲春嶂月
花卧夜溪雲
　　——林鴻《宿冷公房》

綠樹連天暗
丹葵向日開
　　——于謙《暑月將自太行巡
　　汴》

月來天似水
雲起樹為山
　　——李夢陽《河上秋興》

梨花千樹雪
茅屋數聲雞
　　——郭登《過西樵貫氏隱
　　居》

烏衣花裏巷
紅袖水邊樓
　　——吳承恩《送人遊金陵》

雷聲千嶂落
雨色萬峰來
　　——李攀龍《廣陽山道中》

雨氣千江入
秋聲萬木多
　　——宗臣《雨夜沈二丈至》

江白魚吹浪

灘黃雁踏沙
　　——鄺露《洞庭酒樓》

山空偏愛月
水闊不分天
　　——孫一元《同沈石田先生
　　吳門載酒泛月》

地拔雙崖起
天餘一綫青
　　——潘向奇《金棺峽》

曉行江路月
人語夜船燈
　　——顧嶼《江上晚行》

星臨銀漢動
月傍碧空來
　　——周述《賜觀燈詩》

三月春寒青草短
五湖天遠白雲多
　　——邵寶《乞終養未許》

山中草樹秋蕭瑟
水底魚龍夜寂寥
　　——李東陽《斗潭漫月》

雲開巫峽千峰出
路轉巴江一字流
　　——吳本泰《送人之巴蜀》

半簾蕉雨時飄硯
一砌松風靜煮茶
　　——王彥泓《贈冀君瑞》

竹符調水沙泉活
瓦鼎烘松翠鬣香
　　——文徵明《煮茶》

江漢光翻千里雪
桂花香動萬山秋
　　——謝榛《中秋宴集》

地敞中原秋色盡
天開萬里夕陽空
　　——李攀龍《杪秋登太華山
　　　絕頂》

春來鴻雁書千里
夜色樓臺雪萬家
　　——李攀龍《懷子相》

聽雞曉闕疏星白
走馬秋郊細柳黃
　　——浦源《寄袁二》

春草平沙仍牧馬
晚風疏樹偶棲鴉
　　——邊貢《元世祖廟》

春夢暗隨三月景
曉寒瘦減一分花
　　——湯顯祖《牡丹亭》

蒼龍日暮還行雨
老樹春深更著花
　　——顧炎武《又酬傅處士次
　　　韻》

滄波淮海東流水
風雨揚州北固山
　　——王夫之《讀〈指南集〉》

青雲擬黛山千疊
畫閣籠烟柳半天
　　——居節《春晴書見》

垂柳綠遮騎馬路
落花紅襯釣魚船
　　——鄭琰《春日西湖即事》

黄河九曲天邊落
華岳三峰馬上來
　　——蕭鎡《送李佑之赴陝西
　　參議》

晴色撲簾知日近
輕陰過檻覺雲低
　　——倪岳《登兜率岩》

柳絮池塘春入夢
梨花庭院冷侵衣
　　——袁凱《白燕》

瀑布飛空千尺雨
春風吹老一庭花
　　——姚鏌《北山吟》

攀磴穿岩敲石笋
摩碑捫字拭苔衣
　　——瞿式耜《同密之遊還珠
　　水月諸洞》

清　代

衆香真可國
萬綠自為天
　　——黄周星《錢龍門招集客圍》

身世浮萍影
江山爆竹聲
　　——黄周星《除夕》

塔盤湖勢動
橋引月痕生
　　——吳偉業《過吳江有感》

樹暗江城雨
天青吳楚山
　　——施閏章《燕子磯》

影落齊燕白
光連天地寒
　　——施閏章《雪中望岱岳》

草亭烟樹路
雨蓋板橋人
　　——顧景星《秋雨邀客》

溪深難受雪
山凍不流雲
　　——洪昇《雪望》

月來滿地水
雲起一天山
　　——鄭燮《即月》

無邊天作岸
有力浪攻山
　　——趙翼《渡太湖登馬迹
　　　　山》

鐘聲自天落
人語隔溪聞
　　——法式善《老君堂》

雲霄開霽色
風葉戰秋聲
　　——嚴可均《澤國》

人如舟不繫
秋與月同清
　　——張問陶《望夜》

雨過春如夢
山空夜有音
　　——陳沆《夜抵劉山人家》

葦纏千頃雪
荷捲一湖雲
　　——王柏心《雨泊》

花瘦無人地
蟬吟欲暝天

　　——謝章鋌《酒邊話舊感
　　　　作》

夜涼無墜水
人靜月隨舟
　　——孫爾準《晚別送者》

樹高留月久
石瘦宿雲多
　　——沈蓮溪《秋興》

疏燈秋讀畫
寒雨夜談詩
　　——張子上《失題》

暮烟深似海
初月上如潮
　　——杜濬《二十夜月》

晚節不嫌知己少
香心如為故人留
　　——袁枚《晚菊和蔗泉觀察
　　　　韻》

天近易回三輔雁
地高先得九州秋
　　——袁枚《秦中雜感》

天浮島嶼千帆翠
人憶樓臺一笛涼
　　——翁方綱《丁亥仲夏試士
　　　高州以梅雨為題》

一雁下投天盡處
萬山浮動雨來初
　　——查慎行《登寶婺樓》

一片暈紅纔着雨
幾絲柔柳乍和烟
　　——納蘭性德《浣溪沙》

一夜花開湖上路
半春家在雪中山
　　——續徽《失題》

一嶺山花燒杜宇
滿池春雨浴鴛鴦
　　——宗元鼎《題郊居》

萬里夢回千嶂雨
一帆風動五更潮
　　——周亮工《江行雜感》

千里有情穿樹月

一痕如夢隔江山
　　——樂鈞《烟夢詞》

百里烟深因近水
一年秋早為多山
　　——程夢星《桐廬》

山色淺深隨夕照
江流日夜變秋聲
　　——宋琬《登慧光閣》

半樓月影千家笛
萬里天涯一夜砧
　　——陳恭尹《虎丘題壁》

夕陽千樹鳥聲寂
涼月一庭花影深
　　——李紱《驛南鋪不寐》

明燈海上無雙夜
皓月人間第一圓
　　——陳曾壽《元夕》

明月笙歌紅燭院
春山書畫綠楊船
　　——吳偉業《宴孫孝若山樓
　　　賦贈》

天上異香須有種
春來飛絮恨無家
　　——吳偉業《失題》

閑窗聽雨攤書卷
獨樹看雲上嘯臺
　　——吳偉業《梅村》

畫裏綠楊堪贈別
曲中紅豆是相思
　　——吳偉業《無題》

柳葉亂飄千尺雨
桃花斜帶一溪烟
　　——吳偉業《鴛湖曲》

人從虎豹叢中健
天在峰巒缺處明
　　——張問陶《煎茶坪題壁》

閑中立品無人覺
淡處逢時自古難
　　——張問陶《梅花》

芭蕉種後偏多雨
蟋蟀吟來易感秋
　　——張問陶《早秋漫興》

梅好不妨同月瘦
泉清莫恨出山遲
　　——張問陶《重有感》

宿雨河橋橫酒旆
晚烟村店聚鷄聲
　　——王攄《呂城病歸》

斜日微明雙鳥下
亂山忽斷一帆來
　　——郭麐《法華山望湖亭同
汪、吳二子作》

春寒驛路桃花發
暮雨江樓燕子飛
　　——李希聖《懷舊》

梅子雨多交夏五
楊花風軟過秋千
　　——朱文琥《紀事》

康樂求時道
清平俱古歡

(三) 集句聯

靈禽鳴旭日
游魚樂深淵

古樹高出戶右
好花喜放日中

樹花曉秀
田禽朝鳴

大雨如鏃魚自樂
嘉樹作花禽既歸

柳高出戶
花大若盤

水西花黃雨卅里
寺北柳古天一方

陰陽可橐
天日同遊

水歸深淵有其道
雨流嘉樹敷以花

魚游自可樂
禽鳥不知歸

花雨來時游魚樂
柳陰深處鳴禽多

深淵出游鯉
古樹鳴歸禽

不華不樸同所好
既安既寧樂乃時

道藝工于寫華柳
秀靈時或載淵魚
　　——以上集石鼓文句

霜露所墜
日月有明

敏爾好學
樂以忘憂

居仁由義
尊賢使能

深則厲淺則揭
近者悅遠者來

言必信行必果
視思明聽思聰
　　——以上集《四書》句

仁聲被八表
妙化開六塵

平生懷直道
大化揚仁風

含清結芳樹
捻香散名花

金石響高宇
桂松比真風

清川含藻景
丹華曜陽林

沙棠作舟桂為楫
浮雲似帳月如鈎

凝華結藻久延立
彈琴鼓瑟聊自娛
　　——以上集《古樂府句》

大夫志四海
古人惜寸陰

採菊東籬下
種松長江邊

雲鶴有奇翼
神鸞調玉音

嚴霜結野草
微雨洗高林

芳菊開林耀
寒草破荒蹊

春燕應節至
鳴雁乘風飛

春秋多佳日
林園無俗情

素月出東嶺
寒雲沒西山

清氣澄餘滓
陵岑聳遠峰

朝霞開宿霧
懸崖斂餘暉
　　　——以上集陶淵明句

天長落日遠
意重泰山輕

桂子落秋月
荷花羞玉顏

浣溪石上窺明月
向月樓中吹落梅
　　　——以上集李白句

山晚半天赤
峽干落日黃

江城帶素月
風岸疊青琴

萬里秋風吹錦水
九重春色醉仙桃

側身天地更懷古
獨立蒼茫自咏詩

楓林綠樹丹青合
玉杯錦席風雲流

歌詞自作風格光
詩卷長留天地間
　　　——以上集杜甫句

雜花妝林草蓋地
清月出嶺光入扉

東風吹開錦繡谷
春江淥漲葡萄醅

粉牆丹桂動光彩
珊瑚碧樹交枝柯

江上青山如削鐵
水中明月臥浮圖

乾坤施惠萬物遂
洞庭連天九疑高
——以上集韓愈句

杖藜曉入千花塢
扁舟歸釣五湖春

十分瀲灩金樽凸
兩本新圖寶墨香

朱弦初識孤桐韵
綠衣倒掛扶桑墩

一家喜氣如春釀
小詩有味似連珠

青山有約常當戶
秋水為神不染塵

萬里烟波濯紈綺
千章杞梓蔭雲天

雨過潮平江海碧
風高月暗水雲黃

風來震澤帆初飽
春到江南花自開

要使名駒試千里
同駕飛鴻跨九州

長江繞郭知魚美
小軒臨水為花開

清詩為洗心源濁
神妙獨到秋毫顚

寂歷疏松欹晚照
招邀明月到樽前

古紙硬黃臨晉帖
夜几研朱勘楚詞

褰衣步月踩花影
嚼雪披雲踏乳泓
————以上集蘇軾句

尋碑野寺雲生屨
橫笛江城月滿樓
————以上集陸游句

山芽落磑風迴雪
夜雨釣船燈照窗

七重寶樹圍金界
千里名山入酒船

石坳為樽酌花鳥
蠻溪大硯磨松烟

白雪任教春事晚
貞松惟有歲寒知

紙窗竹屋深自暖
石爐茶鼎暫來同

玉樹瑤林照春色
物華天寶借餘光

清坐使人無俗氣
虛堂盡日轉溫風
————以上集黃庭堅句

搖筆尚堪凌浩蕩
題詩端為發幽妍
————以上集元好問句

湖平天鏡曉
山峭石帆秋

明月照積雪
平疇交運風
————集顧長康·陶淵明句

小樓一夜聽春雨
孤桐三尺瀉秋泉

綠竹夾清水

游魚動圓波
　　——集江淹·潘安仁句

風定花猶落
鳥鳴山更幽
　　——集謝朓·王籍句

松柏有本性
園林無俗情
　　——集劉公干·陶淵明句

明月松間照
春風柳上歸
　　——集王維·李白句

飛鳥逐前侶
好峰隱半現
　　——集王維·謝靈運句

荷鋤修藥圃
煮茗就花欄
　　——集王維·喻鳧句

上客能論道
虛懷只愛才
　　——集王維·杜甫句

雲霞成伴侶
冰雪淨聰明
　　——集王維·杜甫句

高文有風雅
新渥照乾坤
　　——集王維·杜甫句

謀猷歸哲匠
詞賦引文雄
　　——集王維·唐元宗句

誰知大隱者
乃是不羈人
　　——集王維·韓愈句

屋軒皆畫水
芳樹曲迎春
　　——集杜甫·張九齡句

美花多映竹
喬木自成林
　　——集杜甫·孟浩然句

讀書破萬卷
落筆超群英
　　——集杜甫·李白句

徑隱千重石
園開四季花
　　——集杜甫·周繇句

大賢秉高鑒
上德表鴻名
　　——集孟郊·虞世南句

隔沼連荷芰
中流泛羽觴
　　——集杜甫·陳希烈句

積照涵德鏡
素懷寄清琴
　　——集孟郊·權德輿句

稼收平野闊
風正一帆懸
　　——集杜甫·王灣句

心同孤鶴靜
節效古松貞
　　——集岑參·褚遂良句

暗水流花徑
清風滿竹林
　　——集杜甫·崔峒句

名香播蘭蕙
妙墨揮岩泉
　　——集岑參·張九齡句

翰墨緣情制
山林引興長
　　——集孟郊·杜甫句

名香播蘭蕙
雕藻邁瓊琚
　　——集岑參·褚遂良句

松風清耳目
蕙氣襲衣襟
　　——集孟郊·張九齡句

竹室生虛白
波瀾動遠空
　　——集陳子昂·王維句

朗抱開曉月
高文激頹波
　　——集孟郊·韋應物句

文章負奇色
事業富清機
　　——集陳子昂·杜甫句

舉頭望明月
蕩胸生層雲
——集李白·杜甫句

桃花飛綠水
野竹上青霄
——集李白·杜甫句

高松來好月
野竹上青霄
——集李白·杜甫句

接垣分竹徑
微路入花源
——集張說·儲光羲句

天氣涵竹氣
山光滿湖光
——集張說·馬戴句

文章輝五色
心迹喜雙清
——集李白·杜甫句

柳深陶令宅
月靜庾公樓
——集李白·杜甫句

谷靜秋泉響
樓深復道通
——集孟浩然·柴宿句

戶外一峰秀
窗前萬木低
——集孟浩然·張謂句

結交指松柏
述作凌江山
——集孟浩然·李白句

地迴雲偏白
亭香草不凡
——集高適·張祜句

聲華滿冰雪
節操方松筠
——集高適·儲光羲句

階墀近洲渚
亭院有烟霞
——集高適·郭良句

江山澄氣象
冰雪淨聰明
——集高適·杜甫句

澗松寒轉直
碧海闊逾澄
　　——集王績・杜甫句

竹動疏簾影
花明綺陌春
　　——集盧綸・王維句

雲山起翰墨
星斗煥文章
　　——集王琚・杜甫句

閱古宗文舉
臨風懷謝公
　　——集盧綸・李白句

澤蘭侵小徑
流水響空山
　　——集王勃・法振句

酒香留客住
詩好帶風吟
　　——集白居易・姚合句

詩思竹間得
道心塵外逢
　　——集元稹・岑參句

頗得湖山趣
不知城市喧
　　——集劉長卿・吳筠句

端居喜良友
獨立佔古風
　　——集韋應物・孟郊句

地偏山水秀
酒綠河橋春
　　——集劉禹錫・李正封句

曬書因閱畫
閑坐但焚香
　　——集司空圖・王維句

名香泛窗戶
遠岫對壺觴
　　——集許渾・錢起句

麟筆删金篆
霓裳侍玉除
　　——集盧綸・王維句

叠石通溪水
當軒暗綠筠
　　——集許渾・劉憲句

三光懸聖藻
一氣轉洪鈞
————集沈佺期·杜甫句

茂竹臨幽溆
晴雲出翠微
————集李益·權德輿句

長笑對高柳
貞心比古松
————集李頎·李白句

餘心無採繢
對書不簪纓
————集杜牧·王維句

墨研清露月
琴響碧天秋
————集李洞·許渾句

雅琴飛白雪
逸翰懷青霄
————集杜正倫·高適句

野翠生松竹
潭香聞芰荷
————集李亦·孟浩然句

短歌能駐日
閑坐但聞香
————集宋之問·王維句

披雲煉瓊液
坐月觀寶書
————集李群玉·李白句

花柳含丹日
樓臺繞曲池
————集宋之問·盧照鄰句

海石分棋子
江波近酒壺
————集李商隱·杜甫句

苔石隨人古
山花拂面香
————集張九齡·李白句

開簾見新月
倚樹聽流泉
————集李端·李白句

誰將佳句并
真與古人齊
————集楊巨源·李白句

願持山作壽
常與鶴為群
　　——集武三思·杜甫句

深情託瑤琴
逸興橫素襟
　　——集賈至·李白句

琴將天籟合
幔捲浪花浮
　　——集趙冬曦·杜甫句

雲林頗重叠
池館亦清閑
　　——集賈島·白居易句

聽琴知道性
避酒怕狂名
　　——集姚合·李德裕句

萬事已華髮
一身為輕舟
　　——集常建·蘇軾句

溪靜雲生石
窗虛日弄紗
　　——集姚合·李商隱句

佳句喧衆口
古人惜寸陰
　　——集韓愈·陶淵明句

丘壑趣如此
鸞鶴心悠然
　　——集錢起·李白句

始得觀覽富
特以風期親
　　——集韓愈·李白句

鳳棲常近日
鶴夢不離雲
　　——集錢起·盧綸句

汲古得修綆
開懷暢遠襟
　　——集韓愈·褚亮句

典墳探奧旨
詩禮挹餘波
　　——集錢起·盧綸句

文章自娛戲
忠義老研磨
　　——集韓愈·蘇軾句

朗鑒諒不遠
清言得未嘗
——集韓愈·蘇軾句

碧樹鎖金谷
遙天倚翠岑
——集柳宗元·韋莊句

飛塔雲霄半
書齋竹樹中
——集劉憲·李頎句

潭影竹間動
天香雲外飄
——集綦母潛·宋之問句

智勇冠當代
卓犖觀群書
——集盧湛·左思句

層軒靜華月
修竹引熏風
——集儲光羲·韋安石句

江山助磅礴
文物照光輝
——集陸堅·許景光句

草木含情色
岩廊挹大猷
——集儲光羲·高適句

川源通霽色
楊柳散和風
——集皇甫冉·韋應物句

鵬鷃勵羽翼
龍鸞炳文章
——集儲光羲·李白句

小松含瑞露
好鳥鳴高枝
——集鄭谷·曹植句

跌宕孔文舉
風流賀季真
——集儲光羲·李白句

水曲山如畫
溪虛雲傍花
——集羅鄴·杜甫句

為學務日益
將詩待物華
——集蘇軾·杜甫句

遠意發孤鶴
思波起潤鱗
　　——集蘇軾·杜甫句

颯爽動秋骨
廉折配春溫
　　——集蘇軾·杜甫句

新詩如洗出
好鳥不妄飛
　　——集蘇軾·杜甫句

高才食舊德
流藻垂華芬
　　——集蘇軾·曹植句

雲岫不知遠
花房未肯開
　　——集蘇軾·李商隱句

兼入竹三昧
時有燕雙高
　　——集蘇軾·李商隱句

放意弄晴快
叩奇獨冥搜
　　——集蘇軾·孟郊句

計闊道愈密
實大華亦榮
　　——集蘇軾·韓愈句

長歌白石澗
高臥香山雲
　　——集蘇軾·元好問句

士生要宏毅
情在強詩篇
　　——集陸游·杜甫句

所得靜而簡
其人勇且英
　　——集陸游·蘇軾句

花竹有和氣
風泉無俗情
　　——集黃庭堅·孟郊句

萬化如大路
一字皆華星
　　——集元好問·杜甫句

逢人覓詩句
留客聽山泉
　　——集元好問·王維句

佳氣溢芳甸
宿雲淡野州
　　——集趙孟頫·元好問句

身應山河分岳瀆
功銘鼎呂繪麒麟
　　——集于尹耕·封益紳句

功業須當垂永久
行藏爭不要分明
　　——集牛融·李咸用句

瑞草唯承天上露
繡衣却照禁中花
　　——集王建·方干句

黃金盒裏盛紅雪
碧玉盤中弄水晶
　　——集王建·郭震句

紅桃綠柳垂簷間
碧石青苔滿樹陰
　　——集王維·李端句

名高北斗星辰上
詩在千山烟雨中
　　——集王廷珪·張孝祥句

寒香嚼得成詩句
新月邀將入酒杯
　　——集方岳·張耒句

池塘月撼芙蕖浪
羅綺晴嬌綠水洲
　　——集方干·孟浩然句

翠竹黃花皆佛性
清池皓月照禪心
　　——集司空曙·李頎句

漁浦浪花搖素壁
玉峰晴色上朱欄
　　——集司空曙·朱群玉句

川原繚繞浮雲外
臺榭參差積翠間
　　——集盧綸·薛逢句

高樹夕陽連古巷
小橋流水接平沙
　　——集盧綸·劉兼句

詩情逸似陶彭澤
勛業終歸馬伏波
　　——集劉禹錫·杜甫句

淮水東邊舊時月
金陵渡口去來潮
　　——集劉禹錫·韋端己句

萬卷圖書天祿上
四時雲物月華中
　　——集李白·許渾句

松持節操溪澄性
山展屏風花夾籬
　　——集李洞·李白句

窗含遠樹通書幌
風颭殘花落硯池
　　——集李賀·高九萬句

天若有情天亦老
月如無恨月長圓
　　——集李賀·石曼卿句

千秋籙紀朱鸞語
五色光生彩鳳毛
　　——集李義府·轟夷中句

回看屈宋猶年輩
遠追甫白感至誠
　　——集李商隱·韓愈句

憶事懷人兼得句
引杯看劍坐生風
　　——集李商隱·蘇軾句

露氣暗連青桂苑
春風新長紫蘭芽
　　——集李商隱·白居易句

迴風入座飄歌扇
冷露無聲濕桂花
　　——集李邕·王建句

百尺金梯倚銀漢
九天鈞樂奏雲韶
　　——集李頎·王維句

澗道餘寒歷冰雪
浪花無際似瀟湘
　　——集杜甫·溫庭筠句

光芒六合無泥滓
濡染大筆何淋灕
　　——集杜甫·李商隱句

會須上番看成竹
漸擬清陰到畫堂
　　——集杜甫·薛遽句

別裁偽體親風雅
遍謁名山適性靈
——集杜甫·劉禹錫句

亦能畫馬窮殊相
欲遣吟人對好山
——集杜甫·黃庭堅句

古來才大難為用
老去詩名不厭低
——集杜甫·陸游句

四野綠雲籠稼穡
一庭紅葉掩衡茅
——集杜荀鶴·雍陶句

功名待寄凌烟閣
霄漢常懸捧日心
——集杜牧·錢起句

碧落青山飄古韵
綠波春浪滿前陂
——集杜牧·韋莊句

松間明月長如此
身外浮雲何足論
——集宋之問·白居易句

花迎彩服離鶯谷
閣倚晴天見鳳巢
——集羅隱·劉禹錫句

奇石盡含千古秀
春光欲上百年枝
——集羅鄴·錢起句

閑看秋水心無事
靜聽天和興自濃
——集皇甫冉·劉禹錫句

瑞氣迴浮青玉案
清名合在紫微天
——集耿湋·白居易句

烟開翠幌清風曉
花壓闌干春晝長
——集許渾·溫庭筠句

山翠萬重當檻出
白蓮千朵照廊明
——集許渾·薛逢句

古調詩吟山色裏
野聲飛入硯池中
——集趙嘏·杜荀鶴句

· 351 ·

楊柳風來潮未落
梧桐葉下雁初飛
　　——集趙嘏·杜牧句

金塘柳色前溪曲
玉洞桃花萬樹春
　　——集溫庭筠·許渾句

城邊柳色向橋晚
樓上花枝拂座紅
　　——集溫庭筠·趙嘏句

入妙文章本平淡
逸群翰墨爭傳誇
　　——集戴復古·僧惠洪句

天下蒼生待霖雨
此間風物屬詩人
　　——集戴復古·蘇軾句

日映文章霞細麗
山張屏障綠參差
　　——集元稹·白居易句

風生碧澗魚龍躍
月照青山松柏香
　　——集曹松·盧綸句

山紅澗碧紛爛漫
竹軒蘭砌共清虛
　　——集韓愈·李咸用句

曲江山水聞來久
庾信文章老更成
　　——集韓愈·杜甫句

雲遮日影藤蘿合
風帶潮聲枕簟涼
　　——集韓翃·許渾句

四時最好是三月
萬里誰能訪十洲
　　——集韓偓·李商隱句

曉艷遠分金掌露
夜風寒結玉壺冰
　　——集韓琮·許渾句

玉沙瑤草連溪碧
石路流泉兩寺分
　　——集曹唐·白居易句

陽羨春茶瑤草碧
蘭陵美酒鬱金香
　　——集錢起·李白句

萬井樓臺疑繡畫
千家山郭靜朝暉
——集張九齡·杜甫句

十分春水雙檐影
百葉蓮花七里香
——集徐夤·李洞句

天上碧桃和露種
門前荷葉與橋齊
——集高蟾·張萬頃句

隔岸春雲邀翰墨
繞城波色動樓臺
——集高適·溫庭筠句

彩筆只宜天上用
五雲多繞日邊飛
——集貫休·鮑溶句

纔見早春鶯出谷
更逢晴日柳含烟
——集韋莊·蘇頲句

千重碧樹鎖青苑
四面朱樓捲畫簾
——集韋莊·杜牧句

烟樹遠浮春縹緲
風船解與月徘徊
——集文潛·朱子句

一家喜氣如春釀
小築幽棲與拙宜
——集蘇軾·陸游句

我書意造本無法
此老胸中常有詩
——集蘇軾·陸游句

舊書不厭百回讀
佳客來時一座傾
——集蘇軾·道潛句

詩翁愛酒常如渴
草堂少花今欲栽
——集蘇軾·杜甫句

眼明小閣浮烟翠
身在荷香水影中
——集蘇軾·楊萬里句

江湖萬里水雲闊
草木一溪文字香
——集林景熙·汪元量句

每聞佳士輒心許
不辨仙源何處尋
　　——集陸游·王維句

自把新詩教鸚鵡
戲拈禿筆掃驊騮
　　——集陸游·杜甫句

千首新詩一竿竹
牆西明月水東亭
　　——集陸游·白居易句

但酌此泉勝酌酒
勸栽黃竹莫栽桑
　　——集陸游·李商隱句

除却讀書無所好
恍如造物與同遊
　　——集陸游·戴復古句

萬壑松風和澗水
十分烟雨簇漁鄉
　　——集楊萬里·林逋句

山泉釀酒香仍洌
芳草留人意自閑
　　——集楊萬里·歐陽修句

一片彩霞迎旭日
萬條金綫帶春烟
　　——集楊巨源·施肩吾句

交情淡似春江水
贈句清于夜月波
　　——集郭祥正·楊萬里句

繰成白雪三千丈
淨掃清風五百間
　　——集王安石·蘇軾句

更築園林負城郭
先安筆研對溪山
　　——集王安石·陸游句

文學縱橫乃如此
金石刻畫臣能為
　　——集黃庭堅·李商隱句

自掃竹根培老節
願携茶具作新歡
　　——集黃庭堅·宛陵句

輕鷗白鷺定吾友
綠竹高松無俗塵
　　——集黃庭堅·劉公是句

萬卷藏書宜子弟
三田聚寶真生涯
　　——集黃庭堅·蘇軾句

半空月影流雲碎
十里梅花作雪聲

獨抱琵琶尋舊曲
數教鸚鵡念新詩

流水白雲常自在
金風玉露一相逢

翠藥紅薇，幾番詩酒
黃花綠菊，好個霜天

天氣欲重陽，幾番風雨
登臨望故國，萬里山河

忍淚覓殘紅，柔情似水

起舞弄清影，瘦骨臨風

試上小紅樓，論詩說劍
更盡一杯酒，舉首高歌

花塢春長，烟火千家都
入畫
桃源路近，桑麻十里盡
成陰

無處覓殘紅，試問東風，
春愁怎畫
浮生等萍迹，不知江左，
燕入誰家

大江東去，平楚南來，
一帶江山如畫
高柳垂陰，老魚吹浪，
依稀風韵生秋
　　——以上集詞句聯

相親唯白石
所誦此金經

（四）集碑帖字聯

道因時以立
理自天而開

日暮萬山如無有
天高四野極分明

山去天不遠
石無土而高

不發經明思自薦
維其道在澤長流

山石不流動
天日自高明

盡日相親惟有石
長年可樂莫如書

四野自高下
萬山時有無

澤以長流乃稱遠
山因直上而成高

為言今日樂
因理昔時書

有無不爭家之樂
上下相親國乃康

去日極可念
遠山如相親

遠山相從久不去
亂石群立長無言

言之高下在于理
道無古今維其時

登高而盡四野所有
著書以成一家之言

——以上集《嶧山碑》字聯

略誦古今成野史
俱言金石著山經

泉石從所好
文章如有神

山高流長，請從所樂
道成德立，自顯于時

山上白雲高士隱
庭前好雨故人同

日有所思，經史所詔
久于其道，金石為開

至老不離文字事
所居合在水雲鄉

追古思今，道在作者
登高望遠，時復樂之

幽人之居足泉石
高年所樂長子孫

經史之澤，可以及後
道德既高，因而顯親

家居好水好山地
人在不夷不惠間

家世之盛，長為稱首
著作所定，無不成書

共治幽居先退谷
尚餘舊德是廉泉

登高而思，此樂萬古
立言不襲，自成一家

泉流分佈從無絶
枝葉扶疏不擬荂

白石清泉從所好
和風時雨與人同

高文在樂石
大道有傳薪

泉遭急雨因潛出
風遇餘雲復勒歸

清遊止風月
生計在琴書

不夷不惠，君子所處
好山好水，幽人之居

道學通政事
清遊暢詩懷

雲出人間，合而為雨
泉流石上，清于出山

門外有人時載月
園中無事自彈琴

白雲既開，遠山齊出
清風所至，流水與遭

縱懷華事當春去
暢足清遊載月歸

從葉流根，是為敦本
因雲興雨，所以濟時

學無弗究詩懷暢
書不徒臨隸體高

諸子百家，不分門戶
名山大川，各效文章
　　　——以上集《曹全碑》字聯

休道春華無足覽
能如秋月自然清

春歸花不落
風靜月長明

春華秋月自娛樂
三山五岳常遊行

去除華石當無物
勃發歌詩若有神

長松卓立古之直
好風微起聖而清

百事清平，為有令德
一家和樂，是以大年

書體渾雄或參米
史臣紀載欲師遷

石氣縱橫，華姿自潤
詩懷始暢，琴德以和

奉花作神有春色
為石立史無穢辭

明月清風，人無不有
彈琴作詩，自足以娛

秋天炳然月常滿
春風起而花怒生

南山等高，東海比廣
春風流惠，秋月表清

門有古松，庭無亂石
秋宣明月，春則和風

度比江河，細流兼內
氣如春夏，群物發生

清節為秋，是有潛德
種神當春，方能大年

有華有月，園中樂事
無春無夏，城外清遊
　　——以上集《魯峻碑》字聯

清風和風，咸助長者
春色秋色，並有光華

無遺行于鄉里
有令德在子孫

秋實春花，學人所種
禮門義路，君子之居

秋陽光耀，近于有若
清風微起，古之伯夷

請刊石經，而備三體
乃為楚辭，以續九歌

集義所生，無助之長
好學而敏，乃窮其微

履中蹈和，身為律度
安仁行義，福垂子孫
　　　——以上集《樊敏碑》字聯

永日視內典
深山多大年

梅以十月發
蘭在四山多

宇內大文廿四史
書中工楷十三行

言多忠告發深猛
人有文才昭令儀

十步有蘭，人才咸在
三更得月，天宇朗然

天與大文，山深川廣
人有內省，日就月將
　　　——以上集《吳天發碑》字
聯

不處下流
自然上達

日長金尊小
身老布衣高

仙佛亦凡種
福壽在名山

有華皆解語
無樹不生香

華高能得露
蘭小已生香

老樹立如塔
清流繞作城

讀書能見道　　　　　　詩文開新穎
入世不求名　　　　　　功德永清輝

不解養生偏得壽　　　　文心消夏靜
須知無慾即成仙　　　　詩格入秋嚴

心至虛時能受益　　　　山靜日長，林泉消夏
日當暗處仍生明　　　　官清民樂，疇圃連雲

老樹成行不見日　　　　光照祥雲，道濟化雨
清流小觸即生波　　　　林挺瑞木，山溢清泉
　　　　　　　　　　　　——以上集《開母廟碑》字聯

道大隨人各有得
心中于世一無求　　　　虛心為竹
　　　　　　　　　　　　清節而秋

經在漢初無解釋
字從斯後有真行　　　　著作追先哲
　——以上集《泰山金剛經》　精神讓後生
　　字聯　　　　　　　　　　——以上集《景君銘》字聯

大年生乎靜　　　　　　玉堂修史文皆典
盛德隆之祥　　　　　　香案承書望若仙

飛雲連河漢　　　　　　漢璧秦璆千歲品
長日入夏秋　　　　　　光風嘉月四時春

歲星仙氣原方朔
璧月新詞是義山

日月光昭，人共所仰
風雨和會，歲其有秋

仙闕玉堂，風雲所會
故人瑤札，河漢相望
————以上集《西岳華山碑》
字聯

天然深秀檐前樹
自在流行檻外雲

脫俗書成一家法
寫生卷有四時春

觀書要能自出見解
處世無過善體人情
————以上集《多寶塔碑》字
聯

山以石峻
海為川歸

龍門開鑿曲通海
石梁高懸峻極天
————以上集《石門頌》字聯

雲霞生異彩
山水有清音

有雨雲生石
無風葉滿山

波綠生春早
雲歸注雨遲

鹿門多大隱
花洞有長春

一藏梵聲濤在口
滿林花影月苞山

九萬里風斯在下
八千年木自為春

八體六書生奧妙
五山十水見精神

門掩梨花深見月
寺藏松葉遠聞鐘

三春花滿香如海
八月濤來水作山

萬里波濤歸海國
一山花木作香城

天機清曠長生海
心地光明不夜燈

書成花露朝分潔
悟對松風夜共幽

燈火夜深書有味
墨花晨湛字生光

春歸花外燕相識
雨洗林間翠欲流

座攬清輝萬川月
胸涵和氣四時春

珠林墨妙三唐字
金匱文高二漢風

黃昏花影二分月
細雨春林一半烟

清華詞作雲霞彩
典重文成金石聲

謝傅心情託山水
子瞻風骨是神仙
　　——以上集《聖教序》字聯

明月不離光宅寺
清風常度出山鐘

松濤在耳聲彌靜
山月照人清不寒

明月清風深有味
左圖右史交相輝

一室圖書自清潔
百家文史足風流

月沼觀心清若鏡
雲房養氣潤于珠

良玉潤珠，精神流照
吉金樂石，左右交輝

為學深知書有味
觀心澄覺寶生光

瓊質金相，當時之寶
頌經風緯，冠世而華

——以上集《醴泉銘》字聯

功深書味常流露
學盛謙光更吉祥

入世須才更須節
傳家積德還積書

西清恩挹三霄露
東觀文成五色雲

人品比南極出地
此心如大月當天

岩前煉石雲為質
檻外流泉月有聲

習勤不置能損慾
聞過則喜真得師

德取延和謙則吉
功資養性壽而安

月寮烟閣標清興
文府書城縱古今

氣淑年和，群生咸遂
冰凝鏡徹，百姓為心

書到右軍難品次
文如開府得縱橫

甘露卿雲，于斯為瑞
珠輝玉照，蓋代之華

立志須知三古盛
為書自起一家言

其書莫廢文明道　　　　直諒喜來三徑友
不爵而尊禮衛身　　　　縱橫富有百城書

心光明定得初月　　　　真輔相才葵向日
畫本依微來晚烟　　　　大光明地月當門

開樽忽見前身月　　　　畫本紛披來野意
用世猶存半部書　　　　文辭古怪亦天真

未須百事必如意　　　　校書長愛階前月
且喜六時長見書　　　　品畫微聞座右香

友來輒入論文座　　　　情文欲共尊彝古
書就還思作跋人　　　　志節應爭日月光

名書古畫不易得　　　　身修天爵貴無比
月閣烟寮相與清　　　　心有菩提香益清

知人其難九德貴　　　　悅心未厭無名畫
聞過則喜百世師　　　　積行惟收有用書

美富文才傳左國　　　　烟清忽見一鈎月
清微畫品數南宗　　　　人定微聞百和香

居安思危介節見　　　清時盛治人同仰
積疑得悟清光來　　　名世高文衆所師

愛道天開文府貴　　　滿室古香人有會
無心月到畫堂深　　　當階清蔭月初中

聞道何時常恐莫　　　畏友恨難終日對
置身有地未辭高　　　異書喜有故人藏

謹其常而權自足　　　榻橫左右書三尺
深于情者才始真　　　門向東南月一寮

高位尚須聞過友　　　立德立功，居之以敬
美名不廢等身書　　　友直友諒，尊其所聞
　　　　　　　　　　——以上集《爭坐位帖》字
　　　　　　　　　　聯

率意不知行徑晚
遂心時得異書藏　　　一亭俯流水
　　　　　　　　　　萬竹引清風

置身古人敢不勉
美利天下終無言　　　山靜蘭初放
　　　　　　　　　　亭幽竹與清

身向尺天崇位業
人從香海望才名　　　風和春日永
　　　　　　　　　　水映暮山清

風竹引天樂　　　　有情天不老
林亭集古春　　　　無事日斯長

風靜帶蘭氣　　　　咏懷當世事
日長娛竹陰　　　　叙次古人文

文品極于古　　　　林間春有信
清言足可聽　　　　竹外水生風

不隨時俯仰　　　　幽蘭間修竹
自得古風流　　　　流水抱春山

樂天有清致　　　　幽懷得春氣
次山長古風　　　　修竹引清風

同文懷盛世　　　　室有山林樂
大樂感人情　　　　人同天地春

觀水得其趣　　　　清猶臨川竹
臨文暢所言　　　　惠若當風蘭

宇宙靜無事　　　　清遊向天日
山林大有人　　　　幽抱託風懷

暢懷年大有
極目世同春

文情生若春水
弦咏寄之天風

惠日朗虛室
清風懷古人

古今人不相及
天地間有至文

斯文在天地
至樂寄山林

至化與人同樂
大和隨地皆春

靜坐得幽趣
清遊快此生

作文當有清氣
臨事終期虛懷

大同無少壯老
至樂合天地人

繫幽蘭于其帶
取古竹以為觴

萬事盡隨流水
一時同坐春風

聽水可當古曲
遊山常遇異人

少言不生閑氣
靜修可以永年

知者所樂在水
幽人託迹于山

無弦亦足生悟
有竹可以娛情

取人錄長捨短
攬古異世同情

弦管可知風化
林亭足暢幽懷

一亭盡攬山中趣
幽室能觀世外天

事有一長可取
氣與萬化同流

人品若山極崇峻
情懷與水同清幽

放懷于天地外
得氣在山水間

九曲天遊山抱水
萬年日觀嶺為亭

虛空自生靜氣
清風若遇故人

山靜無言水自喻
蘭因有信竹相懷

騁此長風快浪
欣然臨水觀山

山水之間有清契
林亭以外無俗情

靜坐自然有得
虛懷初若無能

山有此生未能至
竹為一日不可無

幽室在山自古
短亭臨水長清

與弦作契風生行
列坐為情水抱山

一室風生與可竹
萬言氣盛大年文

萬類靜觀咸自得
一春幽興少人知

大地清幽山水會
此生懷抱管弦知

文生于情有春氣
興之所至無古人

大文間世有述作
至樂在人無古今

世間清品至蘭極
賢者虛懷與竹同

天地同和為大樂
古今異世觀斯文

古人之風清與惠
賢者所樂和不流

風因得竹若殊遇
水不在山無激流

絲竹放懷春未暮
清和為氣日初長

為稽管樂當年迹
盡覽幽齋一帶山

老竹亭間生古趣
初蘭天氣得春陰

天地大觀極遊覽
山林異致得清幽

老可情懷常作竹
少文樂事在遊山

無事在懷為至樂
有長可取不虛生

曲室一間在此坐
長風萬里極其遊

文風欣遇清時盛
和氣能生大地春

有時自向竹間坐
無事一至蘭若遊

有萬夫不當之概　　　　坐隨蘭若幽懷暢
無一事自足于懷　　　　遊及竹林躁氣清

有足春隨惠風至　　　　時契幽懷同靜氣
無懷人合盛時生　　　　因觀流水悟文情

初日將臨山氣朗　　　　和氣春風賢者坐
清風暫至水紋生　　　　靜山流水至人懷

初春和會蘭生日　　　　林間日暮風初靜
一氣修長竹有年　　　　亭外春陰水自流

每坐風亭聽萬竹　　　　林外清流隨水曲
相期日觀俯諸山　　　　山間古竹引人清

每因感激懷知己　　　　賢者所懷虛若竹
為樂清虛寄可人　　　　文章之氣靜于蘭

作文每期于古合　　　　茂林清映內外室
寄懷時或與天遊　　　　遊絲閑掛短長亭

坐室觀天文曲朗　　　　亭間流水自今古
臨風品水惠山清　　　　竹外春山時有無

極目水天欣一覽
暢懷風日快初春

流水永無風浪作
春情時以管弦和

修己可知有樂地
作文自合捨陳言

流水相娛觀聽外
春風時在有無間

室因抱水隨其曲
竹為觀山不放長

流水情文曲有致
至人懷抱和無同

室臨春水幽懷暢
坐有賢人躁氣無

諸事隨時若流水
此懷無日不春風

遊春人若在天坐
聽曲情隨流水生

得山水樂寄懷抱
于古今文觀異同

朗抱如蘭言齊暢
虛懷得竹趣同清

清風有信隨蘭得
激水為湍抱竹流

寄興在山亭水曲
懷人于日暮春初

隨時靜錄古今事
盡日放懷天地間

峻品即為室俯仰
情懷常與古同遊

虛懷視水人咸悟
和氣為春天與遊

虚竹幽蘭出靜氣　　　　小有清閑，抱弦懷古
和風朗月喻天懷　　　　隨其時地，修己觀人

虛室向山生靜趣　　　　左咏臨流，畢觴盡日
幽亭臨水得閑情　　　　期情寄水，列趣當風

短亭盡覽山間趣　　　　竹氣初流，山靜若古
幽室能觀世外天　　　　蘭言相晤，春永于年

觴咏風流春未暮　　　　竹林諸賢，相與俯仰
清和天氣日初長　　　　蘭亭之會，豈有古今

群生咸若清風暢　　　　林氣映天，竹陰在地
盛世娛遊化日長　　　　日長似歲，水靜于人

靜坐不虛蘭室趣　　　　既然得水，豈可無竹
清遊自帶竹林風　　　　時或觀山，亦當有亭

靜坐竹林觀自在　　　　春水初生，縈懷左右
閑遊蘭若悟文殊　　　　清風惠及，盛領情文

靜悟古今無趣事　　　　清氣若蘭，虛懷當竹
能為天地有情人　　　　樂趣在水，靜氣同山

萬有不齊,放懷去得
一無所取,知足猶能

取靜于山,寄情于水
虛懷若竹,清氣若蘭
　　——以上集《王羲之褉帖》
　　字聯

（五）文化藝術聯

唐　代

粉毫唯畫月
瓊尺只裁雲
　　——杜牧《贈張祜》

筆架沾窗雨
書簽映隙曛
　　——杜甫《題柏大兄弟山居
　　屋壁二首》

清新庾開府
俊逸鮑參軍
　　——杜甫《春日憶李白》

敏捷詩千首
飄零酒一杯
　　——杜甫《不見》

筆落驚風雨
詩成泣鬼神
　　——杜甫《寄李十二白二十
　　韵》

荻岸如秋水
松門似畫圖
　　——杜甫《返照》

石闌斜點筆
桐葉坐題詩
　　——杜甫《重過何氏五首》

吐言貴珠玉
落筆迴風霜
　　——李白《贈劉都使》

六文開玉篆
八體曜銀書
　　——岑文本《奉述飛白書
　　勢》

飛毫列錦綉
拂素起龍魚
　　——岑文本《奉述飛白書
　　勢》

揮毫散林鶴
研墨驚池魚
——岑參《觀楚國寺璋上人
寫一切經院南有曲池
深竹》

飲硯時見鳥
捲簾晴對山
——岑參《敬酬李判官使院
即事見呈》

削簡龍文見
臨池鳥迹舒
——李嶠《書》

文如龜負出
圖似鳳銜來
——李嶠《奉和拜洛應制》

妙迹蔡侯施
芳名左伯馳
——李嶠《紙》

霜輝簡上發
錦字夢中開
——李嶠《筆》

握管門庭側
含毫山水隈
——李嶠《筆》

步石隨雲起
題詩向水流
——錢起《九日登玉山》

景深青眼下
興絕彩毫端
——錢起《中書王舍人輞川
舊居》

含毫凝逸思
酌水話幽心
——錢起《春夜過長孫繹別
業》

賦字咏新泉
探題得幽石
——王建《送韋處士老舅》

東壁圖書府
西園翰墨林
——張說《麗正殿宴》

冰痕生硯水

柳影透琴牀
　　——齊己《贈李明府》

筆尖寒樹瘦
墨淡野雲輕
　　——任翻《畫山水圖答大
　　愚》

夢覺空堂月
詩成滿硯冰
　　——姚合《武功縣中作三十
　　首》

散墨松香起
濡毫藻句清
　　——徐寅《尚書命題瓦硯》

林棲居士竹
池養右軍鵝
　　——孟浩然《晚春題遠上人
　　南亭》

墨潤冰文繭
香銷蠹字魚
　　——常袞《晚秋集賢院即事
　　寄徐薛二侍郎》

丹青丈室滿
草樹一庭深
　　——儲光羲《題眄上人禪
　　房》

井臼陰苔遍
方書古字多
　　——盧綸《尋貫尊師》

白水浮香墨
清池滿夏雲
　　——韋應物《對韓少尹所贈
　　硯有懷》

字隨飛蠹缺
階與落星齊
　　——林寬《和周縣校書先輩
　　省中寓直》

山對彈琴客
溪留垂釣人
　　——袁恕己《咏屏風》

滌硯松香起
擎茶岳影來
　　——曹松《贈衡山麋明府》

起草微調墨
焚香即宴娛
　　——高適《贈韋使君詩》

筆鋒迥日月
字勢動乾坤
　　——薛存誠《御題國子監
　　　門》

坐牽蕉葉題詩句
醉觸藤花落酒杯
　　——方干《題越州袁秀才林
　　　亭》

吟處落花藏筆硯
睡時斜雨濕圖書
　　——方干《寄江陵王少府》

偶逢新語書紅葉
難得閑人話白雲
　　——王建《晚秋病中》

夜含星斗分乾象
曉映雷雲作畫圖
　　——白居易《遊小洞庭》

素壁聯題分韵句

紅爐巡飲暖寒杯
　　——白居易《花樓望雪命宴
　　　賦詩》

兩幅彩箋揮逸翰
一聲寒玉振清辭
　　——白居易《酬思黯相公晚
　　　夏雨後感秋見贈》

新詩絕筆聲名歇
舊卷生塵篋笥新
　　——白居易《聞歌聲唱微之
　　　詩》

雪裏題詩偏見賞
林間飲酒獨令隨
　　——司空曙《下第日書情寄
　　　上叔父》

雨淋麟閣名臣畫
雪卧龍庭猛將碑
　　——司空圖《南北史感遇十
　　　首》

華堂翠幕春風來
內閣金屏曙色開
　　——劉長卿《觀李湊所畫美

人障子》

墨池飛出北溟魚
筆鋒殺盡中山兔
　　——李白《草書歌行》

舊碑經亂沉荒澗
靈篆因耕出故基
　　——李建勛《題魏壇二首》

無事將心寄柳條
等閑書字滿芭蕉
　　——李益《達歸信偶寄》

日映層岩圖畫色
風搖雜樹管弦聲
　　——宗楚客《奉和幸安樂公
　　主山莊應制》

驚燕拂簾閑睡覺
落花沾硯會餐歸
　　——鄭谷《題汝州從事廳》

蒙頂茶畦千點露
浣花箋紙一溪春
　　——鄭谷《蜀中三首》

窗竹影搖書案上
野泉聲入硯池中
　　——杜荀鶴《題弟任書堂》

醉筆倚風飄澗雪
靜襟披月坐樓天
　　——趙嘏《舒州獻李相公》

葉隨彩筆參差長
花逐輕風次第開
　　——羅隱《扇上畫牡丹》

隔岸春雲邀翰墨
傍檐垂柳報芳菲
　　——高適《同陳留崔司戶早
　　春宴蓬池》

銀燭有光妨宿燕
畫屏無睡待牽牛
　　——溫庭筠《池塘七夕》

彩筆十年留翰墨
銀河一夜臥闌干
　　——殷光藩《登鳳凰臺二
　　首》

嬌黃新嫩欲題詩

盡日含毫有所思
——薛能《黃蜀葵》

畫中留得清虛質
人世難逢白鶴身
——鮑溶《楊真人錄中像》

捲簾燕子穿人去
洗硯魚兒觸手來
——韓偓《疏雨》

蜂穿窗紙塵侵硯
鳥鬥庭花露滴琴
——韓偓《贈隱逸》

花間賜食近丹墀
烟裏揮毫對香閣
——韓翃《別汜水縣尉》

五　代

静閱王維畫
閑翻褚胤棋
——韋莊《和友人》

烟霞盡入新詩卷
郭邑閑開古畫圖

——韋莊《袁州作》

墨散餘香點酥蕚
月留殘影照窗紗
——詹教仁《介庵贈古墨梅
酬以一篇》

運思潛通造化工
揮毫定得神仙訣
——徐光溥《題黃居寀秋山
圖歌》

宋　代

宿雁半江畫
寒蛩四壁詩
——文天祥《夜坐》

屋破蝸書壁
庭蕉鶴印沙
——孫覿《春事》

揮毫爛彩霞
逸性飛湍水
——田錫《寄宋白拾遺》

字瘦偏題石

詩寒半説雲
　　——劉克莊《北山作》

硯池生細浪
香岫起微烟
　　——陸游《堂東小室深大衾
　　半之戲作》

碧縷生香袖
清漪漲硯池
　　——陸游《雜賦》

展畫發古香
弄筆娛畫寂
　　——陸游《夏日》

狂歌聲跌宕
醉草筆橫斜
　　——陸游《自喜》

硯浮窗外影
人拾樹中詩
　　——趙湘《題張處士山庭落
　　葉》

經營妙在心
舒卷功在手

　　——蘇轍《題石蒼舒醉墨
　　堂》

水鳥閑窺硯
窗燈冷照琴
　　——釋智圓《寄潤任法師》

洗硯魚吞墨
烹茶鶴避烟
　　——魏野《書逸人俞太中屋
　　壁》

酷愛似看名士畫
難題却憶古人詩
　　——丁謂《山》

含月有光吟不盡
著烟無迹畫方難
　　——田錫《和朱玄進士對
　　雪》

詩篇落處風雷動
筆力停時造化閑
　　——孫僅《贈種微君放》

花前尚飲連舩酒
燈下猶看細字書

——李至《再獻五章奉資一
笑》

天邊鶴駕瞻仙袂
雲裏詩箋帶海嵐
——李之儀《次韻東坡還自
嶺南》

含章簷下春風面
造化功成秋兔毫
——陸與義《和張矩臣水墨
梅》

風來松度龍吟曲
雨過庭餘鳥迹書
——陸游《題庵壁》

凍雲傍水封梅萼
嫩日烘窗釋硯冰
——陸游《冬晚山房書事》

墨試小螺看斗硯
茶分細乳玩毫杯
——陸游《入梅》

微丹點破一林綠
淡墨寫成千嶂秋

——陸游《閑遊》

困臥幽窗身化蝶
醉題素壁字棲鴉
——陸游《閑遊》

午窗弄筆臨唐帖
夜几研朱勘楚詞
——陸游《冬日》

扇題杜牧故園賦
屏對王維初雪圖
——陸游《初夏雜興》

數行褚帖臨窗學
一卷陶詩傍枕看
——陸游《初夏雜興》

重簾不捲留香久
古硯微凹聚墨多
——陸游《書室明暖終日婆
娑其間倦則扶杖至小
園戲作長句》

斷雲新月供詩句
蒼檜丹楓列畫圖
——陸游《舍北獨步》

日移簾影臨書案
風颭瓶花落硯池
　　——高耆《春晴》

得句硯中秋水減
覓題池上晚花添
　　——趙湘《留連李寺丞吟詩
　　　閣》

坐來苔蘚侵衣潤
吟處松花落硯香
　　——錢昆《宿延慶院》

翩然飛白璇題字
煥若丹青翠琰文
　　——蘇易簡《禁林讌會之
　　　什》

一簇樓臺如畫出
數群鷗鷺似家生
　　——魏野《和寇寺丞夏日遊
　　　麗春園》

元　代

水蕉籠筆格
露柳罩金堤

　　——倪瓚《為徐有常畫蓼湖
　　　別墅》

釣絲烟霧外
船影畫圖中
　　——倪瓚《寄王叔明》

桂馥逗虛牖
苔文滋硯池
　　——倪瓚《贈王仲和》

江山出圖畫
天地入舟航
　　——陳秀民《至岳州宿岳陽
　　　樓》

樹古蟲書葉
莎平鳥篆汀
　　——鮮于樞《湖上新居》

推蓬皆是畫
移櫂總堪詩
　　——鮮于樞《建德溪行二首》

山光艷桃李
澗影寫松竹
　　——趙孟頫《偶記舊詩一首》

妙墨時相贈
新篇不厭酬
　　——柯九思《題趙子昂詩卷
　　　三十韵》

朝遊詩書圃
夕憩翰墨場
　　——朱希晦《自述》

天河染露洗空碧
輕烟薄素開新圖
　　——于立《題錢舜舉畫青山
　　　白雲》

豈云筆底有江山
自是胸中蘊丘壑
　　——王冕《曹雲西〈山水
　　　圖〉》

牙籤耀日書充屋
彩筆凌烟畫滿樓
　　——王冕《送楊義甫訪雲林子》

百世光陰消鐵研
半山風雨語銅人
　　——劉詵《和張伯溫見壽》

冰髯玉節間苔杖
瘦影參差落墨池
　　——劉永之《三友圖》

晉帖臨成思入石
離騷讀罷擬栽蘭
　　——劉清叟《寄朱約山》

露引松香來酒盞
雨催花氣潤吟箋
　　——劉因《夏日飲山亭》

揮毫對客風生座
載酒論詩月滿篷
　　——鄧文原《送鮮于伯機之
　　　官浙東》

州依岣嶁屏邊住
人在瀟湘畫裏行
　　——陳孚《衡州》

芙蓉夜月開天鏡
楊柳春風擁畫圖
　　——陳孚《平江》

竹影縱橫寫月明
青苔石下聽鳴箏

——倪瓚《竹樹小閣》

簾旌不動香如霧
硯席生涼雨散絲
　　　　——倪瓚《贈范壻》

霜毫淡墨陰晴外
曙月寒窗夢寐中
　　　　——倪瓚《題寫篔簹谷圖》

燕落香泥霑紙重
蝶翻飛絮入簾輕
　　　　——貢性之《約遊山阻雨》

因閱杜詩刪舊稿
為觀羲帖習行書
　　　　——仇遠《高卧》

烟外好山供水墨
風前老樹奏笙簧
　　　　——李思衍《妙高臺》

竹帛有香豪傑在
山河無恙廢興多
　　　　——李思衍《彭城》

山館風清白日涼

硯池水滿墨花香
　　　　——周砥《寫畫寄良夫》

兔窟早空金椀地
鵝峰深潤墨池波
　　　　——張雨《筆塚》

硯池鳥下咏青蘋
樵路幽香來秋塢
　　　　——張天英《靈岩寺》

久知圖畫非兒戲
到處雲山是我師
　　　　——趙孟頫《蒼林疊岫圖》

傳家尚喜貧存硯
教子尤勤老著書
　　　　——金涓《寄王照磨季耕》

斜日疏篁無鳥雀
一灣溪水數函書
　　　　——黃公望《題倪雲林為靜
　　　　　遠畫》

風濤不動魚龍國
烟雨翻成水墨圖
　　　　——薩天錫《平望驛道》

· 385 ·

明　代

一窗粉墨開圖畫
萬里風烟入臥遊
　　——文徵明《楞伽寺湖山樓》

三月鶯花燕市酒
一牀書畫米家船
　　——文徵明《題許國用汗漫遊卷》

紫艷乍驚蓮在木
彩毫真見筆生花
　　——文徵明《幻住庵辛夷盛開與諸袁同賞》

墨痕慘淡發古意
筆力簡遠無纖塵
　　——文徵明《題石田先生畫》

春來鴻雁書千里
夜色樓臺雪萬家
　　——李攀龍《懷子相》

路從紅樹林邊出

人在丹青畫裏行
　　——吳志淳《過寶化寺》

故園飛夢春雲暮
仙洞題詩碧澗陰
　　——危素《簡方仲永》

林間煖酒燒紅葉
石上題詩掃綠苔
　　——徐渭《人物》

百年障眼書千卷
四海資身筆一枝
　　——唐寅《自笑》

晴窗展軸觀圖畫
淡墨依然見古賢
　　——唐寅《題元鎮江亭秋色》

綠樹當門流水住
青山如畫入城來
　　——錢宰《題林塘幽》

高原獨樹天邊趣
怪石幽篁畫裏情
　　——姚綬《幽篁怪石》

風和明月墮魚梁
淡墨殘書倚綠楊
　　——董其昌《題烟雨樓》

清　代

樹影岩中畫
泉聲石上琴
　　——方庶《靈岩瀑布》

飛泉穿樹腹
奇字入雲根
　　——吳偉業《趙凡夫山居為
　　祠堂今改為報恩寺》

洗硯池成玦
窺書月仰鈎
　　——吳偉業《破硯》

鶴飛十丈樹
碑臥千年苔
　　——張本《謁淮瀆廟》

疏燈秋讀畫
寒雨夜談詩
　　——張子上《失題》

墨汁流清硯
書香生綠莎
　　——倪玉田《登孔望山》

妙畫殊無意
殘書若有思
　　——周亮工《過半畝園贈龔
　　半千》

酒墨寫幽抱
磊落抒平生
　　——高其佩《題畫贈僧》

棚豆分窗綠
瓶花落硯香
　　——黃慎《草書自作五律》

破硯耕常在
擇鄰德不孤
　　——黃慎《草書自作五律》

梅花竹葉充庭際
萬壑千峰繞筆端
　　——方丈《虎踞關訪半千新
　　居有贈》

胸中丘壑看吾輩

筆底烟雲羨少年
——王時敏《贈虞山王石谷》

青螺秀出銀盤裏
畫圖常懸玉鑒中
——孫之庚《遊微山湖》

苔色水聲千丈畫
梅花竹子一山詩
——石濤《畫梅石竹子》

小扇畫鸞乘霧去
輕帆帶雨入江流
——余懷《金陵雜感》

門外山川供繪畫
堂前花鳥入吟嘔
——張宜泉《題芹溪居士》

夢中得句常驚起
畫裏看山當遠行
——張問陶《懷人書屋遣興》

詩寫性情毫屢試
酒澆塊壘手頻傾
——吳清文《賈魯河舟中》

輕移牙尺見勻箋
側偃銀毫憐吮墨
——吳偉業《畫蘭曲》

鏡因硯近螺頻換
書為香多蠹不成
——吳偉業《無題四首》

繞徑泉聲雲外出
捲簾山色畫中看
——汪琬《可盤灣贈李子恪臣》

巉岩白日苔花古
烟雨清湘水墨新
——李鱓《行書蘭花詩軸》

往事似棋看世局
新詩如畫寫紅樓
——陳恭尹《東袁密山通政》

毫端蘊秀臨霜寫
口角嚼香對月吟
——曹雪芹《咏菊》

聚葉潑成千點墨
攢花染出幾痕霜

——曹雪芹《咏菊》

蕙領光風來硯席
梅分香雪到庭除
——惲壽平《蘭梅》

筆鋒下插九地裂
精氣上與雲霄摩
——鄭燮《音布》

胸中墨汁三千斛
腕底清毫十萬莖
——鄭燮《題畫》

銀鴨金猊暖碧沙
瑤臺硯墨帶烟霞
——鄭燮《為婁真人畫蘭》

朗襟開曉月
壯筆過飛泉

斷碑工刻劃
妙墨煥精神

寄情聊翰墨
得意在烟雲

風聲談竹韵
月影寫梅痕

丹青蒼鷹舞
翰墨神龍吟

雲氣生毫端
樹色落研北

落筆撼五岳
成詩凌九霄

雅琴飛白雪
逸翰懷青霄

養心明素志
晰理入秋毫

績學源三鄭
奇珍集四歐

書中乾坤大
筆下天地寬

注研垂松露　　　　　　硯以靜方壽
攤書點石斑　　　　　　詩乃心之聲

溪光含畫意　　　　　　門外數峰雪
天籟助詩情　　　　　　爐前一硯冰

墨龍神飛意　　　　　　風流書中萃
書韵雅趣情　　　　　　錦綉筆下生

翰墨資吟興　　　　　　墨花飛紫霞
雲泉適野情　　　　　　筆陣起雄風

詩情秋水淨　　　　　　硯取檐前雨
畫意遠山明　　　　　　鈴搖天上風

圖書擁千卷　　　　　　珊瑚新筆架
花月滿一庭　　　　　　雲母舊屏風

春在江山上　　　　　　雨餘林氣靜
人入畫圖中　　　　　　水淨墨池香

池魚吞墨影　　　　　　雨來琴書潤
林鳥和書聲　　　　　　風定翰墨香

書存金石氣　　　　曉月照鐵硯
室有芝蘭香　　　　朝露潤竹窗

藝苑芝蘭茂　　　　書畫怡且樂
書林翰墨香　　　　金石壽而康

丹青多壽色　　　　帖寫宜春字
翰墨有奇香　　　　詩題頌歲詞

吟竹詩含翠　　　　繡虎雕龍筆
畫梅筆帶香　　　　騰蛟起鳳詞

弦隨書韵雅　　　　潤筆看鳳舞
詩帶墨花香　　　　疾書化龍飛

珠簾閑罷捲　　　　豪情着意注
金鼎篆留香　　　　椽筆帶龍飛

月華連畫色　　　　雲來畫檐宿
燈影雜星光　　　　龍向墨池歸

金石載千古　　　　春風翰墨香
刊刻留萬芳　　　　秋雨鮫龍悲

書藏絕妙畫　　　　　聞鷄晨練筆
月賞無聲詩　　　　　伴月夜讀書

烟嵐無價畫　　　　　几淨雲生硯
山水有聲詩　　　　　窗明月映書

文章出平淡　　　　　詞賦千秋筆
書畫來遠思　　　　　風雲當代書

月行疑讀畫　　　　　泉清洗端硯
花坐當熏衣　　　　　室雅藏奇書

筆硯耕學苑　　　　　泉清堪洗硯
文翰灑天機　　　　　山秀可藏書

面山如對畫　　　　　殘碑留古迹
玩水愛臨池　　　　　妙墨煥新華

書鏡光藝苑　　　　　松月多詩興
墨龍起天池　　　　　雲烟入畫圖

波間洗破硯　　　　　詩無入俗句
墨浪飛玄魚　　　　　胸有濟時心

吟哦出新意
坦率見真情

詩堪入畫方稱妙
官到能貧乃是清

玉案琴聲潤
紗窗燕語嬌

簾外五更風雨冷
案頭三尺筆墨濃

試墨書新竹
張琴和古松

佳製快傳烏玉塊
異香爭羨紫雲峰

靜聞魚讀月
笑對鳥談天

才如天駒行空慣
筆似乳燕點水輕

雲噴筆花騰虎豹
風翻墨痕走蛟龍

古墨半濃評硯譜
新泉初沸補茶經

翡翠筆架飛鸞鳳
珊瑚硯池貯虬龍

對月漫題招鶴咏
臨池常寫換鵝經

事業如今同刻鵠
文心自古重雕蟲

詩追白傅元和體
書仿黃庭內景經

芝蘭入室香俱化
書畫當庭韵最清

名畫要如詩句讀
古琴兼作水聲聽

畫泥琴聲夜泥書　　　　　筆花飛舞蘭亭帖
醉聞花氣睡聞鶯　　　　　詞學高華玉茗堂

橋頭看月色如畫　　　　　馳筆常苦夏日短
枕畔聽江流有聲　　　　　展卷不怨冬夜長

揮毫寫意透花氣　　　　　一簾疏雨琴書潤
潑墨抒情聞水聲　　　　　滿座清風枕簟涼

雅室翰墨溢香氣　　　　　寫書竹簡拈鮮碧
長廊芭蕉聽雨聲　　　　　臨帖藤箋拓硬黃

南澗題詩風滿面　　　　　作畫影描山更淡
長溝流月去無聲　　　　　著書心與日俱長

鸞鶴每于松下見　　　　　萬頃波瀾生筆底
珠璣時向筆頭生　　　　　九天星斗在胸中

深院抄書桐葉雨　　　　　千載畫圖山色裏
曲欄聯句藕花風　　　　　四時歌曲鳥聲中

座右圖書娛畫景　　　　　臺榭參差金碧裏
庭前松竹藹春風　　　　　烟霞舒捲畫圖中

文姿筆態雲山裏
畫意詩情烟樹中

竹蔭遮几琴易韵
花氣熏窗硯生香

古調詩吟山色裏
野聲飛入硯池中

竹雨暗滋書帶緑
梅風清漾墨飄香

深院塵稀書韵雅
明窗風靜墨花香

繡閣宵深燈結彩
綺窗春暖墨生香

心清自得詩書味
室雅時聞翰墨香

鸞鳳翔翔在寥廓
蛟龍筆翰生輝光

愛看春山疑讀畫
靜研古墨試聽香

新筆曾題紅葉句
華堂欣誦友琴章

書精古隸虬龍舞
畫擅寒梅筆硯香

筆走墨海生妙句
心寓書林出華章

紅梅淡冶山態絶
翠墨淋灘繭紙香

書味本長宜細索
硯田可種勿抛荒

窗臨水曲琴書潤
人讀花間字句香

汲古熔今傳筆陣
揚芬啓秀耀書林

一千峰裏烟霞勝　　　　　屋連湖光筆墨潤
十六景中圖畫存　　　　　窗近花苑琴書香

雨灑窗竹圖書潤　　　　　華陽墨水和丸妙
風過瓶梅筆硯香　　　　　蜀國烏煤落紙香

雨過竹侵書帙淨　　　　　揮毫落紙雲烟繞
風轉花落硯池香　　　　　把酒臨風草木香

風搖竹影書簽亂　　　　　雪案聯吟詩有味
雨灑硯池翰墨香　　　　　冬窗伴讀筆生香

墨花點筆濃雲黑　　　　　紅滴硯池花瀉露
瑤草入簾春雨香　　　　　綠藏書榻樹團雲

筆架山高虹氣現　　　　　墨池烟靄花間露
硯池水滿墨花香　　　　　茗鼎香浮竹外雲

明月當窗花影麗　　　　　金碧危樓迎曉日
羊毫落紙翰墨香　　　　　丹青畫棟起祥雲

半彎新月情入畫　　　　　風聲度竹有琴韵
一樹白梅雪裏香　　　　　月影寫梅無墨痕

瑞草惟成天上露
玉毫不着世間塵

法取蘭亭存氣韻
書隨時代見精神

崇山有閣千秋畫
流水無弦萬古琴

風月人將詩作料
雲山天與畫為神

筆健好臨新獲帖
手生重理舊傳琴

奇書古畫不論價
幽夢清詩倍有神

風斤日斧雕和璧
赤電朱霞顯籀文

宋帖唐詩相表裏
左圖右史自精神

增妍逸少龍蛇體
潤色青蓮錦繡文

光風霽月畫有意
流水高山詩傳神

鐘鼎一堂聯雁序
圖書千載煥龍文

筆如龍蛇堪稱妙
書到瘦硬方有神

濡墨舊傳羲獻筆
揮毫新擅柳蘇文

吟情瀟灑詩無敵
醉墨淋灕筆有神

畫懸古木棲鴉影
琴譜平沙落雁聲

神傳天外詩無草
春到人間筆有花

宿雨暗滋書帶草　　　水環畫室聲變細
春風先報墨池花　　　蘭護書窗香更多

五色艷爭江令夢　　　吟壇贈答追長慶
一枝春暖管城花　　　花榭壺觴繼永和

心中常貯千里志　　　格詩偶仿唐長慶
筆底能開傾刻花　　　襖帖閑臨晉永和

月寫個文疏映竹　　　夢中舊事時一笑
山行之字曲通花　　　醉裏題詩字半斜

以樸為秀古原樹　　　閑吟柳絮詩偏好
其真自寫斜陽花　　　醉寫梅花字半斜

雨過春山花洗硯　　　彩毫閑試金壺墨
香浮深院露高茶　　　青案時看玉字書

几靜雙鉤摹古帖　　　閑裁蕉葉題唐句
甌香細乳試新茶　　　細嚼梅花讀漢書

好雨兼旬春睡足　　　赤壁元推蘇子賦
遠山如畫晚吟多　　　黃金難買右軍書

筆弱多臨秦漢帖　　　嵐陽雲樹伊川月
辭窮重讀古今書　　　靈運詩篇逸少書

花落硯池香滿字　　　杯沾花露留住客
竹搖窗楣韵入書　　　案接雲山揀異書

騰蛟起鳳千重錦　　　三春楊柳傳詩意
潤筆揮毫萬卷書　　　滿眼江山入畫圖

書到極時書似畫　　　六朝風月新詩本
畫臻妙處畫如書　　　十里湖山古畫圖

宜春帖寫泥金字　　　烟霞盡入新詩卷
頌歲詞揮帶草書　　　山水逼開古畫圖

工部文章建安骨　　　掃除習氣删詩稿
米家圖畫鄴侯書　　　收拾春光入畫圖

白壁難求摩詰畫　　　雪窗快展時晴帖
黃金欲鑄子昂書　　　山館閑臨欲雨圖

繞屋嵐光三徑客　　　風搖竹影有聲畫
滿簾風雨一牀書　　　月照梅花無字詩

楊柳半池春裁酒
薔薇一硯雨催詩

翡翠幛書心撰稿
琉璃屏寫手抄詩

月上梅張窗外畫
雨多苔蝕壁間詩

綠酒紅燈看潑墨
淡雲微月伴吟詩

樓未起時原有鶴
筆經擱後更無詩

燈前紅豆尚書句
眼底青山小謝詩

似錦河山遍地畫
如花生活滿園詩

山中淡雲無墨畫
林間微雨有聲詩

一簾疏雨王維畫
四壁雲山杜甫詩

山靜水流開畫景
鳶飛魚躍悟天機

連雲翠黛王維畫
繞戶春風謝朓詩

藝圃乍驚龍化石
書壇初訝鳳窺池

帆影將就仿古畫
梅香分付入新詩

雲移榕樹侵書幌
風送岩泉潤墨池

紅雨一春簾外水
青山六代畫中詩

陰分庭樹遮書幌
風送檐花落硯池

銀流鵠白三都貴　　　書帶古香燒不盡
墨染鴉青五色奇　　　詩含畫意筆難描

閑拈古帖臨池寫　　　墨竹數枝宣德紙
靜把清樽對竹開　　　茗茗一杯成化窰

筆勢染來天氣現　　　開懷索句吟天地
硯痕乾處月輪開　　　潑墨揮毫寫春秋

畫竹節從胸次出　　　東漢文章留片石
折梅春入手中來　　　西泠翰墨著千秋

畫圖雲水毫端出　　　筆花墨寶聚一榻
詩句江山筆中來　　　警句佳篇名千秋

靜看林花舒素抱　　　興酣落筆搖五岳
閑題蕉葉抒幽懷　　　遊倦閉門圖九州

詩敲賀監湖頭月　　　執筆風雷雙管下
書拓曹娥江山碑　　　吟詩萬物一齊收

珠返九淵龍尚在　　　花木清香庭草綠
書沉百浦雁空回　　　琴書雅趣畫堂幽

書山有路勤為徑　　　　軟毫能寫龍過海
學海無涯苦作舟　　　　硬筆可書虎躍山

烟雨滿堂懸妙墨　　　　汲水灌花和雨露
芳琴隨處引清流　　　　臨池疊石幻溪山

新雨客疏塵鑲几　　　　閉戶讀書忘歲月
故山秋淡樹藏樓　　　　揮毫落紙走雲烟

花箋茗碗香千載　　　　燕尾似剪破碧水
雲影波光活一樓　　　　杏枝如畫依輕烟

詩句全從畫裏得　　　　奇香細雨金壺汁
雲山常在鏡中留　　　　舊譜曾傳易水烟

聊借畫圖怡倦眼　　　　沾墨纔題梅似雪
只研朱墨作青山　　　　揮毫又賦柳如烟

讀書衆壑歸滄海　　　　詩書浩瀚通今古
下筆微雲起泰山　　　　翰墨才華驚地天

洗硯新添三尺水　　　　一池濃墨盛硯底
藏書深入萬重山　　　　萬木長毫挺筆端

寧將鐵硯磨穿底　　　　雲淡雨香詩世界
不讓浮雲上筆端　　　　水流山靜畫根源

收入雲山歸畫卷　　　　無情歲月增中減
品題風月到詩篇　　　　有味詩書苦後甜

月界曉窗琴岳潤　　　　脫手新詩增雅興
竹搖新几墨雲鮮　　　　擘窠大字寫春聯

錦繡春明花富貴　　　　草閣有廊隨水曲
琅玕書報竹平安　　　　雲房無畫借山看

丹青古美留真迹　　　　筆花曉浥千山雨
翰墨因緣壯大觀　　　　詩草長留五嶺春

鵬起天池風萬里　　　　五夜筆花雙管發
龍遊藝苑字三千　　　　一篇聯草百年春

點梅彩筆不爭俏　　　　幾處桃符長史帖
吟雪詩魂豈畏寒　　　　滿城爆竹太平春

藤根揉就充書架　　　　幾樹好花開白晝
蕉葉斜分作硯田　　　　一聯佳句佔陽春

書屏錦繡藏妙意　　　　吐艷丹青皆有意
畫景旖旎獨匠心　　　　流香翰墨自多情

高于筆墨先于意　　　　春色九州催筆意
老在鬚眉壯在心　　　　和風萬里激詩情

過眼雲烟金石錄　　　　筆底縱談中外事
賞心風雨竹梧陰　　　　胸間洞識古今情

碧澗生潮朝至暮　　　　清新雋永詩書氣
青山如畫古猶今　　　　樸素天真翰墨情

山色遠含圖畫意　　　　梅月橫窗成畫本
水聲微帶管弦音　　　　蘭風度檻入詩情

滌硯灘頭無積累　　　　室雅壁掛明清畫
吹簫月下有遺音　　　　心清遠懷山水情

墨含雲海藏厚意　　　　窗含遠樹通書幌
詩納山川見真情　　　　雲帶束風洗畫屏

片紙能縮天下意　　　　滌硯不嫌池水冷
一毫可畫古今情　　　　寫書偏愛雪窗明

萬戶管弦歌盛世
滿天紅紫耀春光

學海無涯勤是岸
雲程有路志為梯

書從疑處翻成悟
文到窮時自有神

得好友來如對月
有奇書讀勝看花

書到用時方恨少
事非經過不知難

千古文章雙管筆
四時風雅一篇詩

學淺自知能事少
禮疏常覺慢人多

文星照耀連奎璧
麗句瑤瓊煥彩章

四時花草，織出文章

——以上紡織廠用

（六）常用喜慶吉祥聯

諸般偉業人為貴
現代能源電可嘉

鐵樹生輝，銀花吐焰
春城不夜，月殿常明

——以上發電廠用

工礦企業

座座平爐，鋼花飛濺傳
捷報
排排井架，油浪翻騰奏
凱歌

——煉鋼廠用

鼓風吹綠門前樹
爐火映紅心底花

媧皇煉來，天亦可補
愚公移去，山為之開

——以上礦山用

聚來千畝雪
化作萬家春

絲綫浸透辛勤汗
錦緞綴滿智慧花

建成大厦豪華宅
留與後人久遠居

日彩月華，紋成五色
雲羅霞綺，錦製七襄

頓看平地樓臺起
忽送千峰紫翠來

萬國山川，組成錦綉

以夜繼日，笑灑熱汗千
滴

沐雨櫛風,喜建廣廈萬
間
　　——以上建築業用

源泉滾滾取不盡
流水蕩蕩竟自來

汩汩其來,携取方便
涓涓不息,應用無窮
　　——以上自來水廠用

燈光天欲笑
泡影月爭輝

光耀九霄能奪月
輝騰一室勝懸珠

焰吐銀絲,貫通綫索
輝騰金粟,籠罩玻璃
　　——以上燈具廠用

筆底能描千樣彩
機中可綻萬般花

依樣葫蘆,精湛模仿

本來面目,不爽毫厘
　　——以上印刷廠用

瑤臺未必如斯潔
玉宇何曾若此明

秋水為神,纖塵不染
寒水作骨,皓月同明
　　——以上玻璃廠用

日送千家信
時通萬里心

平安勞遠報
消息喜常通

消息從天降
音書逐電來

千里春風勞驛使
三秋芳心寄郵人

四海五湖無遠弗及
九州萬國有綫可通

消息借流通，報導梅花
無恙
平安勞傳訊，莫教竹素
相思
————以上郵局用

交通運輸

東風勁疾
鐵蟒飛馳

積聚九州鐵
開通萬里程

縮千里為咫尺
聯兩地成一家

飛行似覺追風去
乘坐猶疑逐電行

循規應時憑雙綫
風馳電掣越千山

駕水穿山，縱橫萬里
越都跨國，聯絡八方

通萬里程，別開捷徑
聚九州鐵，遠闢康莊
————以上鐵路、航空用

長空雲破山推月
四海波平水接天

破浪乘風，送君千里
浮槎泛宅，涉彼五湖

錦纜牙檣，烟波事業
蘭橈桂楫，湖海生涯
————以上港務用

農 業

人勤春早
國泰民安

山歡水笑
物阜民康

六畜興旺
五穀豐登

春風送暖　　　　　　安定百業旺
旭日融和　　　　　　辛勤五穀香

春暖大地　　　　　　勞動保本色
福滿人間　　　　　　廉潔有高風

梅開盛世　　　　　　春種一粒籽
雪兆豐年　　　　　　秋收萬擔糧

人勤三春早　　　　　揮筆天飛鳳
地肥五穀豐　　　　　落鋤地生金

萬頃禾苗綠　　　　　屋環花果樹
千山花果香　　　　　門對米糧川

山頭林木茂　　　　　清風吹麥隴
橋畔稻花香　　　　　細雨濯梅村

東風迎新歲　　　　　稻穀香千里
瑞雪兆豐年　　　　　春風暖萬家

紅旗擎天地　　　　　劈山開渠道
妙手繡乾坤　　　　　引水灌良田

霜清獲稻日　　　　　　五穀豐登千戶樂
秋高賞桂天　　　　　　六畜興旺萬民歡

東風入春化雨　　　　　牛馬猪羊六畜旺
汗水落地生金　　　　　魚蝦蓮藕一池香

喜看山花爛漫　　　　　地增糧倉人增壽
笑談桑麻豐收　　　　　春滿乾坤福滿門

又是一年芳草綠　　　　階前春色濃如許
依然十里杏花紅　　　　戶外風光翠欲流

萬頃嘉禾呈瑞氣　　　　向陽門第風光好
千園碩果沐春風　　　　勞動人家志氣高

萬里東風生柳葉　　　　向陽紅花香千里
五陵春色泛桃花　　　　豐收美酒醉萬家

門前綠水聲聲笑　　　　勞動門第春常在
屋後青山歲歲春　　　　勤儉人家慶有餘

風和日暖千家樂　　　　村落繞山松葉翠
燕語鶯歌萬戶春　　　　門庭臨水稻花香

連天瑞雪千門樂　　　　　喜新春萬事如意
獻歲梅花萬朵香　　　　　祝今年五穀豐登

房前屋後桑榆茂　　　　　登枝鵲叫全家福
舍北村南稻穀香　　　　　耀眼花開大地春

春來田野翻綠浪　　　　　勤儉人家先致富
秋到山川湧金濤　　　　　向陽花木早逢春

春種桑田皆碧玉　　　　　霞蔚雲蒸新宇宙
秋收遍地盡黃金　　　　　春華秋實好農村

繞堤柳借三篙翠　　　　　宅邊屋角，瓜黃菜綠
隔岸花分一脈香　　　　　池旁河畔，鴨大鵝肥

鶯歌燕舞春色艷　　　　　春暖花開，同迎麗日
天翻地覆氣象新　　　　　人歡馬叫，共奪豐年

銀鋤閃爍千疇綠　　　　　海晏風清，魚塘增産
旭日光華萬物榮　　　　　人勤春早，隴畝鋪金

綠柳舒眉觀新歲　　　　　綠染千疇，揮鋤奪寶
紅桃開口笑豐年　　　　　春臨大地，灑汗成金

春耕沃土,翻起千層浪
秋收稻菽,飄來萬里香

紫燕高飛,剪開千重雲
霧
布穀歡唱,催促萬家春
耕

人勤春早,千里山河忙
備耕
花繁果碩,萬衆一心繪
新圖

大地春回,千山披翠千
山美
東風送暖,萬水揚波萬
水歡

普天開曉運,一片紅霞
迎旭日
大地轉新機,萬條綠柳
舞春風
　　　——以上農村通用

披星牽牛走

戴月荷鋤歸

幾家綠樹扶疏裏
一代新蒲掩映中

引來綠水歸池沼
長愛青山在戶庭

夾岸曉烟楊柳綠
滿園春色小桃紅

老鶴尚存松竹志
幽禽時作稻粱謀

尋巢梁燕穿簾入
呼伴鄰鷄過院來

鄰叟爭誇留犢愛
村童初學牧牛歌

遠近山看雲潑黛
高低田盡水浮藍

汲水人冲孤鶩起

夕陽牛帶暮鴉歸　　　　　兩岸黃鶯帶雨飛

村徑繞山楓葉暗　　　　　一江明月推蓬坐
柴門臨水稻花香　　　　　千里滄洲掛席遊

春水綠環垂釣石　　　　　人影不隨流水去
遠山青入讀書窗　　　　　漁歌先已隔江聞

桑榆已換長春景　　　　　幾處短籬環蟹舍
稼穡仍稱大有年　　　　　沿江修竹釣魚竿

桑麻十畝逢春種　　　　　幾樹斜陽晴曬網
菰米三升帶雨春　　　　　一篷涼月夜吹簫
　　——以上農家用

江湖雙桂棹　　　　　　　十里雲山携鶴出
風雨一蓑衣　　　　　　　一蓑烟雨釣魚歸

萍開山影直　　　　　　　雲帶雨隨孤棹去
風定水痕圓　　　　　　　風吹湖上小灘來

晴嵐含遠景　　　　　　　日晚漁歌多近水
積水蓄層瀾　　　　　　　雨餘蜃氣淨浮烟

一行白鷺橫江去　　　　　水國蒼茫佳氣滿

江村儉樸古風存　　　　好山十里錦屏風

水漲江魚來別浦　　　　兩岸人爭桃葉渡
人歸沙鳥立虛舟　　　　幾家村住荻花洲

四面汀洲三面水　　　　沙草數叢垂釣處
二分烟月八分雲　　　　浪花千頃繫船時

江村潮落魚標在　　　　芙蓉江上三間屋
海市春回蜃氣濃　　　　楊柳堤邊萬里橋

收罾橋上泥留迹　　　　賣魚市散泥猶滑
撒網溪邊水有聲　　　　照蟹舟歸水正肥

好雨連江三月暮　　　　春水滿江雙槳快
滿溪春水一舟橫　　　　好風十里一帆輕

帆飽早知風力足　　　　春水滿江魚正美
釣收重見水痕圓　　　　夕陽深巷燕初歸

帆舞東風征大海　　　　春水綠時雙鷺下
門臨旭日樂漁家　　　　夕陽紅處一鴻歸

遠水一泓青鏡匣　　　　背山網向前灘曬

隔水歌從對岸聞

柳岸釣收溢浦月
桃源尋得武陵春

繞樹晚烟含蜃氣
澆花春水帶魚腥

短笛數聲携網出
清歌一曲採蓮歸

朝爭潮汛歌浮海
夕映歸帆魚滿艙

流水一灣涵月白
明霞幾片映花紅

淺渚鷗翻波底月
春江魚戲水中天

養鶴自栽池上竹
放魚不植水中蓮

熙春漁港千帆集

出海雲濤萬網張
——以上漁家用

鳥因春急催耕早
牛解日長放步遲

名駒爭說宛西產
神駿曾空冀北群

伏櫪尚存千里志
超群曾現五花身

數聲牧笛歸來晚
三月農田播種忙
——以上牧業用

泥岸排嫩藕
松根煮老菱

扁舟採蓮女
古柳賣瓜翁

馬壯牛强豬快長
鵝肥鴨嫩鷄成群

池上嫩葵栽鴨脚
籬邊生菜種龍鬚

柳營春試馬
虎帳夜談兵

雨多籬豆初垂角
風暖園蔬欲上心

鋼槍震敵膽
鐵脚踏賊營

草閣遠環桑柘社
板橋遥接菜花畦

倚劍霜花落
揮戈日影迴

短垣籬落三間屋
小圃蔬香七尺樓

投鞭斷流渡險
擊鼓飛旗奪關

蔓蘿低覆牆頭草
瓜藤高擎架上花

一樹紅梅掩哨所
滿腔熱血保邊疆

門對青山，羊兔群群嬉
碧毯
窗臨綠水，鴨鵝隊隊戲
清波
——以上副業用

一顆赤心護赤縣
萬里長空築長城

萬古勛名垂史冊
千秋義勇壯山河

軍　隊

英名蓋世
壯志凌雲

心貼人民軍威壯
胸懷祖國膽氣豪

戈戟馳驅揮落日
旌旗彪炳舞春風

軍號嘹亮驅晨霧
步伐雄健迎朝陽

守海疆披肝瀝膽
馭鐵鯨破浪迎風

戰士血熱融冰雪
哨所威高鎮邊關

艦穿浪峰生壯志
心隨海潮湧豪情

鐵甲氣揮霜露冷
戰刀光射斗牛寒

祖國江山堅如磐石
中華兒女颯爽英姿

積年累月,練好殺敵本領
忠心赤膽,保衛祖國河山

常備不懈,苦練過硬本
領
緊握鋼槍,守衛大好河
山

立山巔岩石,八面風雲
收眼底
聽耳畔松濤,萬家憂樂
在心頭
——以上部隊用

魚水兩相依
軍民一家親

喜臨英雄門第
春到光榮人家

工農同飲慶功酒
軍民共戴團結花

軍民團結如一人
試看天下誰能敵

軍屬門上光榮匾
戰士胸前英雄花

光榮燈照英雄第
明媚春臨壯士家

光榮門第春色滿
幸福人家喜氣盈

英雄門第三春錦
模範人家一品紅

英雄功績昭百世
烈士芳名傳千秋

魚水相依情誼重
軍民團結磐石堅

烈士精神傳萬代
英雄家譜續千秋

新春鄰里傳捷報
佳節鑼鼓慶功臣

民族正氣,山川增色
功臣喜報,門第生輝

民擁軍,意比泰山重
軍愛民,情似東海深

東風吹暖英雄門第
喜報映紅光榮人家

魚游水,水養魚,魚水情
重
軍愛民,民擁軍,軍民一
家

螺號長鳴,千里海疆傳
捷報
鋼槍閃亮,億萬軍民築
長城

——以上擁軍愛民用

學 校

校園迎春綠
桃李向陽紅

桃李滿天下
雨露遍神州

人梯巧搭攀登路
心血勤澆棟梁材

萬里春風催桃李
一片丹心育竹松

園丁辛勤一堂秀
桃李成蔭四海春

嘔心瀝血栽桃李
廢寢忘餐育棟梁

知識海洋勤是岸
科技高峰志為梯

桃園沸騰春來早
師生團結佳話多

熱汗染成千頃綠
丹心育出萬代紅

尊師愛生風尚美
勤學苦練氣象新

滿室芝蘭添錦色
盈門桃李笑春風

心血育紅祖國花朵
東風吹綠校園春苗

為人師表，誨而不倦
替國樹才，教必有方

燕舞鶯歌，喜盈大地
桃歡李笑，春滿校園

甘做園丁，為祖國添秀
願為春雨，育桃李成材

春風化雨，滿園桃李美
丹心育苗，遍地棟梁材

不學習，知識好比沙灘
淺
勤讀書，智慧就像海洋
深

引萬道清泉，澆祖國花朵

傾一腔熱血,鑄人類靈魂

——以上學校、科教用

育英才,寧願春蠶絲吐盡
樹棟梁,何惜明燭淚成灰

商　業

萬民便利
百貨暢通

求學應以宏博漸進為貴
讀書必由基礎次第而升

禮貌待客
文明經商

東風勁吹,老樹新枝齊競秀
陽光普照,嫣紅姹紫盡爭春

明碼實價
童叟無欺

給群眾方便
當顧客參謀

春暖校園,心血注澆桃李樹
胸懷祖國,辛勤培育棟梁材

三尺櫃臺傳暖意
一張笑臉帶春風

開源能引千泓水
節流可聚萬盤珠

攀登科學高峰,滿腹雄心挾雷電
趕超世界先進,沖天意氣捲風雲

生意興隆通四海
財源茂盛達三江

名聲譽滿三江水
好貨能招四海賓

聚四面八方產品
保千家萬戶需求

好貨連櫥春永駐
笑容滿店客忘歸

靈活經營，財源茂盛
薄利多銷，生意興隆

赤心迎來三江客
笑顏送走四海賓

經濟流通，利人利己
財源周轉，富國富家

兩厢錦綉藏百貨
一店春風暖千家

城鄉携手，購銷兩旺
工商同心，市場繁榮

花發上林生意盛
鶯遷喬木好事多

喜迎笑送，使顧客高興
千挑萬揀，讓買主稱心

國增財富人增壽
春滿商場喜滿門

三尺櫃臺，一顆紅心塵
不染
八方顧客，百問不厭熱
情高

錢因節儉財方聚
貨不停留利始生

以天下為己任，紅心似
火

商店向陽連千戶
櫃臺春暖送萬家

把顧客作親人，笑臉如
春

——以上商業通用

交以道,接以禮,一團和氣
近者悅,遠者來,四海春風

店好千家頌
壇開十里香

滿面春風,迎來五洲顧客
熱心服務,送別四海佳賓

聞者須止步
知味且停車

舉杯邀明月
和曲舞春風

文明經商,門庭若市春滿店
禮貌待客,賓至如家暖人心

座上客常滿
樽中酒不空

烹煮三鮮美
調和五味羹

櫃臺內外,五彩繽紛添新色
貨架上下,琳琅滿目綻奇花

一川風月留醑飲
萬里山河盡浩歌

水如碧玉山如黛
酒滿金樽月滿樓

節約能使積累多,開源更引千泓水
儲蓄不嫌存錢少,抑流可聚萬盤金

飯菜香美迎客早
桌潔杯淨映春紅

飯菜譽滿三江水
情意飽暖四海心

飯熟菜香春滿座
窗明几淨客如雲

沽酒客來風亦醉
賣花人去路還香

畫棟前臨楊柳岸
青簾高掛杏花村

酌來竹葉凝杯綠
飲罷桃花上臉紅

路旁小店最順路
家常便飯如到家

勝友常臨，可修食譜
高朋雅會，任選山珍

釀之太和，醇醇有味
酉以言德，鬱鬱生香

竹葉杯中，萬里溪山閑
送綠
杏花村裏，一簾風月獨
飄香
——以上飯館酒樓用

丹荔紅蕉誇百粵
黃橙綠桔冠三湘

桔綠橙黃皆應市
藕絲菱角盡稱珍

佳製登盤，多色香味
奇珍滿架，有桃李梅

綠桔紅柑，奇香可挹
交梨火棗，仙品同珍

南北蜜餞名產，色色俱
備
千里乾鮮果品，源源運
來
——以上食品水果店用

香分花上露

水汲石中泉　　　　　　　水甜幽泉霜雪魂

客至心常熱　　　　　　　翠葉烟騰冰碗碧
人走茶不涼　　　　　　　綠芽光照玉甌香

為愛清香頻入座　　　　　凝成黃山雲霧質
欣同知己細談心　　　　　飄出九華晨露香

九曲夷山採雀舌　　　　　芝蘭送香，幽淡最奇
一溪活水煎龍團　　　　　松竹贈綠，素雅為佳

只緣清香成清趣　　　　　壘七星竈，選來香茗
全因濃釀有濃情　　　　　煮三江水，迎接佳賓

花間渴想相如露　　　　　桔井泉香，杏林春暖
竹下閑參陸羽經　　　　　芝田露潤，蓬島花濃
　　　　　　　　　　　　——以上茶館·茶葉店用

製出月華圓若鏡　　　　　流輝增瑞彩
切來雲片薄如羅　　　　　異色賽春花

松濤烹雪醒詩夢　　　　　金柳若搖鶯欲語
竹院浮烟蕩俗塵　　　　　銀花如綻蝶疑飛

茶香高山雲霧質　　　　　青出于藍原有本

· 424 ·

白翻乎黑豈無因

淡妝濃抹調新色
頑綠癡紅發古香

鵝黃鴨綠雞冠紫
鷺白鴉青鶴頂紅

妙手調和一江春水
能工巧染五色祥雲

嫩綠嬌紅，添就幾般春色
輕黃淡白，染成一段秋容

——以上顏料、洗染店用

雲織天宮錦
霓裁月姐裳

巧奪天孫錦
奇誇國色香

人受凍寒非我願
世皆溫暖是余心

巧裁錦帶鴨頭綠
漫剪羅衫杏子紅

好將妙手誇針巧
漫把春光細剪裁

時裝任我精心製
美服憑君着意挑

金剪裁衣如鳳舞
銀針引縷似鸞飛

剪綠裁紅裝春色
挑花繡朵美儀容

寒衣熨出春風暖
彩縷添來瑞日長

願將天上雲霞服
換作人間錦繡衣

——以上服裝店用

就我生春色
為君修美容

進來蓬頭垢面
出去煥發容光

沿途飲啖須留意
逆旅交遊要小心

雖為毫末技藝
却是頂上功夫

驛路星霜增閱歷
他鄉風景莫留連

到來盡是彈冠客
此去應無搔首人

棧曲有雲皆獻瑞
房幽無地不生春

修就一番新氣象
剪去千縷舊東西

喜得東西南北客
獻出兄弟姐妹情

燙髮推頭除舊貌
吹風修面換新顏
　　——以上理髮店用

小住為佳，客來則喜
引人入勝，賓至如歸

萍水相逢，見面如親人
停車暫住，入店似歸家

接待八方旅客
歡迎四海親人

歡迎春夏秋冬客
款待東西南北人

飯香菜美，喜供佳賓醉
飽
褥淨被暖，笑迎遠客安
居
　　——以上旅社用

赤心迎來三江客
笑顏奉送四海賓

聚蓄百藥

· 426 ·

平康兆民

一代精華鍾草木
百年功效著參苓

花放杏林輝曉日
藥生蘭室動春風

細考蟲魚箋爾雅
廣收草木續離騷

春晚帶雲鋤芍藥
秋高和露採芙蓉

消憂去病身長健
寡慾無欺心自安

桔井香流，散作萬家甘
雨
鼎爐火暖，燒成濟世金
丹
——以上藥房用

瓦留銅雀古
水泡玉蟾新

夜寂磨殘月
吟餘照落花

揮毫列錦綉
落紙鋪雲烟

潤帶滄溟水
清涵碧澗泉

大力可能通紙背
尖毫仍覺吐花香

天涯雁寄回紋錦
水國魚傳尺素書

雲烟落紙光華耀
膠漆和香氣味馨

龍箋能達雙龍闕
鳳尾堪修五鳳樓

玉露磨來濃霧起
銀箋染處淡雲生

匣藏鐵硯青雲斂
墨灑金壺紫汁凝

珍共圖書，爭輝赤壁
林成翰墨，遊藝西園

貯水養來青玉案
和烟磨出紫溪雲

脫穎吐花，生新育艷
乘雲染翰，選拔前茅

質分蕉葉和烟斷
潔比梅花帶雪磨

鋪玉銷金，揮毫如意
含章蘊藻，美品可珍

窗下展開秦甸月
筆端題破錦江春

鐵畫銀鈎，惟藉紫毫爭
瘦硬
錦心繡口，都從斑管出
清新

銛鋒梳盡中山兔
蘸墨驚飛海上魚

鐵硯磨穿，老幾輩黑松
使者
金壺灑盡，稱一代文翰
大家

滿座鼎彝羅秦漢
一堂圖畫燦烟霞

——以上筆墨紙硯店用

鏨金映出千行錦
鑽石刊成五彩文

書林含馥鬱
藝海匯英華

華麗婀娜，琳琅滿目
寶光映彩，金碧輝煌

丹青飾山水
金碧繪樓臺

圖書騰鳳彩
文筆若龍翔

錦綉河山胸中貯
奇幻烟雲筆底生

思飄雲物外
詩入畫圖中

竹樹樓臺，彈指即現
烟雲丘壑，着紙而成

筆端通造化
意表出雲霞

紙上縱筆，奇山異水
雪中綴景，百態千姿

千秋筆墨驚天地
萬里雲山入畫圖

柳骨顏筋，千秋楷法
韓潮蘇海，萬頃文瀾

千古風流今勝昔
一川水墨永傳神

鐵畫銀鈎，剛柔互濟
通神盡態，粉墨一新

天外江山來筆底
胸中丘壑寫毫端

翰墨圖書皆成鳳彩
往來談笑盡是鴻儒

神來萬里江山外
人在一樓烟雨中

聚典籍精華，嘉惠後進
匯中西學術，樂育新民
——以上書畫店用

春風有意在流水
古賢寄迹于斯文

龍蛇蜿蜒歸梨棗
鳥獸飛騰入簡箋

升平潤飾淮西頌
翰墨因緣寶晉齋

閑對好花看鳥躍
靜臨清沼悟魚游

集千古楷書模範
考九州字學源流

有迹可尋,模傳墨本
無體不備,意在筆先

鐵筆常操,功成刻鵠
金章可琢,藝進雕蟲
　　——以上碑帖、刻印店用

宋錦吳綾工絢飾
魏碑晉帖善裝潢

點綴烟雲邱氏錦
裝潢書畫米家船

割方寸箋,粘東坡像
裁尺幅錦,展周昉屏
　　——以上裱畫店用

文藝體育

藝苑春風動
舞臺曙色新

戲臺小天地
人生大舞臺

戲唱千年事
義明今日人

唱時代贊歌
寫人民心聲

認認真真演戲
堂堂正正做人

文壇英才揮彩筆
藝苑新秀唱頌歌

妙曲吹開百花艷
神姿舞得萬馬騰

詩歌書畫頌大治

吹拉彈唱慶升平

香隨靜婉歌聲起
影伴嬌嬈舞袖垂

彩筆傳情歌四化
歌喉達意頌長征

舞臺方寸懸明鏡
優孟衣冠啓後人

藝苑奇葩爭芳斗艷
文壇妙手推陳出新

妙舞翩躚，風光無限
清歌婉轉，弦管齊鳴

喜看舞臺群英聚會
笑迎藝苑繁花盛開

喜文壇幾多老枝正開花
賀藝苑一代新秀又綻蕾

演英雄，扮好漢，教育群衆

翻舊曲，唱新歌，娛樂人民

妙筆千枝，畫不盡九州
春色
珠喉萬囀，齊來唱四化
凱歌

濃墨重彩寫不完人間春秋
千歌萬曲唱不盡黨的恩情

銀幕錦屏，五光十色春
意鬧
文壇藝苑，萬紫千紅氣
象新

——以上文藝界用

飛燕入水俏
猛虎登山雄

體壇頻傳捷報
健兒倍增豪情

替國爭光健兒志
為民建勳赤子心

健兒汗灑賽場內外
友誼花開海角天涯

樹雄心，朝世界紀錄瞄準
立壯志，為祖國人民爭光

紅旗下運動健兒闊步前進
春光裏群衆體育紅花盛開

練身體鑄意志養成好風格
勝不驕敗不餒賽出新水平

——以上體育界用

醫療衛生

益壽延年
妙手回春

巧手醫百病

紅心暖萬家

講衛生移風易俗
練身體益壽延年

講衛生全家健康
除四害滿院清新

病災不染清潔地
福壽常臨健康家

紅色醫生救死扶傷
白衣戰士妙手回春

實行晚婚夫妻幸福
計劃生育家庭美滿

耿耿丹心醫傷解痛
雙雙妙手起死回生

——以上醫務界用

家 居

紅光繞座
紫氣臨門

鶯遷喬木　　　　　　祥雲浮紫閣
燕入高樓　　　　　　喜氣溢朱門

花開富貴　　　　　　鶯遷乃故里
竹報平安　　　　　　燕賀即新居

五雲蟠吉地　　　　　朱門隨水曲
三瑞映華門　　　　　香徑就山開

平泉承舊業　　　　　上苑梅花早
綠野煥新村　　　　　重門柳色新

旭日臨門早　　　　　春風生及第
春風及第先　　　　　旭日正當朝

玉堂呈畫錦　　　　　日暖華堂來紫燕
華屋藹春暉　　　　　春和玉樹發新枝

松菊陶潛宅　　　　　日暖階前生玉樹
詩書孟子鄰　　　　　鶯嬌堂上茁蘭芽

幽棲成小築　　　　　華堂畫永書香滿
適意在匡居　　　　　喬木春深雨潤多

秀水繞門藍作帶　　　　　紫氣迎祥雙闕曉
遠山當戶翠為屏　　　　　彤雲獻瑞五門春

別業落成春買樹　　　　　福星高照勤勞宅
新居無事日栽花　　　　　喜氣長留儉樸家

金碧增輝新棟宇　　　　　瑞映華堂多喜色
文明改換舊門庭　　　　　吉臨新宅煥春光

庭前芳草皆生意　　　　　燕喜新居春正暖
樹上流鶯作比鄰　　　　　鶯遷喬木日初長

擇居仁里和為貴　　　　　一代祥光佔地運
善與人同德有鄰　　　　　四時喜氣契天和

棟起祥雲連北斗　　　　　一道祥光騰吉宇
堂開瑞氣煥春光　　　　　四時佳氣藹重門

桂殿花開香滿座　　　　　千祥雲集家聲遠
蘭宮春到瑞盈階　　　　　百福年增世業長

堂開瑞日金鶯囀　　　　　四季平安三代福
簾捲春風玉燕來　　　　　百年孝友一家春

四時佳氣親仁里
五色祥雲積善家

兩道祥光輝吉宇
四方旺氣聚重門

春風掩映千門柳
碧潤縈迴十里花

喜氣來臨臻百福
吉星高拱納千祥

紫氣高懸仁壽鏡
紅光遍佈吉祥雲

瑞藹德門臻百福
春回仁里集千祥

新居煥彩，盈門秀色
華構落成，滿座春風

安居樂業，喜慶喬遷樂
國隆家昌，盛贊勤儉家

何須玉宇瓊樓方稱佳構
即此華堂靜室亦足安居

美輪美奐建在幸福時代
華堂華構屬于勞動人民
　　　——以上賀新居用

祝　壽

人增高壽
地轉陽和

名高北斗
壽比南山

福如東海
壽比南山

德為世重
壽以人尊

松鶴千年壽
子孫萬代長

松齡長歲月
鶴語記春秋

盛世長青樹　　　　　　　心地光明宜增壽
百年不老松　　　　　　　精神爽朗自康強

願誦南山壽　　　　　　　行可楷模年稱德
熙如北海春　　　　　　　老如松柏歲長春

福臨壽星門第　　　　　　有翠竹蒼松節操
春到勞動人家　　　　　　抱渾金璞玉壽徵

人如天上珠星聚　　　　　年豐喜看花千樹
春到筵前柏酒香　　　　　人壽笑敬酒一杯

山清水秀春常在　　　　　足食足衣晚景好
人壽年豐福無邊　　　　　勤耕勤種老福宏

大德能享無量壽　　　　　享人間無上景福
興家不負有心人　　　　　受天下有德尊稱

三祝筵開歌大壽　　　　　種壽盆栽三秀草
九如詩誦樂嘉賓　　　　　延齡瓶插四時花

萬金鏤出長生字　　　　　家中早釀千年酒
碧玉盤登不老丹　　　　　盛世長歌百歲人

福如東海長流水
壽比南山不老松

立德立言，于茲不朽
壽人壽世，共此無疆

四化需才，何須言壽
百業待舉，爭獻餘年

白髮朱顏，喜登上壽
豐衣足食，樂享晚年

有德流仁，謳歌送喜
增榮益譽，眉壽保年

恭儉溫良，宜家受福
仁愛篤厚，獲壽保年

福壽雙全，國恩家慶
新舊對比，苦盡甘來

萬里歸槎，安享家園晚福
千秋添算，欣瞻祖國新猷

樂享遐齡，壽比南山松
不老
生逢盛世，福如東海水
長流
　　——以上祝壽通用

北斗臨臺座
南山獻壽詩

壽考徵宏福
和平享大年

南山欣作頌
北海喜開樽

筵前傾菊釀
堂上祝椿齡

椿樹千尋碧
蟠桃幾度紅

鶴算千年壽
松齡萬古春

上壽人呈青玉杖
延齡酒進紫霞杯

長壽幸逢好社會
高齡全靠新中華

考壽維祺徵大德
文明有道享高年

杏花雨潤韶華麗
椿樹雲深淑景長

室有芝蘭春自韵
人如松柏歲長新

琥珀盞斟千歲酒
琉璃瓶插四時花

德如膏雨都潤澤
壽比松筠是長春

露浥青松多壽色
月明丹桂釀靈根

壽酒盈樽，春風滿座
嵩山比峻，南極增輝

杏苑風和，長春不老
椿庭日永，上壽無疆

體健身强，宏開壽域
孫賢子肖，歡度晚年

海屋春秋，增添籌算
平泉花木，頤養天年

桃熟三千，老人星耀
春光九十，四化歌喧

鶴髮童顏，宜登上壽
豐衣足食，樂享晚年

壽躋遐齡，臘鼓聲聲添
鶴算
家有餘慶，梅花朵朵報
春回
——以上賀男壽用

問年從此稱强壯
養氣何人不動心
——賀男四十壽用

一生事業今過半
百歲光陰日在中

五岳同尊，惟嵩峻極
百年上壽，如日方中
　　——以上賀男五十壽用

八月秋高仰仙桂
六旬人健比喬松

林壬介壽虔三祝
花甲行年滿一周

甲子重新，如山如阜
春秋不老，大德大年

甲子重新，咸推耋鑠
兒孫環侍，共祝耆英

彩幛輝煌，蟠龍繡出長
生字
英姿顧盼，盤馬咸稱耋
鑠翁
　　——以上賀男六十壽用

人歌上壽
天與稀齡

從古稱稀尊上壽
自今以始樂餘年

杖國老人增景福
舞衣萊子更精神

耄耋期頤自今始
富貴壽考于古稀
　　——以上賀男七十壽用

一竿渭水絲綸靜
四皓商山歲月寬

哪知鶴算頻增日
恰值龍頭屬老時

杖朝步履春秋水
釣渭絲綸日月長

八秩康強，春秋永在
四時健旺，歲月優遊

壽此真翁，應繼四明盛
會
名齊李老，欣開八秩華
筵
　　——以上賀男八十壽用

天賜九齡登大耋
人生三樂媲先賢

四化行春新歲月
九旬益健老青年

瑤池果熟三千歲
海屋籌添九十春

桃熟三千，平分仙果
春光九十，適屆壽辰
　　——以上賀男壽九十用

人生不滿公今滿
世上難逢我正逢

人到百年臻上壽
天留一老享期頤

稱觴共慶千秋節
祝嘏高懸百壽圖
　　——以上賀男百歲壽用

玉樹盈階秀
金萱映日明

歲寒松晚翠
春暖蕙先芳

壽開王母宴
彩舞老萊衣

菊水人皆壽
桃源境是仙

萱草千年綠
桃花萬樹紅

慈竹祥雲護
靈萱化日長

瑞靄全家福
光耀半邊天

榴花紅獻瑞　　　　　寶婺輝聯南極曉
柏葉翠凝香　　　　　斑衣彩舞北堂春

瑤池春不老　　　　　薔薇香送清和月
壽域日開祥　　　　　芍藥春開益壽花

天朗氣清延暑景　　　樂慶豐收，又慶母壽
辰良日吉祝慈齡　　　高歌盛世，先歌黨恩

丹桂飄香開月闕　　　花發金輝，香藹玄圃
金萱稱慶咏霓裳　　　班聯玉樹，春永瑤池

玉露常凝萱草翠　　　淑慎其身，綏我眉壽
金風遠送桂花香　　　柔嘉準則，宜爾子孫

蘭桂騰芳開壽域　　　閬苑桃花，長春不老
兒孫英俊繼家聲　　　玉堂萱草，歷久愈榮

慶花甲一周加半　　　梅萼凝香，璇閨日永
祝萱堂百歲有奇　　　椒花進頌，錦帨春華

華堂壽晉無疆福　　　日永萱堂，稱觴合醉延
慈室祥開不老春　　　年酒

　　　　　　　　　　春深蓬島，設帨多簪益

壽花
　　——以上賀女壽用

一子承歡歌令旦
四旬介壽慶華年
　　——賀女四十壽用

此日稱觴歌五福
中天祝嘏頌三多

庭幃長駐三春景
海屋平分百歲籌

婺宿騰輝，百齡半度
天星煥彩，五福駢臻
　　——以上賀女五十壽用

青松翠竹標芳度
紫燕黃鸝鳴好音

玉樹階前萊衣競舞
金萱堂上花甲初周

天上蟠桃，三千年始熟
人間花甲，六十歲一周
　　——以上賀女六十壽用

金桂生輝老益健
萱草長春慶古稀

萱草逢春人倍健
蟠桃介壽古來稀

願今朝以玉樹千尋映瑤
池盛宴
祝老福從古稀七十到上
壽百年
　　——以上賀女七十壽用

八秩壽筵開，萱草眉舒
綠
千秋佳節到，蟠桃面映
紅

逾古稀又十年，可喜慈
顏久駐
去期頤尚廿載，預徵後
福無疆
　　——以上賀女八十壽用

明月有恒，紀年合獻九
如頌

長春不老，添閨當稱百歲人

舞彩娛親，膝下有滿堂龍鳳
稱觴祝嘏，眼中看四代兒孫

設帨溯當年，喜花甲一周又半
稱觴逢此日，祝萱顏百歲有奇
——以上賀女九十壽用

桃熟三千，瑤池啓宴
籌添一百，海屋稱觴

慶衍三多，享洪範九五福
眼觀四代，極人壽八千春
風範仰坤儀，歡呼共祝千秋節
期頤稱國瑞，建築應興百歲坊

——以上賀女百歲壽用

河山同壽
日月雙輝

家中全福
天上雙星

椿萱并茂
庚婺同明

椿萱誇并茂
日月慶雙輝

風和璇閣恒春樹
日暖萱庭長樂花

天上人間齊獻壽
椿庭萱舍共稱觴

百歲駢臻無量福
二人同享共和年

南極星輝牛斗度
北堂萱映鳳凰枝

· 443 ·

海屋仙籌添鶴算　　　　　紅杏爭春，群芳獻瑞
華堂春酒宴蟠桃　　　　　白華養志，二老承歡

梅竹平安春意滿　　　　　紅杏在林，壽徵二月
椿萱昌茂壽源長　　　　　碧桃滿樹，時待三春

棠棣齊開千載好　　　　　花放水仙，夫妻偕老
椿萱并茂萬年長　　　　　圖呈王母，庚婺雙輝

椿萱并茂交柯樹　　　　　松柏長青，喜觀四化
日月同輝瑤島春　　　　　椿萱并茂，同祝遐齡

瑤觴春介齊眉壽　　　　　松柏延齡，仙雲滋露
錦砌暉承繞膝花　　　　　雪霜滿鬢，丹氣成霞

鶴髮童顏臻上壽　　　　　南極星輝，班聯玉樹
蘭馨桂馥樂餘年　　　　　北堂瑞靄，花發金萱

北極同榮，南山同壽　　　舉案齊眉，桃筵獻實
靈芝為圃，丹桂為林　　　奉觴上壽，梅嶺傳春

年享高齡，椿萱并茂　　　柏翠松蒼，咸歌五福
時逢盛世，蘭桂齊芳　　　椿榮萱茂，同祝百齡

德行齊輝,一門合慶
福壽上衍,百歲同符

舉酒稱觴,祝二老長壽
高歌引吭,喜四化同春

天上太陽,光照山河萬里
人間高壽,喜看蘭桂盈庭

月圓人共圓,看雙影今
宵清光普照
客滿樽俱滿,羨齊眉此
日秋色平分
　　——以上賀雙壽用

五秩年華看并席
百年壽域要平分

屈指三秋,天上又逢七
夕
齊眉百歲,人間應有雙
星
　　——以上賀五十雙壽用

八千歲椿萱雙壽

六十年花甲一周

花甲齊年,駢臻上壽
芝房聯句,共賦長春

璧合珠聯,圖開周甲
伯歌季舞,燕啓良辰

百卉爭妍,祖國河山似錦
六旬雙壽,全家老少同歡
　　——以上賀六十雙壽用

日月雙輝,惟仁者壽
陰陽合德,真古來稀

鶴算頻添,七旬清健
鳳凰共挽,百歲長生

天上雙星,自是神仙眷
屬
人間二老,咸稱福壽古
稀
　　——以上賀七十雙壽用

鶯笙合奏和聲樂

鶴算同添大耋年

盤獻雙桃，歲熟三千甲子
箕衍五福，庚同八十春秋

身保康寧，壽域八千看進展
籌添大衍，年光百六要平分

望三五夜月對影而雙，天上人間齊煥彩
佔八千春秋百分之一，椿庭萱舍共遐齡
　　——以上賀八十雙壽用

人近百年猶赤子
天留二老看玄孫
　　——以上賀九十雙壽用

五代同堂，喜逢新社會
百年雙壽，共樂太平春

孫子生孫，上壽同臻稱國瑞
貳人偕老，百年共樂合家歡
　　——以上賀百歲雙壽用

結　婚

白頭偕老
永結同心

百年好合
五世其昌

良辰美景
賞心悅情

志同道合
花好月圓

革命伴侶
幸福家庭

鴛鴦比翼
夫妻同心

才高鸚鵡賦　　　　　　革命交知己
春暖鳳凰樓　　　　　　勞動結同心

雙鶯鳴高樹　　　　　　祥雲繞屋宇
對燕舞繁花　　　　　　喜氣盈門庭

四化促嘉禮　　　　　　蓮花開并蒂
百花頌新婚　　　　　　蘭帶結同心

芝蘭茂千載　　　　　　彩筆題鸚鵡
琴瑟樂百年　　　　　　焦桐引鳳凰

當門花并蒂　　　　　　琴瑟春常潤
迎戶樹交柯　　　　　　人天月共圓

吹簫堪引鳳　　　　　　喜望紅梅艷
攀桂喜乘龍　　　　　　樂迎新人來

魚水千年合　　　　　　新婚賀雙美
芝蘭百世榮　　　　　　齊飛慶百年

金風過清夜　　　　　　錦堂雙璧合
明月懸洞房　　　　　　玉樹萬枝榮

一對紅心向四化　　　　長征路上好伴侶
兩雙巧手繪新圖　　　　幸福家庭美鴛鴦

互敬互愛好伴侶　　　　玉鏡人間傳合璧
同心同德美姻緣　　　　銀河天上渡雙星

互學互幫齊上進　　　　對對蓮開映碧水
相親相愛結同心　　　　雙雙蝶舞趁東風

文鸞對舞珍珠樹　　　　百年恩愛雙心結
海燕雙棲玳瑁梁　　　　千里姻緣一綫牽

雙飛黃鸝鳴翠柳　　　　同心帶結丹楓色
并蒂紅蓮映碧波　　　　連理花飄金桂香

夫妻同心建四化　　　　同謀革命千秋業
鴛鴦比翼奔長征　　　　共建勤勞百世家

好借花容添月色　　　　紅梅并蒂相映美
欣逢秋夜作春宵　　　　嬌燕雙飛試比高

鳳翥鸞鳴春正麗　　　　吉人吉時傳吉語
鶯歌燕舞日初長　　　　新人新歲結新婚

良辰喜結鴛鴦譜
春色長臨勞動家

凌空如同比翼鳥
在地恰似連理枝

志同道合添佳話
竹馬青梅結勝緣

愛情花常開不謝
幸福泉源遠流長

花燦銀燈鸞對舞
春歸畫棟燕雙棲

琴瑟永諧千歲樂
芝蘭同介百年春

杯交玉液飛鸚鵡
樂奏瑤笙舞鳳凰

雅奏鳴鸞諧佩玉
佳期彩鳳喜添翎

柳暗花明春正半
珠聯璧合影成雙

喜今日心心相印
望來年寶寶逗人

親至朋來茶當酒
鸞鳴鳳舞桂開花

喜今日銀河初渡
願他年玉樹生枝

親密勝似鴛鴦鳥
團結賽過比目魚

紫簫吹月翔丹鳳
翠袖臨風舞彩鸞

家庭和睦歌聲溢
琴瑟相偕樂事多

雙飛紫燕迎春舞
并蒂紅花向日開

勤儉節約辦喜事　　　　　　紅花并蒂，向陽開放
移風易俗迎新人　　　　　　銀燕比翼，凌雲飛翔

携手齊栽理想樹　　　　　　紅梅吐芳，喜成連理
同心共賞愛情花　　　　　　綠柳含笑，永結同心

譜成四化雄鷹曲　　　　　　國慶新婚，重重見喜
歌唱雙棲紫燕詩　　　　　　年豐人壽，歲歲呈祥

碧蓮喜結同心帶　　　　　　革命伴侶，情深似海
丹桂欣偕連理枝　　　　　　白髮偕老，志同道合

下玉鏡臺，笑談佳話　　　　秋水銀堂，鴛鴦比翼
種藍田璧，喜締良緣　　　　天風玉宇，鸞鳳和聲

風暖丹椒，青鸞對舞　　　　相親相愛，美滿夫妻
日融翠柏，寶鏡初開　　　　互敬互助，幸福家庭

白首齊眉，鴛鴦比翼　　　　海枯石爛，同心永結
青陽啓瑞，桃李同心　　　　地闊天高，比翼齊飛

好鳥雙棲，嘉魚比目　　　　尊夫愛妻，家庭美滿
仙葩并蒂，瑞木交枝　　　　敬老扶幼，生活歡欣

為革命結成一對伴侶
搞四化貢獻兩顆紅心

白璧種藍田,千年合好
紅絲牽綉緯,萬載良緣

慶新春,新春又辦新事
賀佳節,佳節喜成佳期

情深意長,似春江魚水
志同道合,結百歲鴛鴦

七夕良宵,天上人間共
樂
三秋美景,新婚喜事同
歡

東風勁,藍天高,鴛鴦比翼
爆竹鳴,華燈放,龍鳳呈祥

前景輝煌,同事同心同
志
春光明媚,新人新歲新
婚

晚婚晚育,破除封建舊
俗
利國利民,樹立家庭新
風

佳節好春光,鳥語花香
奏佳樂
新年締婚約,月圓人壽
譜新章

銀漢雙星,任石爛海枯
同心永結
人間佳節,共天高地闊
比翼齊飛

——以上賀結婚用

後　記

　　每次與書畫界的朋友及書畫愛好者交談時，常聽到希望有一本對歷代佳句名言，好詩妙聯收集既精且廣的工具書，以作臨場揮毫備忘之用。

　　我想編這樣一本書，是一件很有意義的事，在同事們的敦促下，便行動了起來。傳統文化是一個巨大的寶庫，歷代典籍浩如烟海，既要遴選得廣，編纂得精，又要使書寫者携帶方便。開始時，真有點不知從何處下手才好，幸有周志高、劉小晴等及時送來了國內外不少有關資料，供我借鑒，使我在“精”和“廣”選編中，廣收博採，盡意挑選。另外，我考慮到書畫家的需要，又增加了歷代文人的題畫詩和名言佳句。這樣，也許能增添一些特色。

　　限于編者的水平，也鑒于時間倉促，一定會有遺珠之憾，誠望讀者鑒諒，并不吝賜教，以便今後再版時加以改進。

編者

二〇〇〇年十月十八日

封面設計	範樂春
責任編輯	劉小晴
技術編輯	錢勤毅

圖書在版編目(CIP)數據

書家揮毫必備/熊鳳鳴編. —上海：上海書畫出版社，
2000.12
ISBN 978-7-80635-795-8

Ⅰ.書… Ⅱ.熊… Ⅲ.名句—匯編—中國
Ⅳ.H136.3

中國版本圖書館CIP數據核字 (2000) 第 55485 號

書家揮毫必備 　　　　　熊鳳鳴　編纂

⑨ 上海書畫出版社　出版發行

地址：上海市閔行區號景路159弄A座4樓
郵編：201101
網址：www.shshuhua.com
E-mail：shcpph@shshuhua.com
印刷：上海展強印刷有限公司

各地新華書店經銷
開本：787×960　1/32
印張：14.375　　　　　　字數：250千字
2000年12月第1版　2024年1月第34次印刷

ISBN 978-7-80635-795-8
定價：35.00元